표어로 배우는 글쓰기 비법

# 문장가로 가는 길

권대근 지음

### 문장치료의 이론과 실제
"형부는 위험하고, 동서는 안전하다"

에세이문예

## 들어가며

나는 단언한다.

권대근의 『문장가로 가는 길』이란 책을 읽지 않고 좋은 글을 써보겠다고 덤비는 사람에게 나는 의심스러운 눈초리를 보내지 않을 수 없다. 도대체 아무런 밑천도 없이 어떻게 전략적인 글쓰기 경쟁에서 살아남을 수 있단 말인가.

아마도 글쓰기의 부정적인 전형은 법원의 판결문과 검찰의 공소장이 아닐까. 전문적인 법률용어가 많이 나오기도 하지만 문장이 길어 독자를 지루하게 한다. 지금은 조금 나아졌지만 얼마 전까지만 해도 수십 쪽 분량의 글이 하나의 문장으로 이뤄져 있었다. 문장이 끊어질 듯하면 '하였으며' '하였고' '한편'으로 이어진다. 마치 비흡연자가 흡연실에 들어갈 때 느끼는 것처럼, 이런 문장을 읽는 독자는 숨이 막힌다. 이제 문장은 삶의 질을 업그레이드하기 위한 선택조건이 아니라 일상적 생존을 위해 반드시 필요한 필수절대조건이라는 사회적 인식이 무엇보다 중요하다 하면서, 나는 '적자생존'을 강조한다.

독자가 인내심을 갖고 한참 좇아가더라도 앞에 무슨 내용이 있었는지 잘 생각나지 않는 글은 좋은 글이 아니다. 장황하고 화려한 수식어 속을 헤매다 정작 중요한 의미를 놓쳐 버리고 말기 때문이다. 그런 글은 미로 속을 걷는 느낌을 준다. 이쯤 되면 글을 쓴 사람은 자신의 뜻을 효과적으로 전달하겠다는 꿈을 접어야 한다. 독자가 둔하고 게을러 필자가 의도하는 바를 좇아오지 못한다고 비난할 일이 아니다. 두 번, 세 번 읽어야 비로소 내용을 파악할 수 있다면 그것은 쓴 사람의 책임이다. 한 문장은 50자 안팎이 적당하다. 문장을 길게 쓰는 것은 고질이다. 여간해선 잘 고쳐지지 않는다. 평소에 긴 문장을 두세 개로 나누는 연습을 하자. 불필요한 수식어를 없애는 것도 방법이다. 형용사·부사를 될 수 있으면 적게 쓰자. 예외 없는 법칙은 없는 법, 항상 짧은 문장이 읽는 사람을 편안하게 하는 것은 아니다.

 글을 처음 쓰는 사람은 정치법에 따라 문장을 적는 것이 좋다. 정치법이란 문장을 이루는 성분을 순서대로 바르게 배열하는 일을 말한다. 바둑에 비유하자면 정석부터 익히는 습관을 기르자는 것이다. 바둑에서 정석은 중요하다. 정석을 등한시하면 문장력이 향상되지 않는다. 처음부터 꾸미는 단어들을 남발하면 문장이 어색해지거나 내용 전체를 망쳐버릴 가능성이 짙다. 나는 기본이 되어 있지 않은 채 좋은 글을 써보겠다고 덤비는 사람은 일단 의심스러운 눈초리로 보게 된다. 어설픈 상태로 어떻게 수필가 천 명 시대의 준엄한 경쟁에서 이길 수 있는 높은 수준의 글쓰기 능력을 획득한단 말인가. 글쓰기에 있어 가장 기초적인 자기 욕망이나 감수성에서부터 독서하는 방법이나 습관, 언어의식이나 문장력 같은 데 이르기까지 하나하나 다시금 고민해야 한다. 먼저 문장가가 되라. 그리고 나서 수필을 시작하라.

 〈문장가로 가는 길〉이란 타이틀로 누구나 부담 없이 읽을 수 있는 글쓰기 코너를 새로 마련한다. 문장론과 작법론을 총망라하였다. 글쓰기가 단순히 글을 쓰는 기술적인 기교만을 나타내는 것이 아니기 때문에, 작법론을 추가하였다. 문학의 원리와 이념에 대한 인식이 선행되어야 올바른 문예창작 활동을 할 수 있기 때문이다. 표어만 읽어도 문장론과 작법에 대한 지식이 샘솟을 것이다. 실제 글쓰기에 활용할 수 있도록 문학작품과 신문, 그리고 잡지 등에 나온 사례를 중심으로 쉽게 설명하였다. 아무렇게나 붓 가는 대로 쓰는 게 수필이 아니다. 일찍이 '붓 가는 대로'라는 풀이를 누가했는지 모르겠지만 무책임한 말이다. 여기서는 수필을 기본으로 설정했지만, 모든 글의 기초가 되는 문장론과 작법론을 담았다. 글을 쓰기 전에 머릿속으로 어떻게 글을 적어야겠다는 구상을 하고, '마음이 이끄는 대로 붓이 뒤따라가도록 적어야' 제대로 문장이 된다. 즉, 글쓰기는 전략적이어야 한다.

그간 여기저기 문학강연회에서 발표한 것을 한데 모아 글쓰기 비법을 전하는 책으로 둔갑시켰다. 글쓰기가 삶의 질을 개선하리라 믿기 때문이다. 글을 쓰려는 사람이 많아졌다. 언어 전공자로서 나는 언어의 중요성을 실감하고 있다. 언어를 바꾸면, 세상을 바꿀 수 있다는 말을 믿는다. 인식이 바뀌면 세상이 바뀐다. 앞으로 차츰 보완해서 최종적으로는 100가지 글쓰기 비법을 완성할 것임을 약속드린다. 대한민국의 모든 분이 이 책의 영향으로 글쓰기 전문가가 되었으면 하는 바람이다.

권대근
(문학박사, 문학언어생태학자)

## CONTENTS

01_ 형부는 위험하다 · 013
02_ 동서는 안전하다 · 019
03_ 접대를 조심하라 · 022
04_ 세단은 타지마라 · 027
05_ 개명은 사고의 기본이다 · 031

06_ 것들을 조심하라 · 038
07_ 습관을 경계하라 · 042
08_ 한자는 거만하다 · 046
09_ 숫자에 유의하라 · 049
10_ 피동은 소인이다 · 052

11_ 호응은 혈맥이다 · 056
12_ 생사를 구분하라 · 059
13_ 시공을 부여하라 · 062
14_ 감정을 이입하라 · 065
15_ 압축은 어색하다 · 068

16_ 문단은 의장이다 · 070
17_ 첫박이 대박이다 · 073
18_ 문장은 강물이다 · 078
19_ 진행은 지루하다 · 081
20_ 시키지 말고하라 · 083

21_ 대과거 밀어내라 • 085
22_ 설명은 불안하다 • 087
23_ 병렬을 활용하라 • 090
24_ 열기는 동작으로 • 093
25_ 장식은 약점이다 • 096

26_ 정도는 악습이다 • 098
27_ 절정이 끝낼 때다 • 100
28_ 상상도 논리니라 • 102
29_ 비통에 유의하라 • 105
30_ 체험을 묘사하라 • 107

31_ 문체는 종합이다 • 111
32_ 수필은 사기로다 • 115
33_ 주제는 간접화로 • 122
34_ 수미는 상관하다 • 131
35_ 관념을 구체어로 • 133

36_ 중심을 벗어나라 • 140
37_ 한계를 인정하라 • 145
38_ 주제는 일관되게 • 149
39_ 구성은 삼단으로 • 155
40_ 비유는 불꽃이다 • 158

41_ 제목은 제재로만 · 164
42_ 지성은 풍자로써 · 168
43_ 인물은 인상이다 · 171
44_ 안식이 으뜸이다 · 173
45_ 문장은 수사로다 · 176

46_ 풍경을 절경으로 · 186
47_ 경험을 체험으로 · 189
48_ 인식이 출발이다 · 192
49_ 작필은 유법하다 · 196
50_ 사상은 정서화로 · 201

51_ 문학은 형상이다 · 205
52_ 구체와 보편으로 · 215
53_ 구조를 파악하라 · 219
54_ 수필은 발견이다 · 222
55_ 감흥은 상관화다 · 228

56_ 자세는 동일하게 · 232
57_ 성찰은 공감이다 · 238
58_ 착상은 기발하게 · 243
59_ 댓구로 문학성을 · 250
60_ 지성은 비판으로 · 252

| | |
|---|---|
| 61_ 풍자를 양념으로 | • 254 |
| 62_ 서정이 풍부하게 | • 257 |
| 63_ 문장이 생명이다 | • 261 |
| 64_ 품맛은 향기속에 | • 273 |
| 65_ 손맛은 멋을부려 | • 284 |
| 66_ 눈맛은 예리하게 | • 292 |
| 67_ 문학은 인형이다 | • 300 |
| | |
| 참고도서 | • 304 |

# 문장가로 가는 길
### - 표어로 배우는 글쓰기 비법

01_ 글쓰기 기법 – 맥주 세병 안주 하나 :)

## 형부는 위험하다

    모든 조직체의 본질적 성격은 통일된 질서를 요한다. 문장은 하나의 조직체다. 그렇기에 문장은 통일된 질서를 요구하는 것이다. 그렇기에 문덕수는 『문장 강의』에서 "문장은 정확하고 효과적이어야 한다. 정확하고 효과적으로 표현하기 위해서는 정확하고 알맞은 말을 골라야 한다. 이것이 작문의 간단한 하나의 원칙이다."라고 말한 바 있다. 왜 형용사와 부사는 위험한 걸까?
    문장을 꾸미는 것은 좋지 않다. 수필을 처음 쓰는 사람은 정치법에 따라 문장을 적는 것이 좋다. 정치법이란 문장을 이루는 성분을 순서대로 바르게 배열하는 일을 말한다. 바둑에 비유하자면 정석부터 익히는 습관을 기르자는 것이다. 바둑에서 정석은 중요하다. 정석을 등한시하면 문장력이 향상되지 않는다. 수필은 붓 나가는 대로 자유롭게 쓴 글이라고 하니까, 마음 내키는 대로 아무렇게나 쓰면 된다고 생각하면 큰 착오다. 모든 글은 전략적이어야 한다. 수필은 꾸밈없이 자연 그대로의 자신을 투영해서 보여줘야 하기 때문에 문장에 꾸밈이 지나쳐서는 안 된다. 특히 형용사와 부사를 많이 써서는 안 된다. 처음부터 꾸미는 단어들을 남발하면 문장이 어색해지거나 내용 전체를 망쳐버릴 가능성이 짙다.

와트<sup>William W. Watt</sup>는 일찍이 '좋은 글 12가지 척도'를 제시한 바 있다. 그 중에도 중요한 것이 '충실성'과 '성실성'이다. '충실성'은, 내용이 알차서 밀도가 있어야 한다는 말이다. 부질없이 길기만 하고 담긴 내용이 알차지 못하고 공허하거나 무의미한 것은 좋은 글에서 멀어진다. '성실성'은, 자기다운 글을 정성스레 적는 걸 말한다. 남이 다 아는 이야기거나, 상투어이거나, 교시적이거나 해서는 좋은 문장이라고 할 수 없다는 말이기도 하다. 중국의 유협은 『문심조룡』에서 '금실로 수놓되, 전혀 흔적이 없는' 이라는 말을 했다. 쉽게 말하자면, '천사가 입은 옷은 솔기가 없는, 즉 '천의무봉' 상태다. 조각 천으로 옷을 짓듯, 이런저런 삽화나 형용사와 부사로 너덜너덜 전체를 짜깁기해서는 아니 된다.

스티븐 킹은 『유혹하는 글쓰기』에서 '부사는 여러분의 친구가 아니다. 지옥으로 가는 길은 수많은 부사들로 뒤덮여 있다.'고 했고, 이태준은 『문장강화』에서 '없어도 좋을 말을 기어이 찾아내어 없애는 신경질이 문장에 있어선 미덕이 된다.'고 했다. 이태준은 '없어도 좋을 말'의 예로 형용사와 부사를 들었다. 동서양의 글쓰기 고수들이 두 품사를 멀리하려는 이유는 명사와 동사를 단정적으로 묘사하거나 과장할 가능성이 높기 때문이다. 르귄은 『글쓰기의 항해술』에서 "'굉장한'이나 '갑자기'와 같은 형용사·부사는 간소하게 쓰라"고 조언한다. '굉장한'은 의도한 무게를 던져주지 못하고, '갑자기'는 의미 없는 전환 장치에 불과하다. 이야기의 흐름을 끊지 않으려면 동사·명사·대명사만 쓰고도 장면이나 사건을 생생하게 묘사할 수 있어야 한다.

뜻이 분명한 동사를 선택했다면 같은 뜻의 부사를 덧붙여서 문장을 난삽하게 만들 필요가 없다. 일테면 '이를 세게 악물었다'지만 이를 다르게 악물 수는 없기에 '이를 악물었다'면 충분하다. '소리가 크게 울려 퍼졌다' → '소리가 울려 퍼졌다', 소리는 커야만 울려 퍼진다. '결정적으로'라는 표현은 상투적인 표현일 뿐이어서 어떤 의미도 없다. 문장에서 이를 지우고 다시 읽어봐도 의미에 차이가 없다는 것을 알 수 있다. '결정적으로'뿐 아니라 '그리고, 그러나' 등을 지워도 의미가 훼손되지 않고 문장이 간결해지고 쫄깃쫄깃해진다. '탁월하게 공정한' → 공정한, 결과가 탁월한 것일까? 공정하면 공정한 것이다.

형용사도 마찬가지다. '약간 엄격한'이란 무엇인가? '엄격한'으로 고쳐 써야 옳다. '다소 독특한' → '독특한'으로 고쳐야 한다. 독특하면 독특하지 다소 독특한 것과 왕창 독특한 것에 차이가 있는가 말이다. '완전히 어리둥절한' → '어리둥절한'이다. 완전히 어리둥절할 수도 있고, 반쯤 어리둥절할 수도 있을까? 습관적인 형용사도 쓰지 않는 게 낫다. '가파른 절벽'에서 절벽이 가파르지 않은가? '절벽'으로 쓰면 충분하다. '노란 수선화'에서 수선화는 원래 노랗다. 의도적으로 강조해야 하는 상황이 아니면 '노란'을 쓸 필요가 없다.

형용사는 필요한 순간에 써야 힘을 발휘한다. 습관적으로 형용사를 남발하면 문장에 힘이 없어지고, 형용사가 쓰인 순간에도 강조되지 못하고 끝난다. 문장에서 '조금, 약간, 얼마간, 일종의, 제법, 꽤, 아주, 너무, 꽤, 많이, 어떤 면에서' 등은 모두 없애야 한다. '조금 혼란스러웠다' → '혼란스러웠다'이고, '얼마간 피곤하다' → '피곤하다'로 충분하다. 혼란스러우면 혼란스러운 것이지 조금 혼란스러울 수 없다. '얼마간 피곤하다'라고 쓰고 싶다면 '얼마간'을 지우고 구체적인 표현을 들어 피곤함을 묘사하는 문장이 더 낫다. '극도로 피곤하다'라고 쓰고 싶다면 '극도로'를 지우고 '한 걸음만 옮겨도 쓰러질 듯 휘청거렸다'로 구체적으로 묘사하는 문장이 더 낫다. '제법 운이 좋았다'에서 '제법'은 어느 정도로 운이 좋았단 말인가? 운은 좋고, 나쁘고만 있다. 그러니 '운이 좋았다'로 충분하다. '아주 주도면밀하다'에서 '주도면밀하다'에 의미가 포함되어 있으니 '아주'는 쓸 필요가 없다. 대체 '대충 주도면밀' 할 수도 있고, '아주 주도면밀' 할 수도 있단 말인가?

형용사와 부사를 잘못 쓰면 자기주장을 강조하는 데 그치지 않고 왜곡과 거짓이 생길 수 있다. 화장과 조명이 민얼굴을 가리는 일과 비슷하다. 여기에 선전선동, 독선, 집단 광기가 자리 잡을 수 있다. 송상근 동아일보 기자가 지적한 몇 가지 글을 살펴보자.

형부는 위험하다 · 15

①제주 강정의 해군기지 설치 의도는 중국을 군사적으로 봉쇄하려는 미국의 군사적 이해관계를 떠나서는 결코 해명할 수 없다고 전문가들은 지적하고 있다. 우리와 상관없는 미국과 중국의 대결 정책에 아름답고 평화로운 제주 강정이 희생당할 처지에 놓인 것이다.(전국교직원노동조합) '이명박 정부는 강정 해군기지 설치 공사를 즉각 중단하라!'는 제목 아래 10일 나온 기자회견문이다. 우리와 상관없는 미국과 중국의 대결 정책? 전교조 집행부는 같은 조합원인 사회나 역사 교사에게 물어보기 바란다. 미중 두 나라의 움직임이 한국과 상관없는지. ②이들이 해군기지 건설을 반대하는 이유는 또 있다. 강정을 해군기지 후보지로 결정하는 과정과 절차가 너무 비민주적이고 탈법적인 방법으로 주민들의 의사를 전혀 반영하지 않은 채 일방적으로 추진되었기에 도저히 용납할 수 없다고 한다.(강우일 천주교 제주교구장)

강 주교가 교회 내 언론 매체에 보낸 글이다. 한국 천주교 주교회의 홈페이지에도 12일 올라왔다. 인터넷을 검색하면 이런 기사가 나온다. 강정마을회의 유치 희망 의결(2007년 4월) 도민과 현지 주민의 찬성 여론조사(2007년 5월) 반대단체와 공동 생태계 조사(2009년 2, 6월) 제주도 의회의 절대보전지역 해제 동의(2009년 12월) 국방 군사시설 실시계획 적법 판결(2010년 3월과 2011년 6월) … 과연 비민주적이고 탈법적인 방법인가. 주민 의사를 전혀 반영하지 않았나. 주교회의 의장이 '그리스도인의 양심'이라는 표현을 사용하며 밝힌 생각이라 읽기가 불편하다.

③부자 아이, 가난한 아이 편 가르는 나쁜 투표(무상급식 주민투표에 대한 민주당 주장) 선거권은 헌법이 보장하는 국민의 권리다. 이를 행사하는 투표에 나쁘다는 단어를 붙일 수 있는지 의문이다. 나쁜 기부, 좋은 살이처럼 논리적으로 맞지 않는다. 조갑제 기자는 이 점을 자신의 홈페이지에서 비판했다.

'모든 투표는 편을 가른다. 승자와 패자로. 정책의 찬반을 건 모든 투표는 선택을 위한 것이며 결과에 대한 승복을 전제로 한다 … 민주

주의는 투표행위라고 해도 과언이 아니다. 투표는 신성하다. 기독교에서 예배가 신성하듯이. 나쁜 투표, 나쁜 예배는 없다.' '나쁜 투표' 표현 논리에 맞지 않는다. 스티븐 킹은 화려하게 치장한 낱말을 야외복을 입은 애완동물에 비유했다. 이태준은 민중을 독자로 하는 논설문의 조건을 "확호(確乎)한 실례를 들어 의심을 살 여지없이 신임을 받아야 하고 … 중언부언이 없을 것"이라고 정리했다.

부사와 형용사의 남발은 글의 흐름을 방해하고 또 한 문장 속에 숨은 모순들을 드러낸다. 다음 글을 한번 보자. "마키아벨리에게 정치란 철저히 인간사의 영역이고 인간의 의지를 실현해 가는 활동이다. 하지만 동시에 결코 인간의 의지가 모든 것을 결정할 수 있는 것은 아니라고 그는 생각한다. 정치는 일차적으로 운$^{fortuna}$의 규정 속에서 이루어지는 것이었다." '정치가 인간사의 영역이지만, 인간의 의지로 모든 것을 결정할 수 없다'라고 요약되는 문장이 '철저히', '결코', '모든'과 같은 단정적인 부사들로 인해 도리어 저자가 전달하고자 하는 뜻을 이해하는 데 어려움을 가중시켰다.

무리가 가지 않은 경우에 한해서 부사는 형용사로 바꾸고, 형용사는 가능하면 동사로 바꿔본다. '그는 태만하게 근무한다.'보다 '그는 일솜씨가 게으르다.'가 더 힘이 있어 보이고, '휘청거리며 걷는다.'보다는 '휘청거린다'가 강하다. '빠르게 말하다'보다는 '말이 빠르다.'가 의미 전달 속도가 빠르고, '많은 눈이 내렸다.'보다는 '눈이 쏟아졌다' 또는 '눈보라가 휘몰아쳤다.'는 표현이 훨씬 생동한다. 형부(형용사 + 부사)가 말하는 세상보다는 명동(명사 + 동사)이 보여주는 세상이 정직하지 않을까. 전교조, 주교회의 의장, 민주당의 글은 형부의 부적절한 사용으로 표현이 적절치 못했다.

르귄은 글쓰기는 처음도 마지막도 예술이라고 했다. 글을 쓸 때는 표현의 욕구를 최대한 자제하고 반드시 필요할 때만 적절한 부분에 적절한 수식어를 첨가하도록 해야 한다. 정치법을 등한시하는 사람들이 흔히 범하기 쉬운 치기들이 도처에 숨어 있다. 바둑으로 비유하면 자충수에 해당하고, 축구로 비유하면 자살골에 해당한다. 형용사 부사를 멀리하면 보다 안정된 느낌을 줄 수 있다. 위험한 형부보다 오감 서술어를 활용해 문학적 문장을 만들어 보자. 편한 마음으로 글을 쓰지만, 만약 글을 정말로 잘 쓰고 싶다면 퇴고를 거쳐야 한다. 퇴고는 오탈자를 고치는 것이 아니라 문장을 다듬고, 문장의 흐름을 일관되게 정리하는 작업이다.

02_ 글쓰기 기법 - 맥주 세병 안주 하나 :)

## 동서는 안전하다

　토마스 만은 "작가란 누구보다도 글쓰기를 어려워하는 사람"이라고 하였다. 작가 이만교는 "언어의 발견을 인류사의 가장 놀라운 사건이라 한다면, 언어에 대한 사람들의 무지야말로 인류사의 가장 놀라운 두 번째 사건이라 일컬을 만하다."고 했다. 오죽하면 이런 말이 나왔겠는가. 힘들어하면서 왜 쓰는가. 자기가 왜 쓰는지 알기 위해서 쓴다는 말도 있다. 인간은 자신의 존재를 드러내기 위해 쓴다. 그러나 작가는 세상을 바꾸기 위해 쓴다. 「글쓰기 기법 - 맥주 세 병 안주 하나」는 끊임없는 동통 속에서 얻은 깨달음과 창작 기술 등을 핵심 정리한 '기본'이다. 서양의 시학, 동양의 시법 지침서들과 나의 교육 체험 등을 밑거름으로 삼았다.

　먼저 혼란스러운 동사와 서술어 개념부터 알자. 영어 문법 가운데 가장 혼란스러운 부분이 바로 동사에 관련된 규정일 것이다. 국어문법에서는 움직임을 나타내는 단어를 '동사', 문장을 종결하는 기능을 하는 문장 요소를 '서술어'로 구분하지만, 영어에서는 그러한 구분 대신 'verb'라는 용어를 통칭해서 사용한다. 때문에 국어문법과 차이가 나서 학습자들이 혼돈을 일으키게 되는 것이다. 대부분의 영문법책은 동사와 서술어를 구분하지 않지만, 나는 이것이 구분되어야 한다고 생각한다. 그래야 국어문법을 응용해서 영어에 적용할 수 있고 학습자들이 개념을 쉽게 받아들일 수 있기 때문이다.

　우리말에서 문장의 서술어로 쓰이는 품사는 동사와 형용사 두 가지이다. 이를테면, '나는 달린다.' '그녀는 아름답다.' 그리고 명사를 꾸미는 품사를 일컬어 '관형사'라 부른다. '아름다운 그녀.' 하지만 영문법에서는 우리말에서 관형사라 불리는 품사를 '형용사'라 부르고 서술어로 쓰이는 모든 말을 '동사'라 부른다. 여기에서 국어문법과 차이가 생기며, 학습자들이 혼란스러워 하는 것이다. 영어에서는 우리식으로 형용사라 부르는 품사가 서술어 노릇을 할 수 없고, 그 경우에는 be동사가 서술어 역할을 한다. 'She is beautiful.' 그런데 엄밀하게 말해 be 동사는 동사라 부를 수 없다. 그것이 어떤 움직임을 나타내는 말이기에 동사라 부를까?

　동서는 안전하다. 형용사나 부사보다는 서술어나 동사 위주로 문장을 작성하라. 형용사와 부사를 털어내고 접속사를 제거한 다음, 동사의 역동성과 다양성을 살린 문장은 눈부신 효과를 낸다. 형부한테 가는 것보다 동서에게 가는 게 더 안전하다. 형용사 부사를 멀리하면 보다 안정된 느낌을 줄 수 있다. 무리가 가지 않은 경우에 한해서 부사는 형용사로 바꾸고, 형용사는 가능하면 동사로 바꿔본다. '그는 태만하게 근무한다.'보다 '그는 일솜씨가 게으르다.'가 더 힘이 있어 보이고, '휘청거리며 걷는다.'보다는 '휘청거린다'가 강하다. '빠르게 말하다'보다는 '말이 빠르다.'가 의미 전달 속도가 빠르고, '많은 눈이 내렸다.'보다는 '눈이 쏟아졌다' 또는 '눈보라가 휘몰아쳤다.'는 표현이 훨씬 생동한다.

　시작하는 글은 구체 동사, 즉 동작으로 시작하는 게 좋다. 글에서 발단 기능은 두 가지다. 하나는 독자들의 호기심을 끄는 것이고, 다른 하나는 전개 예고다. 무엇보다도 중요한 것은 독자들의 관심을 끌어 글을 읽도록 유도하는 것이다. 아무리 좋은 글이라도 독자가 읽지 않는다면 무슨 의미가 있겠는가. 좋은 문장은 다이내믹해야 한다는 말을 상기하자. 우리글은 서술어에 생명이 있다. 독자에게 흥미를 주려면 서술어에 생동감을 주어야 한다. 첫 문장이 움직임에서 시작되면 단숨에 독자의 흥미를 끌 수 있다. "베아트리체는 웃었다."

설명은 피하고, 묘사로, 추상어는 가능하면 쓰지 말고, 구체어로 써라는 의미다. 설명은 글의 맛을 죽인다. 문학은 보여주는 데 목적이 있다. 글쓰기란 글로 절경을 그려내는 것이다. 어떤 글이든 서술 원리 중 가장 기초적이고 핵심적인 것이 "말로 설명하지 말고 보여줘라."이다. '키가 크다' 대신 '키가 184센티미터 정도'로, '그 여자는 미인이다' 대신 '콧날이 시원스럽게 길다'로, '더러운 남자'는 '목요일쯤에는 항상 몸에서 걸레 썩는 냄새가 나는 남자' '소변을 보면 꼭 바지에 흘린 자국이 남는 남자' 식으로 구체어를 활용해서 써라.

움직일 때는 짧은 문장, 사색할 때는 긴 문장이 좋다. 문장은 리듬을 타야 한다. 호흡하는 문장이 맛을 낸다. 두 문장을 짧게 했으면, 다음 두서너 문장은 길게 한다. 감각적 암시가 함축된 정서는 더 긴 문장이, 분노는 스타카토 문체가 제격이며, 빛깔이 없거나 머뭇거리는 대화체를 피하고, 별 부담이 없을 때는 항상 능동태를 써라. 그것이 힘이 있는 서술어를 살리는 길이다. 대화체는 수필문의 본질이 아니고 소설문장의 본질이다. 적재적소에 들어가 효과를 내지 못할 대화체라면 과감하게 간접화법으로 전환하라.

동사나 서술어를 잘 활용하는 것은 작가에게 필수적이다. 글쓰기에 있어 가장 기초적인 자기 욕망이나 감수성에서부터 독서하는 방법이나 습관, 언어의식이나 문장력 같은 데 이르기까지 하나하나 다시금 고민해야 한다. 글쓰기의 기본은 '산문'이다. 산문이란 살면서 겪은 일에 대해 정확하게 풀어서 서술하는 양식이다. 수필은 자기 내면의 목소리 듣기다. 게으른 사람은 게으를 때 명멸하는 여러 느낌과 자의식에 대해서, 아픈 사람은 아픈 사람 특유의 감수성을 통해서, 못생긴 사람은 못생긴 사람으로 살아갈 때 교차하는 시선과 느낌들에 대해 꼼꼼하게 서술하면, 그 자체로 개성적인 글쓰기가 가능해진다.

03_ 글쓰기 기법 - 맥주 세병 안주 하나 ☺

## 접대를 조심하라

북한에서는 '접대부'가 괜찮은 직함이다. 중국에 여행 가서 북경의 북한 사람들이 운영하는 유명한 평양냉면집에 갔다. 식당에 들어간 동료들이 아무 생각 없이 써빙하는 여성들을 '아가씨' 하며 남한식으로 호칭하는 것이 아닌가. 나는 저게 아니다 싶어, 살짝 불러서 '잘 몰라서 그러는데, 지금 일하는 여러분들을 어떻게 부르는 것이 좋냐'고 물었더니, '접대원 동무'라고 불러달라는 것이 아닌가. 물론 중국에 가기 전에 대략 접대원이란 호칭이 북한에서는 적어도 비하하는 호칭이 아니라는 것쯤은 알고 있었지만 실제로 그렇게 불려지는 것을 보고 내심 놀랐던 적이 있다.

그러나 남한은 북한과 다르다. 만약 써빙하는 여성을 접대원이라 하면 분명 그 여성을 비하하는 것이며, 듣는 여성도 기분 나빠할 것이 분명하다. 우리 사회는 접대 문화가 발달되어 있지만 접대라는 게 거의 음성적인 데다가 밤 문화와 관련되어 있어서 좋은 뜻으로 받아들여지지 않는 편이다. 수필을 쓸 때도 마찬가지다. 정보 전달이나 설명을 하는 실용적인 글과 달리 문학적인 글에서는 접속사와 대명사를 조심해야 한다. 조심해야 한다는 것은 적재적소에 가려서 써야 한다는 말이다. 접속사는 논리적인 연결을 요하는 글에서는 필수적으로 써야 하지만, 문예문에서는 절대적인 것이 아니다. 대명사도 글의 서두에 올 때는 조심해야 한다.

어떤 원칙을 안다고 해서 실천하기가 그리 쉬운 일은 아니다. 안정효는 가장 지키기 어려운 원칙으로 '접속사 제거하기'를 꼽았다. 그는 "대학생 시절, 루돌프 플레시의 '잘 읽히는 글쓰기'를 읽다가 '자신이 쓴 글에서 접속사를 모두 없애라'는 놀라운 교훈을 발견했다"며 "플레시는 그렇게 하더라도 글의 흐름이 전혀 막히지 않고, 오히려 모든 문장이 맑은 물소리를 내며 잘 흐를 것이라고 했다"고 덧붙였다. '그로부터' '그러므로' 따위의 단어로 앞문장과 뒷문장을 연결 지으려 애쓸 필요도 없다. 정 없애기가 어려우면 '그렇기 때문에'를 '그래서'로 바꾸는 등 글자 수를 하나라도 적은 것으로 바꾼다. 예를 들어보자. 보통 사람들의 초보적인 글쓰기는 이런 식이다. "그래서 나는 학교로 갔다. 그리고 나는 아이들을 만났다. 그러고는 우리들은 같이 어울려 영화 얘기를 했다. 그런 얘기가 너무 재미있었기 때문에 우리들은 두 시간 동안이나 영화 얘기를 했고, 그러다 보니 한두 명은 지루하다는 생각이 들었던 까닭에 자리를 떴다. 그래서 나머지 우리들만 빵집으로 가서 하던 얘기를 계속했다."

위 글에서 아돌프 플레시가 없애라고 한 단어에 밑줄을 치고 무작정 잘라내 보자. 그러면 이런 글이 남는다. "나는 학교로 갔다. 아이들을 만났다. 우리들은 같이 어울려 영화 얘기를 했다. 너무나 재미있어 우리들은 두 시간 동안이나 영화 얘기를 했고, 한두 명은 지루하다는 생각이 들어서인지 자리를 떴다. 나머지 몇 사람만 빵집으로 가서 얘기를 계속했다." 과연 앞뒤 문장이 토막 나서 연결이 안 되는가? 아니다. 모든 문장이 간결해지고 압축된 문장에서 외려 폭발력이 생겨난다.

"왔노라, 보았노라, 이겼노라"가 명언인 이유는 군더더기 접속사 빼면 힘차고 긴장감 넘쳐 흐르기 때문이다. 로마 최고의 정치가이자 장군이며 문필가이기도 했던 카이사르(영어명 시저)가 소아시아 젤라에서 파르나케스와 벌인 전투에서 승리한 뒤 원로원에 보낸 전문이다.

이 말은 영원한 명언으로 남아 있다. 카이사르는 대중 앞에서 복잡한 내용을 호소력 있는 한마디로 줄여 말하는 데 천재적인 능력을 발휘했다고 한다. 시저가 만약 "왔노라, 보았노라, 이겼노라"에 접속사를 넣어 "왔노라, 그리고 보았노라, 그래서 이겼노라"라고 말했다면 그래도 명언이 될 수 있었을까. 아마도 그렇지 않을 것이다. 접속사 '그리고' '그래서'가 군더더기로 작용해 문장을 늘어지게 함으로써 글의 맛을 떨어뜨리기 때문이다. 간결한 말이 더욱 긴장감을 주고 호소력을 발휘한다는 사실을 카이사르는 본능적으로 깨닫고 있었던 것이다.

접속사는 문장과 문장을 부드럽게 이어 주는 것으로 생각하기 쉬우나 사실은 군더더기로 문장을 늘어지게 하는 경우가 적지 않다. "아침에 늦잠을 잤다. 그래서 학교에 지각했다. 그러나 다행히 선생님께 혼나지는 않았다"는 접속사 '그래서'와 '그러나'를 사용해 문장을 적절하게 연결한 것으로 보이지만, 실제로는 '그래서'와 '그러나'가 문장을 늘어지게 만듦으로써 글의 맛을 떨어뜨린다. 특히 일이 순서대로 진행될 때는 접속사가 긴장감을 감소시킨다. '그래서'와 '그러나'를 빼고 "아침에 늦잠을 잤다. 학교에 지각했다. 다행히 선생님께 혼나지는 않았다"고 해야 긴장감이 살아나고 글이 깔끔해진다. 불필요한 접속사는 글의 흐름을 방해함으로써 읽는 속도를 떨어뜨리기도 한다. 글의 생명은 간결함과 함축성이다. 시저의 "왔노라, 보았노라, 이겼노라"에는 이러한 이치가 숨어 있다.

간결하고 쉬운 표현에는 접속사도 필요 없다. '그런데' '그러나' '또한' '한편' 따위의 말을 아무런 의미도 없이 함부로 쓰는 일이 흔하다. 이런 말들은 자칫 헛기침이나 군소리가 될 수도 있다. 그뿐 아니라 문장의 리듬을 깨뜨리기도 한다. 그런 예를 들어 본다.

"오늘은 소풍 날입니다. 아침 8시에 학교에 모였습니다. 그러니까, 선생님이 주의를 했습니다. 그리고 버스를 탔습니다. 그리고 유원지에 도착했습니다."와 같은 문장은, 국민학교 저학년 학생이 쓴 글이다. '그러니까' '그리고' 따위의 말로 문장을 이어갔다. 이런 것은 일종의 접속사 병이라고 할 수 있다. 접속사를 쓰지 않고도 글을 이어가는 연습을 많이 해야 한다. 하지만 그것에 지나치게 매달릴 필요는 없다. 그러다가는 글을 써 나가는 흐름을 잃기 쉬우니까. 고쳐 쓰면, "오늘은 소풍 날입니다. 학교에 모인 것은 아침 8시였습니다. 선생님이 주의의 말씀을 하셨습니다. 우리들은 버스를 탔습니다. 드디어 유원지에 다다랐습니다."로 된다.

접속사가 남용되는 것은 문장과 문장 사이의 연결에서뿐만이 아니다. 단락과 단락을 연결할 때도 '그런데' '그리고' '그래서' '한편' 등 불필요하게 접속사를 사용하는 경우가 많다. 글쓰기 경험이 부족한 사람의 글을 유심히 보면 단락의 맨 앞에는 여지없이 접속사가 나온다. 글쓰기를 지도하는 사람 중에는 접속사를 사용해 단락과 단락, 문장과 문장을 이어 주라고 무턱대고 가르치는 이가 있기도 하다. 만약 단락의 맨 앞에 접속사가 오고 문장과 문장 사이에 또 접속사가 나온다면 그 글은 온통 접속사로 넘친다. 우스갯소리로 하면 '물 반 접속사 반'이다. 가능하면 접속사 없이 글을 쓰는 버릇을 들여야 한다. 접속사 없이 각 단락과 문장을 부드럽게 연결하도록 노력해야 글쓰기가 발전한다. 접속사 없이도 앞 단락과 뒤 단락, 앞 문장과 뒤 문장이 물 흐르듯 부드럽게 굴러간다면 이미 수준급의 문장력에 도달한 것이다. 접속사가 많다는 것은 내용의 연결성과 긴밀성이 부족하거나 전체적으로 이야기 전개에 문제가 있다는 얘기도 된다. 글의 성격과 내용에 따라 다소 차이가 날 수는 있지만 접속사가 많은 문장은 좋은 글이 될 수 없다.

대명사의 사용에도 유의해야 한다. 특히 서두에서는 문제가 된다. 서두를 어떻게 시작해야 하느냐는 간단하게 말할 수 없다. 작가의 취향과 개성에 따라 다를 수 있다. 또한 서두는 작품을 구성하는 요소의 한 부분이다. 이는 작품의 동기나 결론부터 시작할 수 도 있고 대상을 순서적이나 중심 부분에서 부터 시작할 수 도 있다. 수필은 서두의 제시 방법에 따라 작품의 성공이 좌우된다. 이 제시 방법이란 표현 방법을 뜻한다. 서두의 표현에는 몇 가지 유의할 점이 있다. 첫째 불분명한 인상을 주지 않아야 한다. 첫 구절 시작이 지시대명사

'그' '어느' 등으로 시작하는 경우는 좋지 않다. 둘째 1인칭 대명사 '나' 로 시작하는 경우도 좋지 않다. 이는 이미 수필은 주체가 '나'이기 때문에 '나'로 시작하는 것은 옳지 않다. 또한 수필에는 육하원칙이 요구된다. 작가가 언제, 어디서, 무엇을, 어떻게, 어떤 생각을 했는지 등 구체적일 필요가 있다.

상 목수는 못질을 하지 않는다. 참으로 기량이 있는 상 목수는 못질을 하지 않는다. 못 하나 박지 않고 집 한 채를 짓는다. 억지로 못질을 하여 나무를 잇는 것이 아니라 서로 아귀를 맞추어 균형과 조화로 구조물을 만들어가고 있기 때문이다. 문장과 문장을 이어가는 기술도 마찬가지이다. 서툰 글일수록 「그리고」「그래서」「그러나」와 같은 접속사의 못으로 글을 이어간다. 그런 글을 읽다보면 못을 박는 망치 소리처럼 귀에 거슬리게 된다. 잘 다듬어진 글의 이미지와 리듬은 인위적으로 접속사를 붙이지 않아도 자석처럼 서로 끌어당기고 어울려서 자연스럽게 이어진다. 글의 앞머리만이 아니다. 글을 맺는 종지형도 마찬가지이다. 서툰 글일수록 「것이다」로 끝맺는 일이 많다. 한글에 「것이다」를 몇 번 썼는가. 「그리고」「그러나」와 같은 접속사를 얼마나 많이 썼는가. 기계적인 통계만으로도 악문과 명문을 구별해 낼 수가 있다.

접속사는 문장의 가시덤불과 같다고 했다. 2개 이상의 '뜻'을 일부러 1개 센텐스 속에 담으려는 데서 혼란은 시작된다. 2개 이상의 뜻을 하나로 묶는 데 쓰이는 것이 '접속사'다. 이 접속사를 함부로 쓰면 글이 엉망이 된다. 너무 많이 써도 엉망진창이 된다. 접속사를 가급적 버려야 한다. 접속사가 없으면 없을수록 좋은 글이 된다. 그렇다고 접속사를 무조건 쓰지 말라는 게 아니다. 줄이라는 얘기다. 필요 없는 것만 버리라는 소리다. 한 센텐스 속에 여러 개의 뜻을 담는 것은 장애물경주에서 말뚝을 세우고 가시덤불을 쌓아 놓는 것과 같다. 말뚝이나 가시덤불이 많으면 많을수록 경주는 어려워진다. 한 센텐스 속에 여러 개의 복잡한 뜻을 담지 말아야 한다. 되도록 한 개의 '의미'를 간단하게 담는 게 좋다. 그러려면 접속사를 줄여야 한다.

04_ 글쓰기 기법 - 맥주 세병 안주 하나 :)

## 세단은 타지마라

    바른 글쓰기를 할 때 필요한 것이 비단 바른 문법, 바른 어휘만 있는 것은 아닐 것이다. 그러나 적어도 사전을 찾아보면 바르지 않은 표현을 쓰는 잘못은 바로 잡을 수 있을 거라는 생각이다. 글쓰기의 시작은 우리글의 힘이 어디에 있는지 아는 데서 시작된다고 생각한다. 우리말 우리글의 힘이 어디에 있는지 제대로 안다면 글쓰기는 자연히 따라오지 않을까? 불완전명사의 사용은 우리글의 힘을 죽이니 조심해야 한다. 불완전명사는 완전과 비교해서 어딘가 모자란다는 뜻이다. '있다' '의' '수' 세 단어는 글쓰기의 3적이다. 가능하면 글을 쓸 때, 세 단어는 쓰지 말자. 안정효 씨는 학생들을 가르치면서 처음 몇 달 동안 그들이 써놓은 글에서 '있었다'와 '의'과 '수'라는 단어를 모조리 없애는 훈련을 집중적으로 시킨다. 대부분의 한국인은 이 세 단어를 문장에서 너무 자주 사용한다.
    국어는 서술어에 힘이 있다. 인간은 괴로움을 통해 비로소 앞으로 나아가는 존재일까. 그럴지도 모른다. 그렇지만 인간이 어려운 시간에도 당당할 수 있다는 점은 누구에게나 한결같은 위안이다. 최근 읽은 몇 페이지의 글에서 벼락같은 힘을 얻는다. 세상의 이치를 주어와 서술어로 드러내는 글의 힘, 상징의 힘. 바로 문학의 힘이다. '있다'

는 상태를 나타내는 말로 정태적이다. 사람들은 의외로 이런 '정태적' 상태동사를 많이 쓴다. 예를 들면 이런 식이다. "길거리에서 사람들이 싸우고 있다. 지나가는 사람들이 구경을 하고 있다. 그래서 길이 꽉 막혀 있다. 신경질이 난 운전자들이 경적을 울려대고 있다. 한 청년이 디카로 이 장면을 찍고 있다." 위 문장에서 '있다'를 모조리 없애보자. 그래도 진행형은 멀쩡하다. 오히려 문장이 간결해져서 힘이 생긴다. "길거리에서 사람들이 싸운다. 지나가는 사람들이 구경한다. 그래서 길이 꽉 막혔다. 신경질이 난 운전자들이 경적을 울려댄다. 한 청년이 디카로 이 장면을 촬영한다."

조사 '~의'를 남발하지 쓰지 말라. 수필문은 물론이고, 일상적으로 자주 범하는 문법적 오류 가운데 상당 부분은 조사의 쓰임과 관련된 것이었다. 조사란 자립 형태소에 붙어서 그 말과 다른 말의 문법적 관계를 표시하는 단어를 말하는데, 주로 체언(명사·대명사·수사) 뒤에 붙어 문법적 관계를 나타내거나 그 뜻을 더해 주는 구실을 하는 것으로 이를 잘못 쓰면 문맥을 혼란스럽게 하여 제대로 뜻을 전달할 수 없게 된다.

조사 중에서도 그 쓰임을 가장 경계해야 할 것이 바로 관형격 조사 '~의'이다. '~의'는 체언에 붙어, 그 체언을 관형어가 되게 하는데, 소유, 주체, 대상, 양, 정도 등 대략 열 가지 이상의 뜻을 나타낸다. 또한 일본어, 영어 등 외국어 어법에 심각하게 오염된 오늘날의 언어 생활에서 조사 '~의'는 그 쓰임이 날로 늘어가고 있다. 그런데 문제는 '~의'를 쓰지 않아야 할 자리에 습관적으로 '의'를 쓰는 사람들이 많다는 것이다.

다음 예문은 관형격 조사 '~의'를 필요 없이 쓴 문장들이다.(1) 기존의 문학 창작 활동에 대한 통제의 폭을 과감히 축소하는 제도적 수정이 뒤따라야 한다.(2) 그 답은 인문 사회 분야의 전공자들의 역할에 달려 있다. (1)에서 '이미 존재하는'이라는 뜻을 가진 '기존'이라는 한자말은 그 자체로 체언을 꾸며 주는 관형어이다. 따라서 관형격 조사 '~의'를 붙일 필요가 없다. 심지어는 글 쓰는 일을 직업으로 삼고 있는 작가들이나 학자들도 '기존의'라고 쓰는 경우가 종종 있는데, 이것은 엄연히 잘못된 표현이다. 예문 (2)에서는 두 어절에 연속 '~의'가 쓰였는데, 앞 어절의 '~의'는 필요가 없으므로 지워버려야 한다.

다음 예문에서 밑줄 친 부분은 조사가 잘못 쓰인 것들이다. 이를 바로잡아 보자. (3) 근대 이후 중산층 혹은 시민 계급이 사회의 중추 역할을 담당하게 되면서 미술은 특수 "계층 속에서의" 향유물만이 아닌 "대중 속에서의" 살아 숨쉬는 "예술로서의" 변화가 요청되었다. 예문 (3)에서 첫 번째는 '계층의'라고 써야 문맥에 어울린다. 두 번째는 관형격 조사 '~의'가 필요 없으므로 빼버리고 '속에서'로 고치자. 세 번째는 '로서 + 의'의 형태로 겹조사가 쓰였다. 겹조사를 허용한다 하더라도 '~서~'만큼은 빠져야 한다.

조사 '~의'의 위치를 잘못 써서 문맥이 어색하게 된 비문도 있다. 관형격 조사 '~의'가 어디에 쓰이느냐에 따라서 수식어의 위치가 달라지고, 그러다 보면 문장 전체의 뜻이 달라지는 경우가 있다. 다음 예문을 보자. (4) 대상을 받은 쿠바의 작가 작품은 그저 낡고 초라한 배에다 글자를 크게 써 놓고 노를 하나 기대 놓은 것이었다. (5) 시간이 지날수록 과학 발전의 속도는 점점 빨라지고 있다. 예문 (4)에서 관형어의 꾸밈을 받는 말은 '작가'가 아니라 '작품'이다. 따라서 '쿠바 작가의 작품'으로 고쳐야 한다. 관형격 조사의 위치를 정확히 하기 위해서는 말의 단위를 잘 구분할 수 있어야 하는데, 최종적으로 꾸밈을 받는 말이 무엇인지를 정확하게 가려내야 한다.

(5)에서 주체가 되는 말은 '과학'인가, '발전'인가? 당연히 '과학'이 주체가 되는 말이다. 따라서 '과학의 발전 속도'로 고쳐 써야 한다. (6) 이렇게 볼 때 현재에 있어서 우리의 통일이 꼭 필요한 것이라고 볼 수 없다. 예문 (6)은 조사뿐만 아니라 번역투의 오류도 포함하고 있는 비문이다. '현재에 있어서'라는 표현은 번역투의 오류인 동시에 잉여적 표현이다. '현재'라고만 써도 된다. 불필요한 말을 제거하여 간결한 문장이 되도록 해야 한다. 또한 '우리의 ~'에서 조사 '~의'는 '~에게'로 써야 옳다. 그러므로 '이렇게 볼 때 현재 우리에게 통

일이 꼭 필요한 것이라고 볼 수 없다.'로 고쳐 써야 한다. 이처럼 문장에 관형격 조사 '~의'를 마구 쓰면 비문이 되기 쉽다. 모든 문장에서 쓰지 않아도 될 단어는 쓰지 않아야 한다. 이것은 문장 구성의 첫 번째 원칙이다.

'~할 수'는 'can(be)'라는 영어식 표현에서 비롯됐다. "누전을 일으킬 수도 있습니다." "광우병에 걸릴 수도 있습니다." 같은 경우가 그러하다. 이런 표현은 "누전을 일으키기도 합니다." "광우병에 걸릴지도 모릅니다."라는 식으로 다양화하면, 우리말 같지 않은 어색함이 사라지고 훨씬 자연스럽게 들린다.

이 세 단어를 가능하면 글에 줄이는 것이 작가에게는 필수적인 기법이다. 글쓰기에 있어 가장 기초적인 자기 욕망이나 감수성에서부터 독서하는 방법이나 습관, 언어의식이나 문장력 같은 데 이르기까지 하나하나 다시금 고민해야 한다. 수필의 기본은 '바른 문장'을 적는 것이다. 바른 문장이란 우리글을 정서법에 따라 바르게 적는 것을 의미한다. 수필은 언어예술이다. 느낌도 생각도 메시지도 언어로 전달한다. 글에서는 글자 하나하나가 생명이기 때문에 용어 하나하나에 유의해야 한다.

05_ 글쓰기 기법 - 맥주 세병 안주 하나 ☺

## 개명은 사고의 기본이다

누가 수필에 논리가 없다고 하는가. 수필도 논리로 통한다. 개념과 명제는 논리적 사고의 기본이다. 개념과 명제는 모든 이성적 사유의 기본 요소를 이룬다. 우리가 글을 쓰면서 '**개념**'과 '**명제**'에 대하여 반드시 공부해야 하는 이유가 바로 여기에 있다. 그런데 언어와 개념이 언제나 일대일로 대응하는 것은 아니다. 또한 하나의 명제는 조금씩 다른 여러 가지 문장으로 표현될 수 있다. 위에서 예로 든 '집'의 경우 '가옥', '주택'이라는 말로 바꾸어 쓸 수도 있다. 즉, 하나의 개념이 여러 가지 단어로 실재되기도 하고, 하나의 단어가 서로 다른 개념을 나타내기도 한다.

그리고 '모든 사람은 죽는다.'는 명제를 '사람은 모두 죽는다.'와 같이 다른 문장으로 나타낼 수도 있다. 물론 기호로 명제를 분명하게 나타낼 수 있다는 것을 우리는 수학을 통하여 공부한 바 있다. 하지만 수필은 개념과 명제를 수학적 기호가 아니라 언어로 나타내는 것이다. 이러한 사실 때문에 문장에서 개념과 명제를 어떤 언어로 표현하느냐의 문제가 중요하게 대두되는 것이다. 다음 구체적인 예문을 보면서, 수필문에 어떤 논리적 결함이 있는지 알아보기로 하자.

(1) 유전자 검사 결과 치명적인 질환의 가능성을 지닌 유전 인자를 갖고 있다면 그건 정말 어떤 질환에 대한 가능성일 뿐이다. 예문 (1)은 문장의 형태상 '**이어진 문장**'으로 표현된 이 예문은 '**가정**假定'의 관계이며 앞 문장과 뒷 문장이 '전제 + 결론'의 형태를 취하고 있다. 그러나 의미상으로는 분명한 명제를 표현하지 못하고 있다. 따라서 이 문장은 '**~할지라도**' 또는 '**~하더라도**'의 의미로 연결될 수 있도록 고쳐 주어야 한다.

(2) 만약 고정적인 생각에 빠져 있는 사람이라면 이 그림 대회의 대상을 자동차를 가장 사실적으로 그린 사람에게 줄 것이지만 ㉠아직까지도 창조적 능력을 중요시하기 때문에 개성을 인정받을 수 있었던 것이다. 예문 (2)는 ㉠을 기준으로 하여, 의미가 다른 두 문장으로 나눌 수 있다. 그런데 앞 문장과 뒷 문장이 의미상 전혀 연결되지 않는다. 밑줄 그은 '아직까지도'라는 표현 때문에 의미상 불완전한 문장이 되고 말았다.

(3) 정확한 현재의 실정을 노동자들이 인식해서 기업과 대화로써 타협을 하여 국내 생산 시설의 발전을 꾀하여야 한다. 노동자들이 현재의 실정을 정확히 인식하면 '생산 시설'이 발전하는가? 그렇지 않다. 오히려 생산 시설을 발전시키기 위해서는 기업의 투자가 있어야 한다. 기업가들이 생산 시설에 재투자해야 할 자본을 부동산 매입 등 비생산적인 분야에 투자하기 때문에 생산 시설이나 설비가 미비하게 된 것이다. 그러면 노동자들이 자신들의 힘으로 발전시킬 수 있는 것은 무엇인가? 그것은 바로 '생산성'이다. 글쓴이는 생산성을 높여야 한다는 의미를 이렇듯 잘못 전하고 있는 것이다.

이런 유형의 논거를 제시하기 위해서는 우리가 살고 있는 이 사회의 실정을 잘 알고 있어야 한다. 피상적인 인식이 때로는 심각한 논리적 오류를 포함하고 있는 경우가 많다. 자신이 확실하게 알고 있는 사실이 아니라면 함부로 글로 표현해서는 안 된다. 반대로 여러 사회 현상에 대하여 늘 관심을 가지고 정확하게 알아 두어야만 제대로 된 글을 쓸 수 있다.

(4) 인간이라면 누구나 존엄성을 지니고 있는데 사전 타협도 없이 남의 소유물을 빼앗는 것은 인권을 무시한 행위이다. 예문 (4)는 도대체 무슨 의미인지 종잡을 수 없는 문장으로, 개념이 무척 혼란스럽다. 남의 물건이나 재산을 빼앗는데 '사전 타협'을 하는 경우도 있는가? 이와 같이 논리적 허점을 그대로 드러내고 있는 문장은 말 그대로 **'비문'**이라고 할 수 있다.

  (5) 태양열 주택, 태양열 자동차 등은 이미 개발되었다. 이것들에 쓰이는 태양열 에너지는 화석 연료와는 달리 매장량이 무한하며, 환경을 오염시키지도 않는다. 앞에서 개념은 단어로 표현된다고 설명한 바 있다. 예문 (5)에서 태양열을 설명하는데 '매장량'이라는 말을 쓴 것이 개념 표현의 오류이다. 태양이 땅 속에 묻혀있다는 말인가?

  (6) 개인은 생산성 향상으로 고임금 등 생산성 약화 원인을 상쇄시키고, 기업은 이윤 추구도 중요하지만 국내 산업 발전에 대한 최대한의 노력을 해야 할 것이다. 그리고 국가는 기반 시설 확충, 각종 규제의 완화 등 산업 기반을 단단히 다져 줄 조치를 취해야 한다. 예문 (6)은 '경제난'을 극복하는 방안에 대하여 개인, 기업, 국가 등 3분법적인 논리로 진술하고 있는데, 논리의 형식은 크게 나무랄 데 없다. 그러나 누구든 어디서 한 번쯤 들어 보았음직한 내용이다. (6)을 예문으로 든 이유는 바로 '식상한 명제'를 경계하기 위해서다. '생산성'을 향상시키고 '최대한의 노력'을 하자는 것은 지극히 당연한 말이다. 어떻게 생산성을 향상시키고, 어떻게 최대한의 노력을 하자는 말인지, 그 구체적인 방법을 제시하는 것이 관건이다. 설령 구체적으로 제시한 방안이 최선이 아니라도 좋다. 논리적 타당성을 갖춘 창의적인 글이야말로 감동을 얻는 지름길이다. 또한 그것은 실제 현실의 문제점을 극복하는 길이기도 하다.

  수필문에서 자주 범하는 어휘의 오류가 무엇인지 알기 위해서는 먼저 '개념'이라는 말의 뜻을 이해해야 한다. 예컨대 우리가 살고 있는 '집'의 모양은 제각각 다르다. 그러나 우리는 그 모두를 '집'이라고 부른다. 왜 그럴까? 우리가 살고 있는 '집'에는 누구나 인정할 수 있는 어떤 공통점이 있기 때문이다. 그러한 공통적인 요소를 함축한 것이 바로 '개념'이다. 따라서 언어의 측면에서 보면 개념이란 '말의 뜻'이라 할 수 있다. 예로 든 '집'의 경우 '가옥', '주택'이라는 말로 바꾸어 쓸 수도 있다. 즉, 하나의 개념이 여러 다른 언어로 실재되는 것이다. 또한 '배', 그런데 언어와 개념이 언제나 1대 1로 대응하는 것은 아니다. 위에서 '절', '다리' 등과 같이 하나의 단어가 서로 다른 개념을 나타내기도 한다. 이러한 사실 때문에 수필 문장에서 개념을 어떤 언어로 표현하느냐의 문제는 중요하다. 그럼 개념에 맞지 않은 어휘를 사용한 문장의 구체적인 예를 들어보자.

(1) 산업화로 인한 소비재의 대량 생산은 소비를 필요로 하게 되었고, 과학 기술에 의한 매스컴의 발달은 광고의 발달을 촉진시켰다. (1)은 문맥상으로는 문제될 것이 없는 문장이다. 그러나 '소비재'라는 말 하나에 '산업 사회에서 대량 생산되고, 소비를 필요로 하는 것'이라는 개념을 모두 담아 낼 수는 없다. 산업화 사회에서는 '소비재' 뿐만 아니라 '생산재'나 '서비스' 상품도 대량 생산되기 때문이다. 따라서 이 모든 요소를 충족할 수 있는 개념은 바로 '상품'이다. 이처럼 어떤 명제를 일반화하기 위해서는 그 범위를 충분히 포괄할 수 있는 넓은 개념을 사용해야 한다.

(2) 사진의 특수한 기법은 다른 장르의 그것처럼 예술 사진에 특별성과 완성도를 부여한다. '보편성'의 상대 개념은 '특수성'이다. 따라서 사진은 예술로서의 보편성과 더불어 다른 장르와 구분되는 특수성을 갖기 마련이다. 따라서 '사진 장르가 다른 예술 분야와 구별되는 성질'을 말할 때 '특수성'이라고 하지 '특별성'이라고 하지 않는다. 흔히 '특수하다'와 '특별하다'는 유사한 것처럼 보이지만, 각각의 개념에는 서로 미묘한 차이가 있으므로 구별해서 써야 한다.

(3) 정보 커뮤니케이션의 확대에는 문화 산업의 비대화가 따라야 한다. '비대화'란 살이 쪄서 몸집이 커지거나 권한·권력·조직 따위가 어느 한계를 벗어날 정도로 커진 것을 뜻하는 말이다. 즉 '비대'하다는 것은 쓸모없이 크다는 것을 뜻한다. 따라서 '비대'한 조직이나

집단은 마땅히 축소해야 할 대상이다. 따라서, 확대·발전시켜야 할 문화 산업에 '비대화'라는 개념을 쓴 것은 지나친 과장이거나, 단어의 정확한 의미를 몰라서 범한 오류이다.

(4) 현재 세계 여러 나라에서는 태양력, 조력, 풍력을 이용한 에너지를 개발하고 있다. 조력, 풍력 에너지는 역학적 운동 에너지인 데 비하여 우리가 태양에서 얻는 에너지는 바로 '열 에너지'이다. 그러므로 '태양력'에서 에너지를 얻는다는 것은 말이 안 된다. 발전 형태를 나타내는 말에 대부분 '~력'이 붙기 때문에 무심결에 이를 흉내내어 '태양력'이라고 표현한 것 같다. 하지만 원리에 맞게 '태양열'이라고 쓰는 것이 옳다. '태양열 주택', '태양열 자동차' 따위와 같이 실제 생활에서도 명백하게 '태양열'로 쓰고 있다는 사실을 유념해야 한다.

개념 관계를 무시한 어휘를 쓰지 말라. 우리가 알고 있는 낱낱의 개념은 다른 개념과 어떤 관계를 이루고 있는데, 단어(개념)와 단어(개념) 사이에는 다섯 가지 관계가 있다. 동의 관계(소리는 다르지만 뜻이 같은 말), 이의 관계(소리는 같지만 뜻이 다른 말), 유의 관계(동의 관계이지만 쓰임이 다른 말), 반의 관계(뜻이 반대되는 말), 포함 관계(서로의 의미가 포함되거나 포함하는 한 쌍의 말) 등이 바로 그것이다.

(1) 사진 촬영은 근대에 들어와 새롭게 생겨난 예술 분야 가운데 하나이다. 포함 관계를 무시한 문장이다. 포함 관계란 서로의 의미가 포함되거나 포함하는 두 단어들의 관계를 말하는데, 포함 관계에 있는 두 단어는 상의어와 하의어로 계층 구조를 이룬다. 상의어는 다른 단어를 포함하는 단어이며, 하의어는 다른 단어에 포함되는 단어를 말한다. 집합 관계로 말하면 '상의어' ⊃ '하의어'로 나타낼 수 있다. 인용문에서 '사진 촬영'이란 연출, 현상, 인화 등과 같이 사진과 관련한 여러 행위 중의 하나로, '사진'의 하의어이다. 따라서, '사진 촬영'이 예술의 한 분야가 되는 것은 아니다. '사진 촬영'이 아니라 한 단계 상의어인 '사진'이라고 써야 한다.

(2) 사람 사회와 윤리는 따로 떼어서 생각할 수 없다. 청소년들의

그릇된 성문화도 법으로 통제하는 것보다는 교육 환경을 통하여 자율적으로 바로 세울 수 있도록 유도해야 한다. 이 예문은 동의 관계[異音同義語]의 오류를 범하고 있다. 소리는 다르나 의미는 같은 단어를 '이음 동의어'라고 하며, 그런 관계를 '동의 관계'라 한다. '사람'과 '인간'은 서로 동의 관계에 있는 단어들인데, 이들 단어는 상황이나 분위기에 따라서 각각 다르게 쓰이며, 어감도 다르다. 가령 '이 사람아!' 하고 부르는 것과 '이 인간아!'하고 부르는 것은 그 느낌에 큰 차이가 있다. 여기서도 '사람 사회'보다는 '인간 사회'라고 쓰는 것이 더 자연스럽다. 이처럼 이음 동의어를 문장에 쓸 때는 글 전체의 분위기와 서로 어울리는 다른 단어들을 고려하여야 한다.

 (3) 한 선배는 절에 관한 연구 논문을 발표하여 우리 전통 문화 보존에 대한 경각심을 불러일으킨 적이 있다. 이처럼 전통 문화의 보존은 개개인의 노력으로부터 시작된다. '부모님께 절[拜]을 올리다'와 '절[寺]에 가다'에서 '절'은 같은 소리라도 그 뜻이 다르다. 이처럼 서로 소리는 같으나 의미는 다른 단어를 '동음이의어[同音異義語]'라 한다. 그리고 한 단어와 동음이의어인 단어와의 관계를 '이의 관계'라 한다. 이의 관계에 있는 단어를 쓸 때는 단어의 본뜻이 앞뒤 문맥을 통해서 드러나도록 배려해야 한다. 인용문의 내용만 보면 '절'이라는 말이 우리의 전통 '인사법'을 말하는 것인지, 아니면 '사찰'을 말하는 것인지 알 수가 없다. 이런 경우에는 '인사 예절'이나 '사찰'과 같이 동음 이의어가 아닌 단어로 바꾸어 쓰는 것이 좋다.

 (4) 그 조류학자는 철새들의 이동 경로를 연구하기 위하여 기러기의 꼬리에 소형 탐지기를 매달아 날려 보냈다. 예문의 '꼬리'는 '꽁지'라는 말과 유의 관계에 있다. 소리는 다르나 개념은 서로 비슷한 단어들의 관계를 유의 관계라고 하는데, 넓게는 동의 관계에 포함시킬 수도 있다. 하지만 '밥/진지/맘마', '꽁지/꼬리' 따위처럼 그 쓰임에 제약을 받는다는 점이 다르다. 예컨대 '아가야, 진지 먹어라'라고 표현하지 않듯이, '새의 꼬리', '짐승의 꽁지'라고 쓰면 안 된다. 기러기와 같은 새 종류의 몸 끝 부분을 말할 때는 '꽁지'라고 해야 한다.

(5) 성 폭력 문제를 다루는 데 있어서 남성을 가해자로만, 그리고 여자는 피해자로만 보는 것은 옳은 시각이 아니다. '남성'과 '여자'는 개념상 서로 반대되는 의미를 가지고 있으므로 반의어다. 같은 유$^{類}$에 속하면서 오직 한 개의 요소가 상반되는 두 단어를 반의 관계라 한다. 그런데 반의 관계의 단어를 쓸 때는 '남성/여성', '남자/여자' 처럼 서로 반의 관계의 짝을 이루는 단어를 써야 한다. 그러므로 인용문의 '남성/여자'는 '남성/여성'으로 쓰는 것이 더 적절하다. 이 밖에 '오다/가다', '밤/낮' 등도 반의 관계에 있는 단어 짝이다.

개념에 유의하며 글을 쓰는 것은 작가에게는 필수적이다. 글쓰기에 있어 가장 기초적인 자기 욕망이나 감수성에서부터 독서하는 방법이나 습관, 언어의식이나 문장력 같은 데 이르기까지 하나하나 다시금 고민해야 한다. 수필의 기본은 바른 어휘로 '바른 문장'을 적는 것이다. 바른 문장이란 우리글을 정서법에 따라 바르게 적는 것을 의미한다. 수필은 언어예술이다. 느낌도 생각도 메시지도 언어로 전달한다. 글에서는 글자 하나하나가 생명이기 때문에 용어의 개념 하나하나에 유의해야 한다.

06_ 글쓰기 기법 - 맥주 세병 만족 하나 ☺

## 것들을 조심하라

　의존명사 '것'을 함부로 쓰지 말라. 어휘력이 빈곤한 사람일수록 의존 명사 '것'이라는 말을 남발한다. 전달하고자 하는 개념에 적합한 어휘가 떠오르지 않을 때 '것'이라는 말로 대신해 버리는 것 같다. 통상 '것'은 사물이나 현상 또는 성질 따위를 추상적으로 이르거나, 앞서 말한 사실에 대한 확신이나 추측을 나타내는 말이다. 그런데 의존명사는 그 자체로 뜻을 가진 말이 아니므로 관형어의 도움을 받아야만 비로소 제 뜻을 가진다. 그러므로 정확한 개념을 중요시하는 수필문에서는 '~것'이라고 막연하게 쓰지 말고, 보다 분명하고 구체적인 말을 써야 한다.
　'것' 또한 '있다'와 마찬가지로 최대한 절제해야 한다. 대부분 사람들은 추상적인 것을 묘사하는 서술어의 힘에 매료된다. 감각을 물질처럼 서술하기도 하고, 추상적인 것에 동선을 부여해서 구체화시키기도 한다. 이러한 서술이야 백 줄의 상태동사보다 그 감각을 제대로 느끼게 해준다. "집으로 오고 있었던 것이다"라는 표현을 놓고 생각해보자. 먼저 '있다'를 없애버리면 "집으로 왔던 것이다"가 된다. '것'도 가차 없이 자르고는 "집으로 왔다"라고만 해도 글 전체의 흐름에는 별 문제가 없다. 하지만 이 경우에는 진행의 과정이 훼손되어 눈에 보이지 않는다. 그렇다면 '있다'를 없애면서 '진행' 상태를 살리려면 어떻게 해야 할까? '것'을 고치라고 하면 대부분의 학생들은 단순히 '것'이라는 단어를 '일' 따위의 다른 단어로 바꿔놓으려고 안간힘을 쓴다. '것'을 전부 '일'로 바꾼다고 해서 좋은 글이 나오지 않는다. 이럴 때는 글을 아예 새로 써야 한다. "집으로 오고 있었던 것이다"를 "집으로 오던 길이다"라고 바꿔 쓴다.

(1) 그러나 특수한 기법이나 아무것도 사용하지 않고 찍은 것이라고 해도 무슨 뜻을 담고 있는 것 같은 것들을 요즘에는 흔하게 볼 수 있다. 미술이나 조각도 최초에는 그저 본 것을 그리거나 나타내는 것만을 했었다고 한다. 이 인용문은 600자 가량의 글 중에서 '것'이라는 의존 명사가 무려 열세 번이나 쓰인 문의 일부이다. 의존 명사 '것'을 적절한 말로 바꾸고 문장을 간결하게 다듬어 보자. → 그러나 특수한 기법이나 아무 보조 장비도 사용하지 않고 찍었어도 무슨 뜻을 담고 있는 것처럼 보이는 사진을 요즘에는 흔하게 볼 수 있다. 미술이나 조각도 최초에는 그저 사물을 본 대로 그리거나 나타냈다고 한다.

다음 예문 역시 의존 명사 '것'을 막연하게 써서 개념과 범주가 모호한 문장들이다. '것'을 구체적인 말로 바꾸어서 다시 써 보자.

(2) 이렇게까지 예술 시장이 확대되고 호황을 누리게 된 데는 사람들의 생활 양식에 의한 것도 있지만 무엇보다도 사람들의 의식이 바뀐 것에서 오는 것이라 할 수 있다. → 이렇게까지 예술 시장이 확대되고 호황을 누리게 된 데는 사람들의 생활 양식에 의한 이유도 있지만 무엇보다도 사람들의 의식이 바뀌었기 때문이다. (3) '인간을 위한 과학', 이것이야말로 과학자들이 추구해야 할 것이다. → '인간을 위한 과학', 이것이야말로 과학자들이 추구해야 할 목표(또는 이상, 과제 등)이다.

사람이 물건의 범주에서 벗어나 완전한 인격체로 대우받을 수는 없는 것일까? 자본주의 사회가 지속되고 물질만능적 가치관을 포기하지 않는 한 불가능한 일이다. 자본주의의 꽃이라는 금융과 보험은 나날이 발전과 진화를 거듭하고 있다. 말이 좋아 그렇지 '돈 놓고 돈 먹기'가 금융이고 '사람의 목숨을 담보로 하는 돈 놀음'이 생명보험 아닌가? 따지고 보면 인간이 온전하게 인간대접을 받았던 시절은 가장 인간스럽지 않아보였던 선사시대뿐이었다. 지금도 우리의 언어는 사람을 물건으로 부른다. '작것' '섬것' '고까짓것' '촌것' '저것' 등으로 표현되는 모든 '것'들 속에 사람이 있다. 사람은 아직도 혼자서는 의미를 제대로 갖지 못하는 불완전명사 '것'처럼이나 불완전하다.

복수형 접미사 '~들'을 아무 데나 붙이지 말라. 우리말의 문법 규정에 따르면, 셀 수 없는 명사나 장소를 표시하는 대명사에는 복수형 접미사 '~들'을 붙일 수가 없다. 그런데 어찌된 일인지 단수로 써야 할 것을 이유 없이 복수형을 쓰는 사람들이 많다. 이것 역시 잘못된 언어 습관 가운데 하나인데, 초보자의 문장에서도 쓸데없는 복수형이 자주 보인다. 복수형 접미사 '~들'을 남발하는 유형은 크게 세 가지로 나눌 수 있다.

첫째, '우리'나 '대중', '군중', '무리' 따위와 같이 그 자체로서 이미 복수의 뜻을 나타내는 말에도 '~들'을 마구 붙여서 말을 낭비하는 경우이다. (1) 우리들은 정보화 사회에서 살고 있다. (2) 돈을 벌기 위해 외설성 영화를 만들어 그것을 많은 대중들에게 팔 것이다. (1)의 '우리들'은 '우리'라는 말 자체가 복수이면서, 셀 수 없는 말이므로 접미사 '~들'을 붙일 필요가 없다. 또한 (2)에서 '대중'이라는 말은 이미 그 자체가 복수이다. '많은 대중'이라는 표현도 이미 중복되었는데 거기에 다시 '대중들'이라고 써서 또 한 번 말을 낭비하고 있다.

복수형 접미사 '~들'을 남발하는 둘째 유형은 앞에 복수를 전제로 하는 꾸밈말이 있음에도 다시 복수형 접미사를 쓸데없이 갖다 붙이는 경우이다. 예문을 보자. (3) 오늘날 우리 사회에는 여러 가지 갈등들이 나타나고 있다. (4) 교도소 담장에 그려진 대형 벽화 앞을 하루에도 수백 명의 행인들이 지나간다. (3)에서는 '여러 가지'라는 꾸밈말이 앞에 있어서 '갈등'이 이미 복수임을 나타내고 있는데 다시 접미사 '~들'을 쓰고 있다. (4)에서 '수백 명'이라는 꾸밈말이 앞에 있음에도 다시 복수형 접사를 쓰고 있다. 물론 이런 식의 표현은 너무 일반화되어 이제는 하등 문제가 없는 것처럼 보일 수 있지만 엄연히 말의 체계를 알고 넘어가야 할 것이다.

한편, 셀 수 없는 명사에 접미사 '~들'을 마구 쓰는 것은, 우리가 아무런 문제 의식을 느끼지 않고 가장 많이 범하는 오류이다. (5) 이런 영화들이 범람하게 된 것은 약하고 허술한 사전 심의 때문이라고 주장하는 일부 여론들이 있다. (6) 오늘날 우리가 접하는 과학적 지식들이 진리가 아닐지도 모른다. (5)의 '여론'이란 많은 사람들의 공통된 의견을 말하는 것이므로 그 수를 셀 수는 없다. 어떤 문제에 대하여 하나의 여론이 있을 뿐이다. 따라서 '일부 여론'이란 있을 수 없으며, '여론들'이라는 말도 성립되지 않는다. (6)에서 '지식들'이라는 말도 성립되지 않는다.

지금까지 연구한 내용만으로 기본에 대한 연구가 충분하다고 할 수는 없을 것이다. 자신의 문장을 올바른 문장으로 다듬을 수 있는 사람은 오직 자신뿐이다. 그러므로 여러분 스스로 완벽한 문장을 구사하려는 노력을 멈추어서는 안 된다.

07_ 글쓰기 기법 — 맥주 세병 안주 하나 ☺

# 습관을 경계하라

　습관적으로 자주 쓰는 말을 경계하라. 여러분의 친구들이 말하는 내용을 귀 기울여 들어 보라. 그러면 그들 대부분이 어떤 특정한 어휘를 습관적으로 자주 사용한다는 사실을 알게 될 것이다. 글을 쓸 때도 습관적으로 자주 쓰는 말이 있기 마련이다. 따라서 자신이 써놓은 글을 꼼꼼히 읽어 볼 필요가 있다. 그러면 여러분이 유달리 자주 쓰는 어휘가 눈에 띌 것이다.
　나는 글의 윤문작업을 할 때마다 윤오영의 수필『방망이 깎던 노인』을 떠올린다. 어쩌면 그 노인의 방망이를 깎는 태도가 바로 수필 다듬기의 본보기가 아닐까 생각되어서다. 그 노인은 기차시간이 다 되었으니 그만 방망이를 달라고 재촉하는 소비자에게 생쌀이 재촉한다고 밥이 되느냐며 나무란다. 그래도 어서 달라고 재촉하자 안 팔 테니 다른 데 가서 사라고 엄포를 놓는다. 소비자는 왕이라는 세상에 방망이 깎던 노인은 그 왕 앞에서 오히려 큰소리를 치는 셈이니 얼마나 꼬장꼬장한 장인인가.
　그 방망이 깎던 노인은, 수필가는 물론 모든 예술가의 자세가 어떠해야 하는지를 일깨워주고 있다. 수필가라면 모름지기 이 방망이 깎던 노인에게서 진짜 수필가로서의 자세를 배워야 하리라. 청탁원고 마감에 쫓겨서 허둥지둥 원고를 마무리하여 보내는 수필가라면 그 노인의 태도를 보고 무엇인가 크게 뉘우치고 깨달아야 할 것이다. 글을 다듬을 때 밤에 쓴 수필은 낮에, 비나 눈이 내릴 때 쓴 글은 햇볕이 쨍쨍 내리쬐는 날 다시 읽어 보며 글을 다듬는 게 좋을 것이다. 날씨에 따라 수필가가 너무 감상에 치우쳐 쓰지 않았는지 검토해야 하기 때문이다. 글다듬기는 며칠 또는 몇 주일, 몇 달이 걸리기도 할 것이다.

또 글다듬기를 할 때마다 제목과 서두, 내용, 결미까지 꼼꼼히 읽으면서 단어 하나하나를 짚어가는 게 좋다. 왜냐 하면, 습관적으로 의식없이 자주 쓰는 어휘가 독자에게 거슬림을 주기 때문이다. 이 단어를 더 쉬운 우리말로 바꿀 수는 없을까, 토씨를 넣을 것인가 뺄 것인가를 생각한다. 그뿐 아니라 한 글자라도 더 줄일 수는 없을까 궁리한다. 그것이 수필문장의 경제학이라고 믿기 때문이다. 한자말이나 외래어는 가능한 한 우리말로 바꾸는 게 좋다. 그러다 보면 영어의 번역문투가 우리말에 깊이 스며들어 있음을 알 수도 있다. 그런 사실을 우리가 미처 깨닫지 못하고 있는 경우도 없지 않다.

'~위하여'란 어휘를 생각해 보자. 이 어휘는 영어 '~for + 명사(동사 + ing, to + 동사원형)'을 번역한 어투지 순수한 우리말의 어투가 아니다. 그런데도 그 어휘가 순수한 우리말로 알고 즐겨 사용한다. '~위하여'를 '~하고자' '~하려고' 등으로 바꾸면 자연스러운 우리말투가 된다.

또 '~후'자를 생각해 보아도 그렇다. 이는 한자 '後'자를 뜻하는 한자말인데 한문세대는 말할 것도 없고 한글세대까지도 무의식중에 이 글자를 사용한다. '後'자를 우리말로 바꾸면 '뒤'다. 그런데 버릇처럼 순수한 우리말 '뒤'자는 '後'자에 밀려나고 있다. '아침밥을 먹은 뒤'라고 표현하면 좋을 텐데 '아침밥을 먹은 후'라고 쓰면서도 그것이 한문문장 투라는 사실을 깨닫지 못한다.

다시 말하지만 원고를 마무리 지은 다음, 글을 다듬을 때는 단어 하나하나를 읽어 가면서 그 단어를 순수한 우리말로 바꿀 수 있는 한 바꿔야 한다. 그래야 세종대왕께서 만드신 한글이 얼마나 아름답고 쓰임새가 높은지도 알게 될 것이고, 그렇게 작품을 손질하고 나면 누구나 읽어도 이해할 수 있는 친근한 수필로 바뀔 것이다. 그래야 수필가를 '우리말 지킴이'라고 말할 수 있을 게 아닌가.

다음은 '부분'이라는 말을 습관적으로, 또는 무작정 사용한 문장이다. (1) 예술은 우리에게 교훈적인 부분과 또 다른 부분을 보여 주는 양면성을 지녔다. (2) 포장은 물건을 사기전에 가장 먼저 보게 되는 부분이다. 예술 작품은 인간에게 감동과 재미 외에 교훈을 주기도 한다. 그런데 (1)과 같이 예술의 이러한 기능을 몇 개의 '부분'으로 나눌 수 있는 것은 아니다. 설령 예술을 '교훈적인 부분'과 '또 다른 부분'으로 나눌 수 있다 하더라도 '또 다른 부분'이 어떤 것인지 구체적인 어휘로 밝힐 수 있어야 한다. (2)에서 '포장'이라는 것은 물건의 한 '부분'이 아니다. '부분'이라는 말보다는 주어를 바꾸어서 '사람들은 물건을 사기 전에 포장부터 보게 된다'라고 쓰는 것이 좋다.

(3) 오늘은 정설로 여겨지는 학설이 내일은 거짓이 될 수 있고, 거짓이던 학설 속에서 새로운 지식이 나올 수도 있다. (4) 우리는 수많은 가치관과 삶의 기준 속에서 때론 무엇을 선택해야 할지 고민하게 된다. 두 인용문에 쓰인 '~속에서'도 까닭 없이 자주 쓰이는 말 가운데 하나다. '학설'이니 '기준'이니 하는 추상 명사에 '겉'과 '속'이 있는가? 굳이 그러한 구분이 필요하다면 차라리 '안'과 '밖'이라고 쓰는 편이 나을 것이다.

(5) 한 순간에 그 때의 상황 모습을 그대로 나타내 주는 사진은 그야말로 다른 예술 작품에 나타나는 작가의 주관은 전혀 나타나지 않는다. (6) 사람들이 가위를 들고 설립 테이프를 자르는 모습과 기둥들이 늘어서며 그 가운데 햇빛이 빛나는 마치 시간의 흐름을 연상하는 듯한 이 사진들은 같은 사진기로 찍었으면서도 구별이 확연히 되는 것이다. '모습'이라는 말은 본래 '사람의 생긴 모양'을 뜻하는데 근래에는 '자연이나 사물의 겉모양'까지도 칭하는 말로 그 뜻이 확장되어 사람들 사이에서 남용되고 있다. 예컨대 요즘 젊은 세대는 '너

를 보고 싶어'하면 될 것을 굳이 '네 모습을 보고 싶어'라고 한다. 사람 자체가 아니라 그 사람의 '생김새'만 보고 싶다는 것일까. (5)에서 '상황 모습'이라는 말을 쓴 것도 억지 습관이다. '모습'이라는 말을 아예 쓰지 말아야 했다. 또한 (6)은 '사진'이라는 말을 써야 할 자리에 '모습'이라는 말을 써 버리는 바람에 완전히 다른 뜻을 가진 문장으로 탈바꿈해 버렸다.

이 밖에도 사람들이 습관적으로 자주 쓰는 말에는 '역할', '입장' 등이 있다. 모두 잘 생각해서 써야 할 어휘들이다.

## 08_ 글쓰기 기법 - 맥주 세병 만족 하나 :)

# 한자는 거만하다

　작가들은 때로 짧고 간단한 단어를 사용하는 대신 거만하고 중요한 것처럼 보이는 단어 사용하기를 좋아한다. 이것은 실수다. 화려한 단어는 글을 읽는 사람의 혼란만 가중시킬 뿐이다. 평범하게 쓰면 독자들은 그것을 이유로 당신을 좋아할 것이다. 한자는 거만한 단어다. 억지 한자말을 함부로 쓰지 말라. 앞에서 지적한 바와 같이 어휘력이 빈곤한 작가는 비문을 낳기 마련이다. 그런데 반대로 어휘력이 너무 풍부해서 읽는 이의 눈을 거슬리게 한 경우도 있다. 사전에도 없는 말을 억지로 만들어 쓰거나, 생소한 한자말, 또는 외국어를 마구 쓴 문장이 바로 그것이다. 적당한 일상어가 없어서 어쩔 수 없이 전문용어를 쓰는 경우가 아니라면, 수필 문장은 많은 사람들이 사용하는 일상어를 쓰는 것이 좋다.
　다음은 사전에도 없는 억지 한자말을 쓴 문장들을 예로 든 것이다. (1) 유명 화가들의 작품은 대부자가 아니면 살 수 없을 정도로 막대한 금액에 거래된다. (2) 현실을 바르게 인식하기 위해서는 선입관과 속단을 버리는 것이 최선무가 되어야 할 것이다. (3) 예술 사진은 감상자를 감흥시킬 수 있어야 한다. (4) 그 완취됨을 맛본 후 얼마 지나 일상으로 돌아왔을 때 그는 현실 생활의 각박함 속에서 더욱 소외

됨을 느낄 수도 있다.

(1)의 '대부자'라는 말은 일상적으로 쓰이지 않음은 물론이고 사전에도 나오지 않는다. '대부호大富豪', '큰 부자' 따위의 말로 쓰면 될 것이다. 예문 (2)에 쓰인 '최선무'라는 말 역시 사전에도 없는 억지 한자말이다. 아마도 '급선무'라는 말을 잘못 쓴 것으로 보인다. (3)에서 '감상자'는 어색한 한자말로, '감상하는 사람' 또는 '보는 이' 등으로 쓰는 것이 좋다. '감흥'이라는 말은 '감동과 흥분'을 줄인 것인데, 원말을 살려 쓰는 것이 바람직하다. (4)의 '완취'라는 말 역시 어색한 한자말이다. '도취'로 바꾸어 쓰는 게 자연스럽다.

한편, 억지 한자말은 아니더라도 나이 많은 한자 세대나 쓸 만한 어려운 한자말을 공연히 흉내 내어 쓰는 것도 바람직하지 않다. (5) 월반제越班制는 말 그대로 발군의 성적으로 다음 교과 과정을 생략한 채 상급 교과 과정에 편입해도 수업이 가능하다고 인정되는 학생에 한해 진급을 허용하는 제도이다. (6) 소위 불후의 명작이라 불리는 이런 것들은 그렇게 해서 부자들의 응접실이나 거실 등에 걸려 우아한 분위기를 내거나 한 개인에게 희락을 줄 뿐이다. (5)에서 '발군拔群의 성적' 대신 '뛰어난 성적'이라고 쓰면 문장의 뜻이 훨씬 쉽게 전달된다. 또, (6)의 '소위所謂'는 고유어인 '이른바'로, '희락'은 '기쁨과 즐거움'으로 바꾸어 쓰는 것이 더 자연스럽다.

비슷한 어휘를 혼동하여 쓰지 말라. 우리말에는 소리와 뜻이 비슷하여 쉽게 구분해서 쓰기 어려운 단어들이 많다. 글쓰기에 웬만큼 능한 사람들도 조금만 주의를 게을리 하면 그런 단어들을 잘못 쓰기 쉽다.

다음 예문에 잘못 쓴 어휘들은 학생들이 자주 혼동하여 쓰는 것들이다. (1) 예술 사진은 단순히 기록만을 남기는 것이 아니라 예술로써 하나의 또 다른 창조 활동에 속한다. (2) 또한 하나의 역사적 사료가 파문이 되어 일어난 여러 사건들에 대한 개연성이 부족하게 된다. 예술 작품을 생산하는 것을 '창작'한다고 하지, '창조'라고 하지는 않는다. 따라서 인용문 (1)의 '창조'는 '창작'이라는 말로 바꿔 쓰는 것이 적절하다. (2)는 전후 문맥상 '사료$^{史料}$'에 대한 진술인지 '사건$^{事件}$'에 대한 진술인지 모호한 비문이다. 앞뒤 내용을 고려하여 뜻이 분명하도록 문장 전체를 다듬어야 한다.

(3) 이런 서술 방식은 한 사건의 역사적 의미를 알 수 있게 해 주며, 집필자에 의해 해석된 의미를 우리는 현재의 삶에 대치해 나갈 수도 있을 것이다. (4) 현대 사회에서 영화가 차지하는 비율은 아주 크다. (5) 그렇다면 어디까지가 집단 이기주의이고, 어디까지가 정당한 권력 행사인가? (3)에서 '대치'는 '완전히 바꾸어 버리는 것'을 뜻한다. '대입'이라고 써야 옳다. (4)에서 '비율'은 '비중'으로 쓰는 것이 더 적절하다. 또한 (5)의 '권력'은 국가에 있는 것이지, 한 집단에 있는 것이 아니다. 개인이나 한 집단이 사회에 대해 의무를 갖는 동시에 무엇을 가지는가? 그것은 바로 '권리'이다. 따라서 '권력'이 아니라 '권리'라고 써야 한다.

(6) 교통, 통신 수단의 발전으로 인하여 이제 세계는 하나의 조직망이 되었다. (7) 우리 농업의 생산성이 낮다는 것은 그 동안 우리 사회가 농업 부분에 대한 투자를 하지 않았기 때문이다. (6)에서 '발전'은 '발달'로 고쳐 써야 어울린다. 두 말의 뜻을 정확히 구분하기는 어렵지만 일반적으로 형태가 있는 것이나 한 분야를 이를 때는 '발달'이라고 하고, '인류', '문명' 따위와 같이 광범위한 것의 단계가 높아지는 것은 발전'이라고 한다. (7)에서 여러 분야 중의 하나를 가리킬 때는 '부분'이 아니라 '부문'이라고 써야 한다.

수필가는 우리말의 파수꾼이 되어야 한다. 우리말을 잘 지키는 일은 수필가들이 책임져야 할 중요한 소명이다. 수필은 진솔한 문학이기에 가능할 것이다. 그러기 위해서 우리 수필가들은 꾸준히 우리말을 갈고 닦는 데 한시도 게을리 해서는 안 될 것이다. 이런 역사적 사명을 띤 수필가들조차 우리말을 바르게 사용하지 못한다면 어떻게 되겠는가.

09_ 글쓰기 기법 - 맥주 세병 안주 하나 ☺

## 숫자에 유의하라

　수필에 숫자나 근거 없는 수치를 가능하면 쓰지 말라. 수필문에서는 때로 통계나 수치를 논거로 들어 설득을 하는 수가 있다. 통계나 수치를 논거에 잘 활용하면 훌륭한 설득이 될 수 있다. 그런데 만약 논거에 도입한 수치가 근거도 없고 부정확한 것이라면 쓰지 않은 것만 못하다. 별종이 아니라면 수학 교과서에 나오는 숫자를 보며 머리가 아팠던 기억을 갖고 있을 것이다. 글쓰기에서도 숫자가 너무 많이 나오면 독자의 뇌세포는 꼬이게 마련이다. 글의 내용을 구체적으로 뒷받침하거나 명확하게 하기 위해 쓴 숫자가 오히려 독자를 혼란에 빠뜨린다.
　사실 문장 표현이 조금 어색하거나 잘못되더라도 큰 문제가 되지 않는다. 읽는 사람이 전후 문맥을 살펴 필자의 뜻을 헤아릴 수 있기 때문이다. 그러나 숫자의 경우 사정이 달라진다. 국가 예산이나 대기업 매출액을 기록할 때 0을 한 개 뺐다고 생각해 보라. 전혀 다른 차원의 내용이 된다. 단위가 틀리는 것은 그렇다 치더라도 중간에 있는 숫자가 틀리는 경우는 글을 쓴 사람을 제외하고는 잘못을 찾아내기도 쉽지 않다.
　이런 오류를 막는 방법은 두 가지다. 하나는 가급적 숫자를 쓰지 않는 것이다. 초보 글쟁이일수록 숫자를 나열하려는 강박감을 갖기 쉽다. 반드시 써야 한다면 거듭 확인하는 게 둘째 방법이다. 숫자에 뇌세포를 온통 집중해야 한다. 숫자와 관련된 표현도 조심해야 한다. 특히 '두 배' '세 배' 같은 배수만 나오면 헷갈리는 사람이 많다. '몇 kg 늘었다' 또는 '몇 % 늘었다'고 할 때는 잘 계산하다가도 말이다. '배수의 덫'이라고 할까.

다음은 뚜렷한 근거도 없는 수치를 막연하게 도입하여 신뢰감이 떨어진 문장의 예이다. 과연 300년이라는 한정적인 수치를 써서 계급의 유무를 구별지을 수 있을까? 이 경우, 봉건 시대까지만 하여도 계급의 구별이 뚜렷하였다'와 같이 반론의 여지가 없는 문장으로 표현하는 것이 좋다. 이처럼 역사와 관계되는 수치는 특히 조심해야 한다. 역사적 현상은 확정적인 수치로 나타낼 수 없는 경우가 많기 때문이다.

(2) 과거 우리는 생활이 어려운 나머지 경제 성장에 주력하여 커다란 성과를 거두었다. 하지만 약 40년이 지난 지금은 어떤가? (2)는 과거의 시점이 언제인지도 불분명하고 '약 40년'이라는 수치의 정체가 묘연하다. 차라리 수치를 앞에 써서 '지난 40여 년 동안 우리는 ~'하지만 지금은 어떤가?'와 같이 쓰는 것이 좋다.

(3) 2년 전보다는 1년 전이, 1년 전보다는 지금이 여러 면에서 더 개방되어 있고, 다양한 지식을 습득할 수 있게 되었다. 예문 (3)은 '해가 다르게 사회가 개방되고 다양한 지식을 습득할 수 있게 되었다'는 뜻을 지닌 문장이다. 굳이 수치를 쓸 필요가 없는 문장에 억지로 수치를 이용하는 것은 오히려 유치하게 보일 수 있다.

숫자를 쓸 때 거듭 확인해야 한다. 공정성 문제가 나올까 봐 안건 모두를 위원 과반수 이상의 찬성으로 결정했다. (→ … 위원 과반수의 찬성으로 결정했다.) 한 대학이 로스쿨 예비인가 대학으로 선정되는 데 윤승용 전 청와대 홍보수석이 영향력을 행사했다는 의혹을 다룬 기사의 일부분이다. 여기서 '과반수 이상'은 잘못이다. 과반수는 '반을 넘는 수'를 뜻하기 때문에 '이상'과 같이 쓸 수 없다. 아래 예문도 마찬가지다. 이사회에서 과반수 이상의 찬성을 얻어야 한다. (→ 이사회에서 과반수의 찬성을 얻어야 한다.) 여기서 '과반수'와 '절반(2분의 1) 이상'의 차이점을 알아보자. 이사회 구성원이 20명이라면 과반수는 최소 11명이고, 절반 이상은 최소 10명이다. 물론 이사회 구성원이 21명이라면 과반수나 절반 이상은 최소 11명으로 같다.

%와 %포인트도 구별해야 한다. 정당 또는 후보자의 지지율이나 펀드의 수익률을 나타낼 때 한 문장에서 두 단위가 함께 나오는 경우가 더러 있을 정도로 자주 쓰이는 표현이다. %는 비율 또는 변화의 정도를 나타낼 때 사용한다. 기준을 100으로 할 때 비교 대상이 얼마냐를 따지는 것이다. 은행의 순이익이 2006년 13조5000억원에서 2007년 15조원으로 증가했다면 증가율은 약 11%다. 은행의 수입 41조원 중 이자수입이 31조원, 비이자수입이 10조원이라면 이자수입의 비율은 75%다.

%포인트는 %단위끼리 비교할 때 사용한다. 예를 들어 여론조사에서 정당의 지지율이 1월에 30%이던 것이 2월에 20%라면 "한 달 만에 10%포인트 떨어졌다"고 쓴다. 만일 여기서 10% 떨어졌다고 하면 어떻게 될까. 30%의 10%인 3%가 떨어졌다는 뜻이 되므로 의미가 완전히 달라진다. 학자금 대출금리가 지난해 6.6%에서 올해 7.6%로 높아졌을 때는 "1.0%포인트가 올랐다"고 표현한다. 실제 상승폭을 따지면 6.6%의 15%가 오른 것이다. 이처럼 숫자와 관련된 표현은 잠시만 딴생각을 하면 틀리기 일쑤다. 다음 예문을 보며 %와 %포인트의 차이를 확실하게 알아두자.

법원에 따르면 합의부 가사사건 182건 가운데 74.7%인 136건이 조정을 통한 화해로 해결됐다. 이는 2006년 같은 기간 30.9%(139건 중 43건)의 조정 화해율에 비해 43.8%포인트 높아진 것이다

10_ 글쓰기 기법 - 맥주 세병 안주 하나 ☺

## 피동은 소인이다

　수필가는 언어와 더불어 사는 사람, 언어를 사랑하는 사람이다. 수필가는 인간이 더럽힌 글의 얼굴을 닦아주고, 멍든 글의 가슴을 어루만지며, 글이 자연스럽게 흘러가도록 길을 터주는 존재다. 글은 세계 인식의 도구일 뿐만 아니라, 그 자체가 세계를 구성하기도 한다. 글이 어긋나면 세계도 어긋난다. 우주의 모든 존재가 더불어 행복하게 사는 세계를 꿈꾸는 자라면, 마땅히 글을 사랑하는 법을 스스로 터득해야 할 것이다.

　나는 최근, 섬세하고 따뜻한 수필을 쓰는 한 작가의 글을 읽다가 깜짝 놀란 적이 있다. 간혹 학자나 신문기자, 어설픈 작가가 쓴 글을 읽으면서 문장이 이래서야 정말 큰일이라는 생각을 하곤 했지만, 우리나라에서 자타가 인정하는 문인들조차 문장을 바르게 쓰지 못한다면 보통 심각한 문제가 아니다. 이것은 일부 사람들만의 일이 아닌 것 같다. 이미 등뼈가 굽은 물고기처럼 바르게 고치기도 힘든 국적불명의 비문이 문단에도 횡행하고 있다.

　최근 우리말의 구조를 가장 크게 위협하는 것은 비인칭 주어의 남용과 피동형, 수동형, 사역형 문장이 엄청나게 증가하는 현상이다. "남은"이라 하면 될 것을 "남겨진"이라고 피동형으로 표현하여 주체를 사물처럼 취급한다. 이런 현상은 객관성을 중시하는 논문/보고서 양식을 좇아가거나 외국어를 번역하는 과정에서 생긴 것으로 보인다. 프리초프 카프라의 『생명의 그물』을 번역한 책을 보면, "지속가능한 사회란 미래 세대의 번영을 파괴시키지 않으면서 자신들의 요구를 만족시키는 사회를 뜻한다." 같은 문장이 곳곳에 나온다. 원문에 충실한다 하더라도 "지속가능한 사회란 미래 세대의 번영을 파괴하지 않으면서 자신들의 요구도 충족하는 사회를 뜻한다." 정도는 되어야 하고, 좀더 바르게 하자면 "지속가능한 사회란 한 세대가 미래 세대가 번영할 기반을 파괴하지 않으면서 자신들의 욕구도 충족하는 사회를 뜻한다."처럼 주체를 분명히 해야 마땅하다. 글을 좀 안다는 사람들이 이렇게 잘못된 문장을 함부로 쓰다 보니, 저 아래 동네 목욕탕에는 "현금이나 귀중품은 반드시 보관시켜 도난당하지 맙시다."라는 국적불명의 문장을 버젓이 걸어두고 있다.

 요즘 책을 읽다 보면, '-되다, -지다, -시키다, -버리다,' 심지어, '-되어지다'가 용언에 무차별로 붙어 있어 난감할 때가 많다. 이런 문장은 독자를 심리적으로 억압하면서 암암리에 특정 사실을 강제하기 때문에, 독자가 문장의 내용을 비판적으로 수용하기가 어렵다. 자연히 독자는 용언이 강제하는 사실에 종속되어 창조적인 읽기를 할 수가 없다. 지은이 또한 통사론적 비문이 되지 않도록 주체와 객체의 자리를 바꾸어야 하고, 문장의 균형을 맞추기 위해 비일상적 형태의 문어체를 애써 만들어야 하니 여간 불편하지 않을 성싶다. 그럼에도 그런 문장을 써야 안심이 될 만큼 우리말은 이미 심하게 오염되어 있다. 행위의 주체는 제대로 힘을 쓰지 못하고 객체가 주인 자리를 차지함으로써 우리가 사용하는 말도 물질만능주의 시대의 제물이 된 셈이다.

 피동형이나 수동형으로 표현하지 말라. 피동은 소인이다. 소심한 애인이란 말이다. '열려진 세상으로 통하는 가냘픈 통로에서' 이것은 어느 사회 평론집 제목이다. '세상을 열다'에서 '열다'는 타동사이다. 그리고 이것의 피동(被動)형은 '열리다'이다. 그런데 여기에 다시 피동형 보조 동사 '~지다'가 붙어서 '열려지다'라는 표현이 쓰이고 있다. 따라서 '열려지다'는 '피동 + 피동'의 형태로 이루어진 '겹피동형' 표현인 셈이다.

우리나라 국민들의 언어 생활에서 크게 잘못된 습관 가운데 하나가 바로 이와 같은 피동 지향적인 언어 표현 습관이다. 그리고 그 중에서도 가장 많은 오류를 범하는 표현이 바로 '~지다'라는 보조 동사의 쓰임이다. '트다/터지다', '깨다/깨지다'의 예에서 볼 수 있듯이 '~지다'는 피동의 뜻으로 쓰이는 보조 동사이다.

(1) 사회가 복잡해지고 다양해짐에 따라 사람들은 문화활동에서 마음의 여유와 안정을 되찾으려 한다. 누구에 의해서 이 사회가 '복잡해지고', '다양해지는'것일까? 행위의 주체는 행방이 묘연하고, 오직 우리가 알 수 있는 것은 누군가에 의해서 변형된 현상일 뿐이다. 사회가 '복잡하고', '다양하다'는 것은 우리가 사회적 현상을 보고서 스스로 내린 판단이지 실제 그런 움직임을 뜻하는 말은 아니다. 그럼에도 피동형 보조 동사를 붙여서 표현하는 것은 매우 잘못된 습관이다. 예문 (1)의 경우 '복잡하고 다양하여'와 같이 능동형 표현으로 고쳐 쓰는 것이 좋다.

(2) 이와 같이 자유와 평등은 양분되어 생각되어질 수 없고 서로를 보충해 주는 상보적 관계가 더욱 적당할 것이다. '생각이 되어지다'는 표현은 인공 지능을 달고서 사람으로부터 조작을 당하고 있는 로봇에게나 쓸 수 있는 표현이다. 우리가 생각하는 대상, 즉 목적어에 해당하는 '자유'와 '평등'을 주어로 꺼내어 쓰다 보니 이와 같은 수동형 표현이 나오게 되는 것이다. 따라서 예문 (2)의 '양분되어'는 '양분하여'로, '생각되어질'은 '생각할'로 고쳐 써야 한다. 이 밖에도 피동형 보조 동사 '~지다'를 무리하게 사용한 예는 얼마든지 주변에서 찾아볼 수 있다. 심지어는 '~한 것으로 보여진다', 나타나진다'따위와 같은 억지 표현도 종종 눈에 띈다.

(3) 하지만 이러한 객관적 서술 방식은 역사적 사료들을 단순히 시간적 흐름에 열거해 놓았기 때문에 내용이 건조해지고 딱딱해지며,

역사적 사료들 하나 하나가 갖는 의미를 제대로 파악할 수가 없다. 예문 (3) 역시 피동형으로 쓸 이유가 없는 문장이다. '건조'하고 '딱딱'하다는 것은 역사적 사료를 읽는 사람의 느낌이지 구체적인 동작이 아니다. '건조하고 딱딱하며'와 같이 표현해야 자연스럽다.

(4) 예술 사진은 작가가 전달하고자 하는 주제가 담겨져 있고 보는 사람들이 그 주제를 받아들임으로써 감동을 얻을 수 있어야 한다. 예문 (4)와 같은 피동형 표현은 우리가 흔히 접할 수 있기 때문에 별 문제가 없는 것처럼 생각될 수도 있다. 그러나 이 문장의 구조를 보면 주어가 '예술 사진'이다. 따라서 주어와 서술어의 호응 관계도 적절하지 않으며 '주제가 담겨져 있고'의 피동형 표현이 문제가 된다. 이는 '주제를 담고 있고'로 표현해야 할 것이다.

지금까지 여러 예문을 통해 살펴본 바와 같이 우리말의 표현 중에 피동형 표현이 많은 것은 사실이다. 문제는 갈수록 사람들이 능동적인 표현보다는 피동적인 표현에 익숙해져, 능동형으로 써야 할 것을 피동형으로 바꾸어 마치 그것이 옳은 표현인 양 더 많이 사용한다는 점이다. 잘못된 언어 습관이 마치 유행처럼 많은 사람들에게 번지고 있다.

언어 사용 습관은 알게 모르게 우리들 의식에도 많은 영향을 미친다. 따라서 피동형 표현을 자주 쓰는 사람은 의식 자체가 수동적, 피동적일 수밖에 없으며, 남이 하는 대로 따라가는 소극적인 삶을 살기 쉽다. 능동적인 사람과 수동적(피동적)인 사람 중에서 어느 쪽이 더 바람직한 인간상인가? 당연히 능동적인 사람 쪽이다. 그렇다면 언어 표현에 있어서도 되도록 능동적인 표현을 쓰도록 의식적으로 노력해야 할 것이다. 능동태에서는 행동이 직접 표현된다. "존은 실험을 했다." 수동태에서 행동은 간접적이다. "실험은 존에 의해 실시되었다." 가능하면 능동태로 쓰라. 당신의 글은 더욱 직접적이고 힘차게 된다. 단락은 더욱 간결하게 된다. 아래 예문에서 보듯이 수동태는 비교적 미약하고 부자연스럽게 보인다.

11_ 글쓰기 기법 - 맥주 세병 안주 하나 :)

## 호응은 혈맥이다

한여름에 두꺼운 솜옷을 입은 사람이 있다면, 아마도 그는 사람들의 웃음거리가 되고 말 것이다. 또한 정장 차림으로 등산을 하는 사람을 보고 우리는 웃지 않을 수 있을까? 여름에는 여름옷을 입는 것이 당연하다. 또한 등산을 할 때는 등산복이나 간편한 옷을 입는 게 당연하다.

문법에서 호응관계라 함은 문장에 한 요소가 나타나면 다른 요소가 반드시 나타나야 하는 제약적 관계를 말한다. 국어의 호응관계를 논할 때는 항상 주어와 서술어의 호응, 부사어와 서술어의 호응, 그리고 목적어와 서술어의 호응이 문제가 된다. 문장을 구성하는 각 어휘도 다른 성분과 어울리는 것이 있고, 어울리지 않는 것이 있다. 이러한 문법 개념을 일컬어서 '호응呼應관계'라 하는데, 이는 문장을 구성할 때 주어와 서술어의 어울림, 꾸밈말과 꾸밈을 받는 말의 어울림 등을 가리키는 것이다.

(1) 우리나라의 정보화 수준은 점차 증가하고 있다. 호응 관계의 오류 중에서 '주어와 서술어의 비非호응'은 학생들이 자주 범하는 오류 가운데 하나이다. 예문 (1)의 경우 주어에 해당하는 '정보화 수준'과 서술어인 '증가하다'는 서로 어울리는가? 우리말에서 '수준이 증가

하다'라고 표현하지는 않는다. '수준이 높아지다'라고 써야 어울린다.

 (2) 기업은 이윤을 최대로 하기 위해 모든 생산 요소를 합리적으로 결합시킨다. 예문 (2)는 목적어와 서술어가 어울리지 않는 경우를 예로 든 문장이다. '이윤을 ~ 하다'라는 말은 성립하지 않으므로 당연히 '이윤을 얻다'라고 고쳐 써야 한다.

 (3) 기업의 투자가 해외로 많이 유출되어 국가에 별 도움이 못 된다. '투자가 ~ 유출된다'는 표현에서 주어와 서술어가 서로 어울리지 않는다. '투자'란 '이윤을 얻기 위해서 밑천$^{자본}$을 대는 것'을 말한다. 따라서 '자본'이 유출되는 것이지 '투자'가 유출되는 것은 아니다. '투자가 이루어지다' 또는 '투자가 편중되다'와 같이 표현하는 것이 적절하다.

 (4) 먼저 이 문제의 성격이 인권 침해와 연관되기 때문이다. '문제의 성격'이 연관되는 것이 아니라 '문제' 자체가 인권 침해와 연관되는 것이다. 그러므로 '~문제가 인권 침해와 연관되기 때문이다.'와 같은 문장으로 바꾸어 주어야 한다. 굳이 길게 쓰고 싶으면, '이 문제의 성격이 인권 침해와 연관성이 있기 때문이다.'라고 써야 한다.

 다음은 사람들이 습관적으로 자주 쓰는 호응 관계의 오류를 예로 든 것이다.

 (5) 정부와 여당이 날치기로 노동법을 개정하는 것은 빅뉴스에 값하는 사건이다. (6) 어떤 기업체는 이윤을 우선하는 관계로 폐수를 마구 흘려 환경을 오염시키는 범죄를 저지르고 있다. 예문 (5)에서 '값하다'는 '밥값하다', '사람값하다'와 같이 '그 값에 맞는 일을 하다'는 뜻이다. 그런데 일부 사람들은 이 말을 '해당하다'의 의미로 쓰곤 한다. 관용적인 표현의 하나라고 할 수 있지만, 이 또한 중복된 의미로 해석될 수 있으므로 문장에는 적합하지 않다. 예문 (6)에 쓰인 '~관계로'는 중의적인 표현을 논하기에 앞서 엄연히 문법적으로 잘못된 표현이다. '관계'라는 말이 원인과 결과를 나타내는 의미를 가지고 있지는 않다. '~때문에'라고 분명하게 인과 관계의 의미를 밝혀 주는 것이 좋다.

주술 관계의 호응은 우리 몸의 혈맥과 같다. 피가 원활하게 막힘없이 통해야 건강할 수 있듯이 문장의 호응은 생명적이다. 문장의 호응 관계를 제대로 지키는 것은 그리 쉬운 일이 아니다. 하지만 자신이 쓴 문장을 다시 꼼꼼하게 점검해 보는 습관을 기른다면, 여러분은 어느 순간에 훌륭한 문장 감각을 갖춘 자신을 발견하게 될 것이다.

12_ 글쓰기 기법 - 맥주 세병 안주 하나 ☺

# 생사를 구분하라

이외수는 『글쓰기의 공중부양』이라는 책에서, '단어에는 생어와 사어가 있다'고 적고 있다. 생어와 사어 관련 내용은 이외수의 『글쓰기의 공중부양』(p.14~16)내용이다. "글의 기본 재료는 단어다. 머릿속에 수많은 단어가 들어 있다 하더라도 막상 글을 쓰려고 하면 적절한 단어가 떠오르지 않는다. 평소 단어를 다루는 일을 소홀히 했기 때문이다. 좋은 글은 글을 쓰고자 한다면 우선 단어를 채집하는 일을 생활화해야 한다. 수필가는 어휘채집가여야 하고, 활어디자이너가 되어야 한다. 단어에는 생어와 사어가 있다." 소설가 이외수의 말이다.

이외수는 생어는 오감을 각성시킨다고 말하고 있다. 계속 그의 주장을 들어 보자. "될 수 있는 대로 생어를 많이 사용하도록 하라. 생어는 글에 신선감과 생명력을 불어넣는 장점을 가지고 있다. 생어는 눈을 자극하고, 코를 자극하고 피부를 자극하고 혀를 자극하는 단어다. 물론 대부분의 단어들이 두 가지 이상의 감각기관을 자극한다. 그러나 여기서는 대표적인 감각을 우선으로 삼는다. 대표적인 감각은 대표적인 속성이며 대표적인 속성은 대표적인 상징이다. 돌이라는 단어를 생각해 보자. 돌의 대표적인 감각은 촉각이다. 그리고 단단함을 대표적인 속성으로 간직하고 있다. 그러니까 돌은 단단함을 상징하는 단어에 해당한다. 그렇다면 사어라는 것은 어떤 것인가."

　절망, 눈에 보이는가. 허무, 귀에 들리는가.
　총명, 냄새가 맡아지는가,
　지혜, 질감이 느껴지는가,
　포부, 맛이 느껴지는가,

　이외수는 물론 '아니다'라고 말한다. "이렇듯 한자어로 구성된 추상어들, 눈, 코, 입, 귀, 피부로 느낄 수 없는 단어들은 사어에 해당한다. 이 사어들은 작가의 역량에 따라 생어로 변모되기도 한다. 하지만 그것은 기본을 충분히 습득한 다음의 이야기다."

　"(1) 그놈이 흉기로 자주 자해를 하는 습관이 있다라는 문장보다는 (2)그놈이 뻑하면 회칼로 배를 그어대는 습관이 있다라는 문장이 훨씬 선명한 전달력을 가지는 이유가 뭘까. 흉기와 자해라는 사어 대신에 회칼이나 배를 그어댄다는 생어를 사용했기 때문이다. 대부분의 한자어들은 사어다. 특히 문학적 문장에서는 한자어를 잘못 남발하면 문장으로서의 전달력 설득력 현장감 생동감이 떨어질 가능성이 짙다. 그렇다고 생어만으로 이상적인 문장을 만들어낼 수 있다는 뜻은 아니다. 이상적인 문장은 생어와 사어가 적재적소에 쓰였을 때 만들어지는 것이다." 구체적 감각어가 전해주는 생생한 표현력은 이처럼 사람의 마음을 움직이게 하는 힘을 갖는다.
　아무리 훌륭한 요리사라 하더라도 재료가 부족하면 좋은 요리를 만들어낼 방도가 없다. 이외수는, 만약 그대가 오감에 해당하는 단어들을 감각별로 하루에 최소한 열 개식만 찾아서 노트에 정리해 두어도 일 년이 지나면 감성이 오뉴월 쑥대풀처럼 무성하게 자라오름을 의식할 것이라고 말한다. 그러나 아직 진수성찬을 차리기에는 이르다. 단어채집부터 활어디자인까지 정교하게 준비해야 할 일들이 한두 가지가 아니다. 생사를 구별할 줄 아는 능력만이 언어에 활력을 줄 수 있다. 그야말로 활어디자이너가 될 수 있는 것이다.

* 출처 : 이외수의 『글쓰기 공중부양』, p.14~16. 전재

13_ 글쓰기 기법 - 맥주 세병 안주 하나 :)

## 시공을 부여하라

    어거스틴은 시간은 확장에 지나지 않으며, 그것은 정신 자체의 확장이라고 보았는데, 시간 속에 내재되어 있는 정신의 기폭에 따라 시간의 범위는 무한대로 늘어나거나 축소될 수 있는 질량적 개념으로 파악할 수 있다. 그러나 문학에서의 시간과 공간은 상상력의 세계 때문에 질량적인 측면보다는 임계량을 파악할 수 없는 무시간적 뫼비우스 띠의 세계로 유입되고 만다. 따라서 문학이 시간과 공간을 동일선상에서 다룰 수 있는 시간과 공간의 개념이 같은 무의식의 축으로 평가할 수 있기 때문이다.
    이외수의 『글쓰기의 공중부양』에 나오는 이야기다. 그는 우리가 "어떤 단어를 선택했다고 하자. 어쩐지 그 단어만으로는 부족한 느낌이 든다. 이럴 때 시간성과 공간성을 부여해 보자. 대저 지구상에 존재하는 사물 중에서 특정한 시간과 공간에만 붙박여 있는 사물이 하나라도 있는가. 없다. 그런데도 그대의 의식이 현실에만 붙박여 있다면 그대의 글쓰기 또한 절대로 자유로울 수가 없다."고 말한다. 우리 인간의 인지시스템이 문장보다는 단어를 먼저 인지한다고 생각할 때, 단어를 잘 선택해서 쓰여하는 것은 두 말할 필요가 없다. 존재는 시간과 공간성을 갖는다. 단어의 조합으로 하나의 문장을 만들고 그 문장에 시공을 부여하면, 피와 맥박이 도는 듯한 살아있는 문장을 만들 수 있는 것이다.

　이외수 작가의 시공성 부여하기 관련 진술을 계속 들어 보자. "여기 '개'라는 단어가 있다. 시간성과 공간성을 부여하고 맛이 어떻게 달라지는가 음미해 보자.

　오전, 새벽, 꼭두새벽, 동틀 무렵, 아침, 아침나절, 점심, 정오, 낮, 한낮, 오후, 퇴근 무렵, 저물녘, 해거름, 해질녘, 저녁, 밤, 밤중, 한밤중, 자정, 초하루, 그믐, 보름, 대보름, 봄, 봄날, 봄철, 입춘, 춘삼월, 농번기, 모내기철, 여름, 여름날, 여름철, 여름방학, 삼복, 입추, 가을, 가을날, 추석, 추수기, 입동, 겨울, 겨울날, 동지, 동지섣달, 크리스마스, 겨울방학, 설날, 유아기, 유년기, 청소년기, 장년기, 노년기, 현대, 왜정시대, 개화기, 구한말, 조선시대, 삼국시대, 상고시대, 고생대, 중생대, 쥐라기, 신생대, 태초

　모든 시간에 개를 대입시켜 보자. 동틀 무렵의 개는 어떤 느낌을 주는가. 퇴근 무렵의 개는 어떤 느낌을 주는가. 동지섣달의 개는 어떤 느낌을 주는가. 그대와 가장 닮은 개는 어떤 개인가.

　집, 마을, 안방, 주방, 목욕탕, 거실, 다락, 옥상, 베란다, 마루, 사랑방, 원두막, 정자, 과수원, 논둑길, 밀밭, 보리밭, 꽃밭, 수목원, 쥐구멍, 둥지, 도시, 운동장, 광장, 대합실, 터미널, 휴게실, 상담실, 병원, 식당, 국회의사당, 절, 교회, 성당, 백화점, 마천루, 미술관, 동물원, 청와대, 경복궁, 에펠탑, 만리장성, 버킹검궁, 금문교, 노트르담, 백악관, 나라, 고속도로, 땅, 하늘 하공, 지구, 태양계, 은하계, 우주, 사막, 고비사막, 늪, 초원, 들판, 호수, 강, 연못, 섬, 고원, 정글, 태백산, 바다, 남태평양, 아프리카, 북극, 남극, 설원, 계곡, 심해, 빙판

　이외수는 모든 공간에 개를 대입시켜 사유해 보자고 말한다. 국회

의사당의 개는 누구를 상징할까. 고속도로에 방치된 개는 어떤 기분일까. 고비사막의 개는 얼마나 목이 마를까. 가장 행복한 개는 어디에 있는 개일까. 가장 불행한 개는 어디에 있는 개일까. 그대에게 가장 친근감을 주는 개를 찾아보라고 주문한다. 그러면 글이 생명체가 되고 유기체가 될 것이 아닌가. 살아있는 글이 좋은 글이다. 좋은 글은 힘이 있다. 힘이 있는 글이 활어다. 자갈치시장에서 파닥파닥 뛰는 생선처럼 언어는 언어도 존재인만큼 그도 공간과 시간을 필요로 한다는 점을 명심하자.

* 출처 : 이외수의 『글쓰기 공중부양』, p.45~47. 참고

14_ 글쓰기 기법 - 맥주 세병 만족 하나 :)

# 감정을 이입하라

감정 이입에 관해 이외수는 다음과 같이 말한다. "인간은 감정의 동물이다. 그러나 인간의 감정은 복잡미묘해서 그것을 글로 묘사하기가 쉽지 않다. 그래서 다른 사물에 감정을 이입해서 표현하기도 한다. 세상에 존재하는 모든 사물을 그대라고 생각하고 적절한 시간성이나 공간성을 부여해서 그대의 감정을 간접적으로 표현하라." 원래 글이란 것은 인간 감정의 발로다. 감정이 먼저냐 언어가 먼저냐 하는 것은 여기서 따질 문제가 아니다. 문예문은 글 속에 감정을 싣는 것을 기본으로 한다. 서정성은 문예문의 필수조건이다.

감정이입이란 화자의 감정을 다른 생명체나 무생물체에 이입하는 것을 말한다. 즉, 화자의 감정을 다른 생명체나 무생물체를 통해 표현하는 것이다. 이런 점에서 화자의 감정 개입없이 표현 대상의 특징을 마치 사람의 모습처럼 표현하는 수사법으로서의 의인법과는 분명히 구별된다. 예를 들어 '새가 슬피 울고 있다'라고 만약 화자가 지금 울고 싶은데 이를 이렇게 표현했다면 감정이입이 맞지만 화자는 지금 전혀 울고 싶지 않은데 새를 이렇게 표현했다면 의인법일 따름이다. 이처럼 감정이입에서 중요한 것은 화자의 감정과 대상체에 표현된 감정의 일치이다.

한 예로 잘 알려진 왕방연의 시조 '저 물도 내 맘 같아 울어 밤길 예놋다'라는 구절에서 시인은 물이 흘러가는 것을 '운다'고 표현했다. 물이 실제로 울 리 없지만 시인은 지금 자신이 울고 싶은 감정을 물이 흘러가는 것에 비유하여 표현하고 있다. 이것이 감정이입이다. 이육사의 시 '광야'에서 '모든 산맥들이 바다를 연모해 휘달릴 때'라는 구절이 있다. 시인이 산맥이 바다를 연모한다고 한 것은 시인 자신의 감정과는 상관없는 표현이다. 이때는 감정이입이 아닌 의인법이다. 이외수는 그의 저서 『글쓰기 공중부양』에서 글에 감정을 이입하는 방법을 다음과 같이 말해주고 있다.

우물/ 흐린 날 서랍 속의 달팽이
고독/ 선잠결 객지에서 듣는 기적소리
환희/ 봄날 햇살 속에서 어지럽게 펄럭거리는 만국기
참담/ 저물 녘 낯선 도시에서 만나는 막다른 골목
평온/ 정오의 담벼락 밑에서 졸고 있는 고양이
분노/ 불타고 있는 광장의 깃발
비애/ 일주일이 지나도록 한 번도 울리지 않는 휴대폰
외로움/ 석양을 등지고 서 있는 키 큰 전봇대
불쾌/ 요강 뚜껑으로 물을 받아 마신 기분
불쾌/ 저녁 굶은 시어머니

이외수는 "단어 하나의 선택이 떠나간 그대 사랑을 되돌릴 수도 있다. 글은 타인의 생각을 바꾸기도 하고 마음을 바꾸기도 하고 영혼을 바꾸기도 한다. 만약 그대가 사랑에 성공하고 싶다면 그대의 진실이 무엇인가를 먼저 진단하라. 그리고 그대의 진실을 대변해 줄 단어부터 채집하라. 가장 중요한 것은 진실이다. 진실은 타인의 생각을 바꾸기도 하고 마음을 움직이기도 한다. 능력에 따라서는 영혼까지 송두리째 사로잡을 수 있다."고 말한다.

그는 "지금 그대 주변에 방치되어 있는 단어들을 무작위로 적어보라."말한다. "초겨울, 창문, 바람소리, 골목, 외등, 새벽, 눈시울이라는 단어를 채집했다고 가정하자. 조금만 노력을 기울이면 이것만으로도 충분히 그대의 진실을 전달할 수 있다"는 것이다.

창문을 흔들고 지나가는
초겨울 바람소리
행여 그대가 아닐까
바깥을 내다 보았습니다
골목 저 멀리 외등 하나
눈시울이 젖은 채로
새벽을 지키고 있었습니다.

이외수는 위와 적은 글을 적어 놓고, "위의 짤막한 글에 어려운 단어가 있는가"하고 묻는다. 그리고 다음과 같이 비법을 말한다. "눈에 뜨이는 몇 개의 생어만을 채집해도 이렇듯 효과적으로 그대의 입장과 마음을 전달할 수가 있다. 여기서는 골목 저 멀리 눈시울이 젖은 채로 새벽을 지키고 있는 그대 자신이다. 그는 단어채집만이 능사는 아니라고 말한다. 단어들을 자주 접하다 보면 절로 단어들이 가지고 있는 특질을 파악하게 되고 그것들을 다루는 방법을 터득하게 된다는 것이다.

맞다. 비유는 예술적 방법이다. 문학이 비유가 도리 수밖에 없는 이유는 인간의 사유와 인식방법이 비유적이기 때문이다. 문예문은 예술로서 갖추어야 할 조건들이 있다. 그 예술적 조건들의 목적은 '예술적 사실성'에 도달하는 것이다. 예술적 사실성이란 현실적 사실성과는 다르다. 이 예술적 사실성에 도달하기 위한 모든 예술적 수단이 곧 예술창작 방법이 될 것이다. 비유는 예술이 그 예술적 사실성에 도달하기 위해서 동원하는 수단인 것이다.

\* 출처 : 이외수의 『글쓰기 공중부양』, p.48~51. 참조

15_ 글쓰기 기법 - 맥주 세병 압축 하나 ☺

## 압축은 어색하다

문장을 읽다 보면 왠지 어색한 느낌이 들 때가 있다. 뭔가 잘못된 것 같긴 한데 그렇다고 꼭 집어 흠을 찾아내기도 쉽지 않다. 간결하게 쓰는 것에 집착하거나 영어식 문장에 빠져 있는 사람이 쓴 글을 접할 때 이런 경우가 많다. 관심을 갖고 살펴보면 신문·잡지에도 이런 글이 수두룩하다. 글을 쓴 사람도 뭐가 문제인지 잘 의식하지 못한다.

좋은 글의 요건에는 여러 가지가 있겠지만 간결하고 자연스러워야 한다는 데는 이론이 없을 것이다. 그렇다고 간결하게 쓰기 위해 명사만 나열하거나 명사형을 남용하다 보면 글이 딱딱해지고 자연스러움을 잃게 된다. 이럴 때는 부사와 동사 중심으로 풀어 쓰는 것이 해결책이다.

① 인위적인 주가조작을 하는 세력이…
② 인위적으로 주가를 조작하는 세력이…
③ 민심 수렴을 할 생각이 아예 없는 것인지…
④ 민심을 수렴할 생각이 아예 없는 것인지…

눈치 빠른 독자는 ①③보다 ②④가 부드럽다는 것을 발견했을 것이다. 풀어 쓴다고 해서 글자 수가 그리 늘어나는 것도 아니다. '수식어 + 명사형 + 를 하다'보다는 '부사어 + 동사' 형태가 더 우리말답다. 위의 공식에 딱 들어맞지는 않지만 부사어를 잘 활용하면 문장이 훨씬 더 매끄러워진다는 것을 아래 예문에서도 확인할 수 있다.

출산 장려를 위한 다양한 시책 추진에… (→ 출산을 장려하기 위한 다양한 시책을 추진하는데…) 신속하고 충분한 보상이 이뤄지지 않은 데 대해…(→ 신속하고 충분하게 보상받지 못한 데 대해…) 성수품 가격이 전반적인 안정세를 보이고 있다.(→ 성수품 가격이 전반적으로 안정세를 보이고 있다.) '수식어 + 명사형' 뒤에 서술어를 잘못 쓰면 번역문 냄새가 풀풀 난다. 특히 '~이 이루어지다' '~을 가지다' '~을 필요로 하다'가 따라올 때가 그렇다. 발상의 전환을 필요로 하다.(→ 발상의 전환이 필요하다.) 더 많은 시장왜곡을 가져올 수 있다.(→ 시장을 더 왜곡할 수 있다.)

## 16_ 글쓰기 기법 - 맥주 세병 만족 하나 :)

## 문단은 의장이다

글쓰기의 부정적인 전형은 법원의 판결문과 검찰의 공소장이 아닐까. 전문적인 법률용어가 많이 나오기도 하지만 문장이 길어 독자를 지루하게 한다. 지금은 조금 나아졌지만 얼마 전까지만 해도 수십 쪽 분량의 글이 하나의 문장으로 이뤄져 있었다. 문장이 끊어질 듯하면 '하였으며' '하였고' '한편'으로 이어진다. 이런 문장을 읽는 독자는 숨이 막힌다. 마치 비흡연자가 흡연실에 들어갈 때 느끼는 것처럼.

어느 해, 어느 세미나에서 필자는 21세기형 문화도시에서 문화는 삶의 질을 업그레이드하기 위한 선택조건이 아니라 일상적 생존을 위해 반드시 필요한 필수절대조건이라는 사회적 인식이 무엇보다 중요하다고 강조한 바 있다. 한 구청 소식지에 실린 아래 예문은 뒤엉켜 어디가 주어이고 어디가 술어인지 알기 어렵다. 문단의장이란 문장은 짧게 쓰고, 뜻은 깊게 하라는 말이다.

"대청봉이나 천왕봉처럼 웅장하거나 또 이름난 곳이 아니더라도 우리가 사는 가까운 곳에 이렇게 아기자기하게 예쁜 산이 있어 가슴이 답답할 때 언제든지 찾아와 온 천지를 붉게 물들이며 떠오르는 해를 보며, 또 아름답게 조용히 지는 석양을 보며 희망찬 새날을 기약할 수 있다면 우리의 또 다른 행복이 아닐까 하는 생각이 든다."

독자가 인내심을 갖고 한참 좇아가더라도 앞에 무슨 내용이 있었는지 잘 생각나지 않는다. 장황하고 화려한 수식어 속을 헤매다 정작 중요한 의미를 놓쳐 버리고 만다. 미로 속을 걷는 느낌이다. 이쯤 되면 글을 쓴 사람은 자신의 뜻을 효과적으로 전달하겠다는 꿈을 접어야 한다. 독자가 둔하고 게을러 필자가 의도하는 바를 좇아오지 못한다고 비난할 일이 아니다. 두 번, 세 번 읽어야 비로소 내용을 파악할 수 있다면 그것은 쓴 사람의 책임이다. 10여 년 전 국내 신문기사의 한 문장 길이가 70자 안팎이라는 연구 결과가 나온 적이 있다. 요즘엔 이것도 길다는 지적이 나온다. 50자 안팎이 적당하다는 것이다. 문장을 길게 쓰는 것은 고질이다. 여간해선 잘 고쳐지지 않는다. 평소에 긴 문장을 두세 개로 나누는 연습을 하자. 불필요한 수식어를 없애는 것도 방법이다. 형용사·부사를 될 수 있으면 적게 쓰자. 예외 없는 법칙은 없는 법, 항상 짧은 문장이 읽는 사람을 편안하게 하는 것은 아니다.

"주인이 종을 부릅니다. 빚을 갚으라고 합니다. 엄청난 빚이었습니다. 종은 돈이 없었습니다. 엎드려 빌었죠. 주인은 종을 용서합니다. 그 애절함 때문이었죠." 음악의 스타카토를 연상시키는 글(신문 칼럼)이다. 간결하지만 단조롭고 딱딱하다. 과유불급이라는 말은 이런 경우에 어울린다. 때로는 길게 때로는 짧게, 필요와 상황에 맞추는 것이 자연스럽다. 가장 짧은 명문의 본보기는 아이젠하워 대통령의 선거 표어인 「아이 라이크 아이크」일 것이다. 더 이상 짧을 수 없고 더 이상 그 완벽할 수 없는 구조이다. 세 단어로 된 문장이지만 글자 종류를 보면 더욱 기가 막힌다. like의 알파벳 넉 자 속에 I like ike의 모든 글자가 다 포함되어 있다. 그러니까 네 글자만 가지고 한 문장을 만들어낸 셈이다. 그러면서도 그 짧은 글 속에 두운:initial rhyme, 흉운:internal rhyme, 그리고 말운:end rhyme의 다양하고 절묘한 운율이 모두 들어 있다. 「아이」의 두운은 「아이크」의 「아이」와 짝을 이루고 동시에 「라이크」의 흉운과 겹쳐진다. 「라이크」는 또 「아이크」의 말운과 맞물려 있다. 소리와 의미가 마치 메아리처럼 얽

히면서 짧은 문장 속에 변화와 반복, 차이성과 동일성을 준다.
  그래서 누구나 이 표어를 한번 들으면 평생 동안 잊혀지지 않게 된다. 명문이란 외우려고 해서 외워지는 것이 아니다. 저절로 머리 속에 가슴속에 각인된다. 희랍 사람들은 진실의 반대말을 허위가 아니라 망각이라고 했다. 이 표어를 가슴속에 달고 다닌 아이젠하워의 선거원들이나 유권자들은 진실로 그를 좋아하게 되었을 것이고 그래서 아이젠하워는 대통령에 당선이 되었다.

17_ 글쓰기 기법 - 맥주 세병 만족 하나 ☺

## 첫박이 대박이다

글을 쓰기 위해 책상 앞에 앉았을 때 머릿속이 하얗게 되는 듯한 느낌을 누구나 한 번 쯤은 경험했을 것이다. 요즘 글쓰기 능력이 강조되고 있지만 모두 어떻게 준비해야 할지 몰라 막막해 한다. 직장인들은 사보 담당자가 원고 청탁을 하지 않을까 눈길을 마주치지 않으려 한다. 글쓰기가 어렵고 멀게 느껴지기 때문이다. 하지만 피해 갈 수 없는 게 현실이다. '피할 수 없으면 즐기라'는 말이 있다. 수필의 성패는 첫 문장에서 거의 결정 난다고 하여도 지나친 말이 아니다.

너무나 바삐 살아가는 현대인들. 무수한 광고와 홍보 문구 등에 지친 우리들. 시쳇말로, '삼빡하지' 않는 문장에는 둔감해진다. 무엇인지는 모르지만, 수필의 첫 문장은 솔깃하여, 당기는 맛이 있어야 한다. 첫 문장을 읽고 난 뒤, 다음 문장을 도저히 읽지 않고는 배겨낼 수 없다면? 그렇다면, 글쓴이는 이미 절반의 성공을 거두었다고 보아야 할 것이다. 달리 말해, 그는 제대로 글을 쓸 줄 안다고 해야 할 것이다. 어쨌든, 독자의 호기심을 최대한 자극해야 할 것이다. 마치 '수수께끼' 내지 '스무고개'와 같은 문장도 그 하나의 방법이라고 생각한다.

"요즘 광화문·과천의 관가는 뒤숭숭하다." 오래 전 중앙선데이 6면

머리기사 '인수위 면면에 바짝 긴장한 각 부처 표정'의 첫 문장이다. 대통령 선거가 끝난 뒤 정권교체를 앞두고 인수위 위원들의 면면에 관료사회가 보인 반응을 기사는 이렇게 압축했다. 추가 설명이 없어도 독자는 중앙부처의 공무원들이 좌불안석임을 느낄 수 있다.

글의 첫 문장은 독자를 사로잡아야 한다. 글 전체의 분위기를 좌우하고 방향을 잡는 역할을 해야 한다. 기사의 첫 문장을 영어로 리드$^{lead}$라고 하는 것을 음미해볼 필요가 있다. 글의 길라잡이 역할을 한다는 뜻이다. 수필은 발단의 예술이다. 처음 석 줄의 문장이 글의 알파와 오메가다. 김봉군은, ≪문장기술론≫에서는 '바람직한 첫머리$^{useful\ beginning}$'와 '바람직하지 않는 첫머리$^{poor\ beginning}$'에 관해 다음과 같이 구분하여 분명히 기술해 두고 있었다.

우선, 바람직한 첫머리다. '사실의 직접 진술', '과제에 대한 간략한 소개', '솔직성이 독자를 감동시킴','의문형의 적절한 제시 내지 열거로 주위를 불러일으킴', '짧고 참신한 관련 어구나 사항의 인용' 등을 들었다. 다음은, 바람직하지 못한 첫머리다. '상식에 불과한 인생론을 과장하게 꺼내 놓음', '지시작문의 경우, 주어진 관해 대해 불평함', '개인적 변명을 늘어놓음', '사전적 정의의 인용' 등을 들었다.

몇 년 전만 해도 마감 시간 직전의 신문사 편집국은 '너구리 잡는 굴'이었다. 여기저기서 기자들이 피워대는 담배 연기가 안개처럼 자욱했다. 마감 시간은 다가오는데 쓸 만한 리드가 떠오르지 않는 까닭이다. 기자들은 애꿎은 담배만 연방 축낸다. 첫 문장이 나오기만 하면 그 다음은 술술 풀릴 것 같은데 첫 문장이 머릿속에서만 맴도니 미칠 노릇이다.

첫 문장을 쓰는 것은 헝클어진 실타래에서 실마리를 찾는 것과 같다. 무슨 일이든 처음은 어렵다. 애인의 손을 처음 잡거나 회사에 처음 출근하는 일, 아이를 처음 학교에 보내는 것…. '시작이 반'이라는 말에 고개를 끄덕이는 사람이 많을 것이다. 요즘에는 글의 종류나 필자의 성향이 워낙 다양해 글쓰기에 왕도가 없다는 말이 나온다. 그렇더라도 첫 한두 문장에서 글의 성패가 갈린다는 지적은 중요하다. 대입 논술이든, 회사 보고서든 마찬가지다. 미국의 저널리스트이자 작가인 윌리엄 진서는 그의 저서 '글쓰기 생각쓰기'(원제: On Writing Well)에서 "첫 문장에서 읽는 사람을 끌어들이지 못하면 그 글은 죽은 것이나 다름없다"고 강조했다.

첫 문장이 왜 중요할까. 대개 독자는 관대하지 않다. 재미있거나 중요한 부분이 나올 때까지 기다려 주지 않는다. 초반에 재미없다 싶으면 책이든 신문이든 덮어버리기 일쑤다. 읽는 사람이 외면한다면 필자로서는 사형선고를 받는 것이다. 그러니 초반에 미끼를 던져 독자를 유인해야 한다. 어떤 리드가 효과적일까. 첫째, 집필 의도를 압축적으로 보여주어야 한다. 대개는 짧을수록 좋다. 전체 내용을 훑어보고 이를 한 문장으로 표현하는 훈련을 하자.

둘째, 독자에게 궁금증을 불러일으키고 독자가 글과 일체감을 느낄 수 있도록 해야 한다. 신선하고 이색적이며 이목을 끌 만한 표현을 쓰는 것이 좋다. 느낌이 좋은 시의 구절, 산뜻한 느낌을 주는 광고 문구나 신문 제목을 눈여겨봤다가 이를 활용하자.

보도문의 리드는 사례 제시형, 본문 요약형, 비유형, 인용형, 묘사형, 질문형 등 여섯 가지로 나뉜다. 글의 성격이나 집필 의도에 따라 어떤 유형을 쓸지 정하자. 다음은 실제로 미국 신문에 실린 재미있는 리드들이다.

"먼지가 사람을 죽이고 있다."(환경기사 중)
"이 도시에서는 땅이 가장 많은 사람이 가장 큰 도둑이다."(경제기사 중)
"오래 전, 작은 나무를 사랑한 소년이 있었다."(인물기사 중)

요즘 국내는 물론 해외여행이 잦아지면서 많은 수필가들이 기행수필을 자주 발표한다. 그런데 기행수필을 쓸 때 주의할 점은 ①어떤 모임이, ②어디에서, ③몇 시에 모여, ④무슨 교통편으로, ⑤몇 명이 출발하고, ⑥몇 시에 목적지에 도착했다는 식의 내용을 서두에서 밝히는 경우가 더러 눈에 띈다. 그러나 자신의 일기라면 모를까 독자는 기행수필에서 그런 것에는 전혀 관심을 기울이지 않을 것이다. 그 목적지에 가서 ①무엇을 보았고, ②무엇을 느꼈으며, ③무엇을 깨달았는지를 알고 싶어할 것이다. 서두의 중요성을 소홀히 여긴 때문일 것이다. 서두에서 독자의 호기심이나 궁금증을 불러일으켜야 독자는 책을 덮어버리지 않을 것이다.

또 국내 관광지나 명승고적을 찾으면 그곳에서 나눠준 관광 팜플렛 자료를 짜깁기하여 기행수필을 빚는 것도 권장할 일이 아니다. 그렇게 수필을 쓰면 관광 안내문이지 문학수필이 될 수 없기 때문이다. 그래서 기행문 쓰기가 어려운 것인지도 모른다. 작가 나름의 독창적인 시각과 해석으로 발단부터 눈길을 끄는 피사체를 그려야 좋은 기행수필이 될 수 있을 것이다.

명수필이 되기 위해서는 서두가 짧고 간결하며 매력적이어야 한다. 작품의 서두는 대부분 작품의 성격과 분위기를 대변하는 것으로써 매우 인상적이어야 한다. 독자에게 강한 인상과 함께 호감을 주고 이른바 흡인력이 있어야 한다. 그러므로 관심을 갖도록 제시해야 한다. 육상경기의 출발점과도 같은 것이 글의 서두이고 보면, 단거리 경주에 해당하는 수필의 서두는 그 글의 성패를 좌우하는 운명적 부위라고 할 수 있다. 그래서 수많은 수필가들이 첫 줄, 첫 머리의 단 한 줄을 끌어내기 위해 피나는 산고를 겪는 것이다. 한흑구는 수필 한 편 쓴 데 5년을 소요했다.

방송에서는 30초 전쟁이란 말이 있다. 프로그램이 시작하면 시청자는 30초 내에 그 프로그램을 더 볼 것인가 채널을 돌릴 것인가를 결정한다는 뜻이다. 30초란 아나운서가 200자 원고지 한 장을 읽는 시간을 말한다. 이 이야기를 패러디하여 수필에 대입하면 그 결과는 똑 같다. 수필도 30초 전쟁이란 말이 통한다. 200자 원고지 한 장에는 수필의 제목과 수필의 서두가 들어간다. 그러니 제목이 좋고 서두가 흡인력이 있어야 한다. 그래야 독자가 책을 덮거나 다른 작품으로 건너뛰지 않고 끝까지 읽을 수 있다는 뜻이다. 모름지기 수필가라면

이 30초 전쟁의 의미를 서두의 중요성으로 치환해서 알아들어야 하리라.

18_ 글쓰기 기법 - 맥주 세병 안주 하나 ☺

## 문장은 강물이다

일반적으로 글은 짧을수록 명쾌하다. 간결하고 압축적으로 글을 써야 한다. 문장 길이를 짧게 하고 군더더기를 없애야 한다. 하지만 간결함을 위해서 지나치게 응축하면 문장이 딱딱해지고 뜻이 헷갈리기 쉽다. 명사나 명사구를 길게 나열해 놓은 경우가 대표적이다. 보고서를 쓰거나 프레젠테이션을 할 때, 광고 문구를 만들 때는 유용하지만 일반적으로 수필문에서는 이런 표현은 가급적 삼가야 한다. 강물이 흐르듯, 글도 흘러야 자연스럽다.

① 옷 로비 사건 내사 결과 보고서 유출 수사가 막바지에 이른 가운데… ② 옷 로비 사건의 내사 결과 보고서가 유출된 데 대한 수사가 막바지에 이른 가운데… ①은 명사가 줄줄이 나와 리듬감이 없고 읽는 맛이 떨어진다. 당시 선배 기자는 ②처럼 바꾸는 것이 좋다고 지적했다. 몇 글자를 바꿨을 뿐인데 훨씬 부드러워진다. 다음 기사도 정도의 차이가 있을 뿐, 딱딱하기는 마찬가지다.

태안 주민들의 생활 터전 회복을 위해 최선을 다할 것이다. (→ 태안 주민들의 생활 터전을 회복하기 위해 최선을 다할 것이다.) 권장도서 목록 선정에 신중을 기해야 한다. (→ 권장도서 목록을 선정하는 데 신중을 기해야 한다.) 명사 사이에 조사 '의'를 넣는 경우가 많지만 이것도 번역투 문장이 되어 자연스럽지 않게 느껴진다. 이럴 때는 서술형으로 풀어 써 주면 된다.

보장성 보험의 은행 창구 판매를 허용하는… (→ 보장성 보험을 은행 창구에서 판매하도록 허용하는 …) 어색한 수식이 붙은 명사나 명사구도 많다. 이럴 때는 부사어를 쓰는 것이 더 잘 어울린다. 이 회사는 매출 신장을 위한 다각적인 노력을 쏟고 있다. (→ … 매출 신장을 위해 다각적으로 노력하고 있다.) 디지털 콘텐츠 유통사업을 통해 지속적인 수익 다각화를 실현해 나갈 것이라고 말했다. (→ … 지속적으로 수익 다각화를 실현해 나갈 것 …)

문장을 강물처럼 부드럽게, 자연스럽게 하려면 호흡이 느껴지게 해야 한다. 이 수법은 문맥을 끊이지 않고 계속해서 이어나가는 것을 말한다. 그러면서도 논리의 모순이 없어야 하고 설득력이 있어야 하며 전체적인 구성이 짜임새 있어야 한다. 뿐만 아니라 문장과 문장의 연결이 물 흐르듯 유연해야 한다. 따라서 이런 수법의 수필을 쓰기 위해서는 문장력이 뛰어나고 구성력 또한 치밀하지 않으면 안 된다. 그만큼 숙달되고 뛰어난 글솜씨가 없이는 쓰기 어려운 것이다.

그런 만큼 이런 수법으로 쓰여진 수필은 독자들이 막힘 없이 술술 읽을 수 있고, 수필을 읽는 맛을 한껏 느끼게 해준다. 문맥을 끊지 않고 걷잡을 수 없이 이어가는 수법이다. 말이 끝나는가 했는데 다음 말을 이어지는 방법이다. 이러한 수법은 문장에 달의를 얻지 못하고는 쓸 수 없는 수법이다. 문장이 난잡하지 않고 긴박감과 호기심 속에 계속 새로운 내용으로 이어지는 수법이다. 독자들에게 흥미를 주고 문장의 우아한 맛을 주는 수법이다. 격동적이고 격정적인 수필이 이에 해당한다.

사람은 날마다 길을 간다. 하루도 길을 가지 않는 날이 없다. 그래야 정상이다. 사람들은 아침에 집을 나서서 길을 가고, 저녁에 집을 향해 길로 돌아온다. 집을 나서서 남자는 일하러 가고, 주부는 장을 보러 가고, 젊은이는 학교에 간다. 어린이가 놀이터에 가고, 늙은이가 말벗을 찾아갈 때, 모든 직장인은 일터로 가고, 일터가 없는 사람은 일감을 찾아간다. 이렇게 어디로든 가는 데가 길이다. 평일에 일하러 가는 길과 휴일에 놀러가는 길은 다르지만, 그래도 역시 길을 가는 것이다. 가까운 길도 있고 먼 길도 있다. 나서서 떠나는 길이 있으면 일어나 돌아오는 길이 있다. 이처럼 사람이 가고 오는 데가 길이다 사람들의 왕래가 잦고 되풀이 되는 동안에 땅 위에 난 자국이 길이다. 처음에는 들과 산으로 사냥하러 가고 냇가로 물고기를 낚으러 가면서 밟은 자국을 따라 길이 났음 직하다.

- 김용구,「어떤 길」

길에 관한 이야기가 끊임없이 계속 되면서도 그것이 물 흐르듯 유연하며 논리적 모순이 없는 글이다. 그러면서 전체적인 구성이 짜임새 있고 설득력을 지니고 있다. 이것이 바로 호흡식 수법의 수필이다.

19_ 글쓰기 기법 - 맥주 세병 안주 하나 ☺

# 진행은 지루하다

　시제와 관련된 이야기를 하나 더 하자. 글의 성격에 따라 차이가 있을 수 있지만 일반적으로 싱싱하고 박진감 넘치는 문장이 좋다. 그런데 문장에 힘을 넣자니 단순한 현재시제로는 부족하다는 생각이 들 때가 있다. 이런 '2% 부족 현상'을 해소하는 간단한 방법이 '현재진행형'으로 만드는 것이다. '~고 있다'를 사용해 동작이 진행 중인 것으로 표현하는 방법이다. 특히 사건 현장에서 글을 쓸 때 이런 표현 방식은 문장에 긴장감을 불어넣으면서 싱싱하게 보이도록 한다.

　① 술을 마신다.
　② 술을 마시고 있다.
　③ 지금 전동차가 역에 들어옵니다.
　④ 지금 전동차가 역에 들어오고 있습니다.

　예문 ②처럼 현재진행형은 어떤 일이 계속되고 있는 상황을 알려준다. 생동감이 느껴진다. 예문 ④처럼 정중하거나 완곡한 느낌을 줄 때도 효과적이다. 그러나 최근에는 현재형으로 표현해도 충분한 것을 굳이 '~고 있다'로 나타내는 경우가 많다. 우리말이 번역어투에 오염

됐다는 지적을 받는 이유 중 하나다. 사실 우리말의 진행상(進行相)은 중세 때부터 사용해 온 것인데도 과용해서 그렇다. 이렇게 되면 읽는 사람이 부담스럽다. 다음 예문을 보자.

마들여성학교는 이처럼 배움의 기회를 놓친 여성들에게 교육의 기회를 제공하고 있다. (중략) 교무실마저 교실로 만들고 좁은 복도 공간을 활용해 교무실로 사용하고 있다. 현재 18명의 교사와 130여 명의 학생들이 공부하고 있다. (노원구 신문 '살기 좋은 노원'에서) 보다시피 모든 문장이 '~고 있다'로 끝난다. 첫 번째 문장은 그대로 두더라도 나머지는 '…복도 공간을 교무실로 바꾸었다' '…학생들이 재학 중이다'로 바꾸면 어떨까? 특히 세 번째 문장에서 '공부하고 있다'는 표현은 실제 공부하는 동작의 진행 상황이라기보다 재학 중이라는 의미와 가깝다.

동사를 다양하게 구사해 글을 다채롭게 하는 것도 미덕이다. 현재 진행형이 박진감 있게 보여도 지나치면 지루해질 수 있다는 걸 기억하자.

20_ 글쓰기 기법 - 맥주 세병 안주 하나 :)

## 시키지 말고하라

번거롭고 귀찮은 일은 몸소 하기보다 다른 사람에게 시키고 싶은 것이 인지상정이다. 나이가 들고 몸이 고달플수록, 직급이 올라갈수록 그 정도가 심해진다. 이런 생각이 은연중 반영된 것일까? 문장에서도 '~시키다'가 자주 등장한다.

①천연자원이 빈약한 한국이 어떻게 대처해야 하는가. 자금을 집중시켜야 한다.(→ … 자금을 집중해야 한다) ②민주당이 통일·환경부 장관의 사퇴를 관철시키기 위해 국무총리 후보자의 인준동의안 처리를 미뤘다.(→ … 관철하기 위해 …) 접미사 '~시키다'는 어떤 명사 밑에 붙어 '(남으로 하여금) ~하게 하다'는 뜻을 나타낸다. 자기가 직접 행동하는 것이 아니라 남에게 행동을 하도록 하는 것이다. 따라서 '~시키다'형의 문장에는 주어 이외에 실제로 행위를 하는 다른 주체가 있어야 한다.

일상생활에서 '~하다'면 충분할 자리에 '~시키다'를 쓰는 경우가 많다. 본인이 어렵게 주차한 뒤 "주차시키느라 힘들었다"고 흔히 말한다. 글자 그대로 해석하면 '다른 사람에게 시켜 주차하는 것이 힘들었다'는 뜻이다. 대신 주차한 사람이 운전에 미숙했거나, 아무도 주차를 대신해 주겠다고 나서지 않아 사람을 구하는 데 애를 먹었을 때 쓸 수 있다. 취지대로라면 "주차하느라 힘들었다"가 올바른 표현이다.

엄마가 아이를 혼내면서 하는 말 "거짓말시키지 마"도 마찬가지다. 글자 뜻으로는 '내가 거짓말을 하게 하지 마'가 된다. 거짓말의 주체가 아이가 아니라 엄마가 되는 것이다. '~시키다'를 바르게 사용한 예문을 보자. 이제 아이들을 결혼시킬 나이가 됐어. 인종 편견과 차별이 심한 미국 사회에서 흑인 대통령 탄생은 생각만으로도 여러 사람을 흥분시키기에 충분하다. 아이들을 제대로 공부시키려면 돈이 많이 들어간다.

'~시키다'가 붙은 말 중에서 잘못 쓰기 쉬운 예를 알아보자.

개선시키다,
격추시키다,
금지시키다,
불식시키다,
압축시키다,
연결시키다,
연장시키다,
유출시키다,
전파시키다,
접목시키다,
접수시키다,
제외시키다,
차단시키다,
척결시키다,
폐지시키다

21_ 글쓰기 기법 - 맥주 세병 안주 하나 ☺

# 대과거 밀어내라

가끔 편집을 하다 보면 과거 영어문법에 영향을 받은 사람들이 대과거나 과거완료 시제의 문장을 쓰는 경우를 발견하곤 한다. 예를 들어 '했다' '갔다'로 문장을 마치면 될 걸 어김없이 '했었다' '갔었다'로 썼던 것이다. 선어말어미('-었-') 하나를 보태면 문장이 더 힘있고 정확한 줄 아는 모양이다. 하지만 이런 문장은 부자연스럽게 느껴진다는 사실이다. 책이나 신문에서 '~했었다' 식의 문장을 만날 때가 있다.

① 밥을 먹었다.
② 밥을 먹었었다.
③ A씨는 아들의 성이 현재 남편의 성과 달라 애태웠다.
④ A씨는 아들의 성이 현재 남편의 성과 달라 애태웠었다.

우리말에서 과거 시제를 표현할 때는 문장 ①, ③처럼 어미 '-았/었-'을 사용하는 것이 일반적이다. '-았었/었었-'은 과거보다 먼저 일어난 사건, 이른바 '대과거'를 나타낼 때 사용하는 표현이다. 일반적인 경우에까지 ②처럼 쓰는 것은 군더더기다. 단순한 과거 시제로 나타내면 충분하다. 강조하고 싶으면 '아까'나 '한참 전에' 같은 부사어를 넣으면 된다. '아까 밥을 먹었다' '한참 전에 먹었다' 정도면 족하다.

우리말에도 대과거나 과거완료가 있다. 드물지만 중세 국어에도 나타난다. 다만 영문법과 달리 많이 사용되지 않을 뿐이다. 예컨대 "내가 그의 집에 도착했을 때 그는 이미 떠났었다" 대신 "…그는 이미 떠나고 없었다"와 같이 '없다'라는 동사를 보태 완료의 뜻을 나타내는 식이다. 아껴 써야 할 것을 마구 쓰니 '우리말이 번역어투에 오염됐다'는 말이 나온다.

'-았었/었었-'이 반드시 들어가야 하는 경우도 있다. 문장 ④에서처럼 앞뒤의 상황이 특정한 사건을 계기로 분명하게 단절될 때다. 문장 ③은 단순히 과거의 행위에만 초점을 맞추고, 그 이후의 상황에 대해서는 중립적이다. A씨는 예전에 애를 태웠다가 지금은 마음이 편해졌을 수도 있고, 아직 같은 문제로 고민하고 있을 수도 있다. 이에 비해 문장 ④는 제도 변경이나 심경 변화 등으로, 사건이 완결됐음을 함축한다. 결과적으로 A씨는 더 이상 애태우고 있지 않다. 미묘한 말맛을 살리는 과거완료를 귀하게 대접해 주자.

22_ 글쓰기 기법 - 맥주 세병 안주 하나 ☺

# 설명은 불안하다

　조조는 두통이 날 때마다 진림의 글을 읽었다고 한다. 그의 글 을 읽으면 머리가 맑아지고 아픈 것을 잊을 수 있었기 때문이다. 그는 원소의 편에서 자신을 비방해 오던 진림이 포로로 잡혀 왔을 때에도 벌하지 않고 문서계로 등용시켰다. 중국에서는 그래서 명문을 쓰는 일을 경국지대업이라고까지 했다.
　이어령이 말한, 「달이 밝다」와 「달은 밝다」의 차이를 보자. 명문을 쓰려면 우선 「달이 밝다」와 「달은 밝다」의 그 차이부터 알아야 한다. 「이」와 「은」의 조사 하나가 다른데도 글의 기능과 그 맛은 전연 달라진다. 「달이 밝다」는 것은 지금 자신의 눈앞에 달이 환히 떠오른 것을 나타내는 묘사문이다. 그러나 「달은 밝다」는 달의 속성이 밝은 것임을 풀이하고 정의하고 있는 설명문이다.
　묘사, '사물을 마치 그림을 그리듯 적는' 걸 말한다. 달리 말해, 눈에 선히 보이도록, 글로 그림을 그리는' 걸 말한다. 이 묘사에 관해서는, 요사이 초등학교 6-1 국어교과서에도 소개되고 있다. 다음과 같은 예문까지 곁들여서, '내 짝꿍의 얼굴은 달걀형이고 귀가 크고 곱슬머리이다. 눈썹은 짙고 눈은 작다. 코는 작지만 오똑하고 입은 크다. 얼굴은 검은 편이고 쑥스러울 때에는 머리를 긁적인다. 그리고

웃을 때는 덧니가 보인다.'

그런데 과연 우리네 수필가들 가운데 묘사를 제대로 하는 이가 몇이나 될까? '압축'과 '생략', 이를 제대로 할 줄 아는 수필가는 또 얼마나 될까? 그저 주절주절 설명하려고만 들거나, 친구한테 또는 가족한테 말로 이야기 하듯 하는 게 문제다. 사실 필자도 아직 '묘사', '압축', 생략' 등에 아직도 썩 익숙하지는 않다. 공부를 게을리 하지 않아야 겠다.

이태백의 詩에 「내 어릴 적 달이라는 말을 몰라 이름지어 부르기를 『백옥 의 쟁반』이라고 했느니」라고 노래한 것이 있다. 묘사文은 마치 달이라는 말을 모르는 아이가 달을 처음 대하는 것처럼 그렇게 쓰는 글이다. 습관이나 고정관념의 굳은살을 빼면 늘 보던 사물들도 새롭게 보일 것이다. 「낯익은 것을 낯설게 하기」 이것이 묘사文의 효과이며 그 특성이다. 그리고 그 글들은 항상 「지금」 「여기」라는 특정한 시간과 공간 속에서 이 세상에 하나밖에 없는 개체로 존재한다.

그러나 설명문은 정반대로 「낯선 것」을 「낯익은 것」으로 만들어 주는 글이다. 어려운 말을 쉬운 말로 고쳐 주고 모르는 것을 이미 알고 있는 것으로 옮겨놓는 사전의 낱말 풀이 같은 글이다. 「지금」 「여기」의 특정한 시간과 공간 속에서 떠오르는 달이 아니라 백과사전의 도해 속에서 운행되고 있는 세계의 달, 무한 속의 달이다. 그러니까 기행문은 묘사문이요 여행 안내서는 설명문이다. 어느 때 묘사문 을 쓰고 어느 때 설명문을 써야 하는지, 그것을 분별할 수 있게 되면 글쓰기의 반은 이미 성공한 셈이다.

설명은 피하고, 묘사를 활용해야 한다. 설명은 글의 맛을 죽인다. 문학은 보여주는 데 목적이 있다. 글쓰기란 글로 절경을 그려내는 것이다. 어떤 글이든 서술 원리 중 가장 기초적이고 핵심적인 것이 "말로 설명하지 말고 보여줘라."이다. '키가 크다' 대신 '키가 184센티미터 정도'로, '그 여자는 미인이다' 대신 '콧날이 시원스럽게 길다' 로, '더러운 남자' 는 '목요일쯤에는 항상 몸에서 걸레 썩는 냄새가 나는 남자' '소변을 보면 꼭 바지에 흘린 자국이 남는 남자' 식으로 구체어를 활용해서 써라.

23_ 글쓰기 기법 - 맥주 세병 안주 하나 :)

## 병렬을 활용하라

뷰폰의 유명한 정의 「문체는 인간이다」라는 말에 속아서는 안 된다. 같은 인격체라도 편지글을 쓸 때와 일기를 쓸 때 그리고 수필을 쓸 때와 소설을 쓸 때의 그 문체는 달라진다. 사람에 의해서 문체가 달라지는 것이 아니라 주제에 따라서 문체는 변화한다. 문체는 외출할 때 옷을 입는 것과 같다. 일하려고 나가는 것인지, 파티 장 에 가는 것인지, 혹은 가는 데가 장례식장인가 결혼식장인가에 따라 옷의 선택이 전연 달라진다.

문체는 사람이 아니라 주제이다. 그리고 그 주제는 문장의 형식과 내용이 잘 어울릴 때 비로소 그 특성을 나타낸다. 형식에 치우친 글은 불꽃과 같은 것이고 내용에만 치우친 것은 수풀과 같은 것이다. 내용과 형식이 서로 긴장관계를 이루며 손바닥과 손등처럼 서로 뗄 수 없 는 것이 될 때 진정한 문체는 획득된다. 불꽃도 숲도 아닌 「불타오르는 숲」, 미국의 비평가 마크 숄러가 한 말이다.

병렬법을 활용하라. 「달처럼 보이다가 별처럼 보이다가. 나비처럼 보이다가 티끌처럼 보이다가 염치고개를 넘어간다」 춘향이가 이 도령과 이별하는 장면을 읊은 판소리의 한 대목이다. 멀어져 갈수록 점점 작게 보이다가 고개 너머로 사라져 버리는 이 도령의 모습이 불과 네 개의 단어로 선명하게 그려진다. 그러나 달이 별처럼 작아진 다음에 어째서 별보다 큰 나비가 등장하는가. 선형적인 글에만 익숙한 사람들은 그 대목을 잘 이해하지 못할 것이다. 하지만 달은 별과 짝이 되어 이도령의 얼굴 모양을 나타내고 나비는 티끌과 대비하여 이 도령의 걸어가는 동작을 나타낸 병렬 구조로 파악하면 그 절묘한 표현의 진수를 맛볼 수 있게 된다. 달과 별은 정태적인 것이고 나비와 티끌은 날아다니는 것으로 동태적인 것이다.

크고 작고 정태적이고 동태적인 네 단어의 병렬적 구조에 의해서 멀어져 가는 이 도령의 모습과 작아져 갈수록 커져가는 춘향이의 별리의 정감이 아무런 설명 없이 직물적으로 묘사되어 있다. 시든 산문이든 명문의 조건은 지엽적인 비유나 수사에 있는 것이 아니라 글의 구조 자체에 의해서 결정된다. 용비어천가의 뿌리 깊은 나무와 샘이 깊은 물 역시 그러한 병렬법으로 되어 있지 않은가.

예수는 똑같은 주제를 각기 다른 세 가지 우화로 보여준다. 아흔아홉 마리의 양을 버려두고 길 잃은 한 마리의 양을 찾아 나서는 목자의 이야기와 짐을 버려두고 땅 위에 떨어진 한 알의 곡식을 줍는 농부의 이야기와 그리고 집을 나간 탕자가 돌아오자 오히려 더 성대한 잔치를 열어주는 이야기가 바로 그것이다. 말하고자 하는 주제는 똑같다. 그러나 첫번째 이야기는 양치는 유목민의 경우를 예로 든 것이며 두 번째 이야기는 곡물을 가꾸는 농경민의 경우를 두고 한 소리이다. 그리고 세 번째는 자식을 키우는 어버이의 심정을 예로 든 것이다. 그러니까 그 유명한 세 가지 우화는 메시지보다도 메시지를 받는 사람 즉 청자를 더 중시했던 예수님의 수사학을 나타내 주고 있는 것이다. 생산양식이 다르고 생활양식과 그 문화가 달라도 다 같이 느낄 수 있는 장치를 마련해 둔 것이다.

명문이란 어느 때 어디에서 누가 읽어도 감동을 받을 수 있게 한 글이다. 시대와 생활공간이 달라도 제가끔 자신의 체험으로 그 의미를 이해할 수 있어야 한다. 예수교가 세계의 종교가 된 것도 바로 유목민이나 농경민의 어느 특정한 부류에 한정시키지 않고 모든 문화에 두루 적용될 수 있는 보편성과 다원성을 지니고 있었기 때문이라고 할 수 있다. 그러면서도 일반화가 아니라 개별적이고 토착적인 문화에 수사의 밑뿌리를 둔다.

　시인 예이츠는 번역권을 보류한다고 했지만 참으로 좋은 글은 번역을 해도 역시 좋은 글이 된다. 세계에서 가장 많은 언어로 번역되어 어느 나라에서 나 베스트셀러가 된 성서, 그래서 성서의 글들은 명문의 전범이 된 것이다. 조조가 아니라도 명문을 읽으면 머리가 맑아진다. 누구나 조조가 되고 누구나 진림이 되는 세상이 와야 한다. 그것이 인터넷 시대의 진정한 즐거움이요 행복이다.

## 24_ 글쓰기 기법 - 맥주 세병 만족 하나 :)

# 열기는 동작으로

글에서 발단 기능은 두 가지다. 하나는 독자들의 호기심을 끄는 것이고, 다른 하나는 전개 예고다. 무엇보다도 중요한 것은 독자들의 관심을 끌어 글을 읽도록 유도하는 것이다. 아무리 좋은 글이라도 독자가 읽지 않는다면 무슨 의미가 있겠는가. 좋은 문장은 다이내믹해야 한다는 말을 상기하자. 우리글은 서술어에 생명이 있다. 독자에게 흥미를 주려면 서술어에 생동감을 주어야 한다. 첫 문장이 움직임에서 시작되면 단숨에 독자의 흥미를 끌 수 있다. "베아트리체는 웃었다."

『개선문』,『의사 지바고』,『샘』세 소설은 얼핏 보기에 서로 상당히 다른 첫 문장으로 시작된다. 그럼에도 불구하고, 세 소설은 단숨에 독자의 흥미를 유발한다. 그렇다면 서로 달라 보이는 세 가지 열어주기에는 덫 노릇을 하는 공통된 힘이 작용한다는 뜻이다. 도대체 그것은 무슨 힘일까. 그것은 움직인다는 공통점이다. 그리고 움직이기 때문에 독자의 눈에는 진행중인 어떤 상황이 눈에 선하게 보인다. 『개선문』에서는 두 사람이 스쳐 지나가고,『의사 지바고』에서는 장례 행렬이 나아가고,『샘』에서는 어떤 남자가 무슨 이유에서이지 웃는다. 세 작품의 열어주기는 모두 행동과 동작의 한가운데 위치하고,

그래서 독잔은 그 동작의 앞에 놓인 시작과 뒤따라올 끝에 대해서 궁금해진다.

　명사형의 잦은 사용은 피하라. 특히 주관적인 관념을 아무런 근거 없이 토로하듯이 쓰는 것을 정말이지 삼가야 할 나쁜 버릇이다. 더구나 글의 도입부에서는 말할 것도 없다. 문장의 서두의 글의 출발점이 되는 부분이고, 독자에게 결정적인 인상을 주는 부분이기 때문에 무척 주목되는 부분이다. 걸작으로 일컬어지는 작품의 서두는 대체적으로 짧고 강한 인상을 주는 동작 동사로 마무리되고 있다는 것이 이를 증명한다. "전화벨이 울렸다."

　서두는 특별히 '문예수필'이라는 원고지 열 장 안팎의 짧은 글의 형식에서는 단숨에 작품 현장 속으로 독자들을 끌어 들이는 역할을 해야 하는 초긴장을 요하는 부분이다. 따라서 서두문장에서는 가능한 빠른 시간 안에 독자를 작품 현장 속으로 끌어 들이도록 하는 것이 좋다. 문장 중에서 서두의 비중은 본문의 문장들과도 비교할 수 없는 또 다른 중요한 위치에 있다고 본다. 한 편의 수필을 사람에다 비유한다면 얼굴 표정이라 할 수 있다. 그 표정이나 눈빛에 따라서 그 사람의 속마음까지 읽을 수 있게 된다. 사람에게 첫 인상이 중요하듯 수필의 서두는 독자들의 마음을 끄는 요소가 되고, 또 만날(읽을) 가치 여부를 판단하는 기준이 되기도 한다는데 현대수필가들은 공감하고 있다.

　예〉 주인 영감이 눈곱만큼 떨어뜨려 주는 소다를 넣으면 처음 크기의 몇 곱절로 부풀어 오르는 모양은 가히 마술과도 같은 신기함이었다.(→ 마술처럼 신기했다)
　예〉 그는 할머니의 이야기 듣기를 즐거워했다.(→ 그는 할머니의 이야기를 즐겨 들었다) 예〉 몇 가지 필요조건이 있다.(→ 몇 가지 조건이 필요하다)
　명사형을 사용하는 건 영어식 표현의 영향이다. 문장의 강약, 속도 조절을 위한 경우가 아니라면, 말하자면 -다 로 끝나는 문장이 지겨워 명사형으로 끝내려고 한다거나, 서술을 하게 되면 문장이 늘어지게 되어 일부러 명사형으로 쓴다거나, 이처럼 작가의 의도가 명백한 경우가 아니라면 되도록 명사형의 사용을 피하는 게 쉽고 깔끔한 문장을 쓰는 방법이다.

윤오영 씨는 "서두가 전편을 밀고 나간다."라 했다. 또 "안개같이 시작해서 안개같이 사라지는 글은 가장 높은 글이요, 기발한 서두로 시작해서 거침없이 나가는 글은 재치 있는 글"이라 했다. 계용묵 씨는 「침묵의 변」에서 "나에겐 언제나 서두 1행 여하에 작품의 성, 불성이 따르게 된다. 시작이 반이라는 말이 있지만 나의 창작에 있어서는 그것이 전부이며, 이 1행의 서두 때문에 살이 깎인다. 구상까지 다 되어 있는 작품도 서두 1행을 얻지 못해 이태나 침묵을 지키고 있다"고 고백하고 있다.

김진섭 씨는 「문장사담私談」에서 "문장의 도道는 근본적으로 발단의 예술"이라 했다. 한흑구 씨는 「나무」라는 한편의 글을 완성하기 위해 5년의 세월이 걸렸는데 결국 그가 선택한 첫마디는 "나는 나무를 사랑한다."였다.

25_ 글쓰기 기법 – 맥주 세병 안주 하나 ☺

## 장식은 약점이다

움직일 때는 짧은 문장, 사색할 때는 긴 문장이 좋다. 문장은 리듬을 타야 한다. 호흡하는 문장이 맛을 낸다. 두 문장을 짧게 했으면, 다음 두서너 문장은 길게 한다. 감각적 암시가 함축된 정서는 더 긴 문장이, 분노는 스타카토 문체가 제격이며, 빛깔이 없거나 머뭇거리는 대화체를 피하고, 별 부담이 없을 때는 항상 능동태를 써라. 그것이 힘이 있는 서술어를 살리는 길이다. 대화체는 수필문의 본질이 아니고 소설문장의 본질이다. 적재적소에 들어가 효과를 내지 못할 대화체라면 과감하게 간접화법으로 전환하라.

하나의 작품에서는 첫 장면, 특히 첫 문장은 가장 중요하다고 하며, 그것은 글쓰기의 기본적인 공식이기도 하다. 장편소설『웃음소리』는 겨우 두 단어로 이루어진 "He laughed."로 시작된다. 너무나 짧고 간단한 문장이어서, 어떤 남자가 환하게 웃어대는 모습이 눈에 선하고, 웃는 소리까지 귓전에 들여오는 듯싶다.

그것은 눈에 보이는 웃음소리이다. 그리고 이 강렬한 웃음의 이유를 알고 싶어서 독자는 기나긴 소설을 줄달음쳐 끝까지 읽어낸다. 줄거리를 알고 싶은 호기심과 기나긴 작품을 읽어내는 인내심을 자극하기에는 단 두 단어로 충분했다. 왜 그럴까?

남자가 웃었다.

하나의 명사와 하나의 동사로 이루어진 이 문장은 두 단어가 모두 기초적인 어휘인데다가 짧기 때문에 폭발력을 만든다. 제시된 문장을 이해하고 선명한 상상력을 촉발시키는 데 필요한 부담이 거의 없기 때문이다. 그러나 사람들은 그렇게 쉽고 짧은 문장을 쓰면 마음이 켕긴다. 실력이 모자란다는 소리를 들을까봐 불안해지기 때문이다. 그래서 설명을 한마디 덧붙인다.

젊은 남자가 웃었다.

그러면 '젊은'이라는 단어와 연결된 남자의 모습을 상상하느라고 집중력이 조금쯤은 소모되고, 그래서 웃음소리가 작아진다. '웃었다'라는 동사까지 이동하여 시선이 미치는 데 시간이 그만큼 더 걸리기 때문이다. 이렇듯 거느려야 하는 어휘 수가 늘어나고 기교와 순발력이 능해지면 문장에서는 힘이 빠진다. 그것이 장식적인 글쓰기의 약점이다.

중요하지 않다고 여겨지는 단어들은 아예 치워버리거나, 짧고 쉬워서 부담없이 지나가도록 하거나, 눈에 안 띄게 감추면 된다. 사족이 많으면 뱀이 그리마나 노래기처럼 보이고, 사람들은 왜 저렇게 다리가 많이 달렸을까 하는 호기심에 신경이 쏠려서 뱀의 표정이나 행동이 눈에 띄지 않게 된다. 노래기 문장으로 이어가며 많은 다리로 더듬기를 반복하다 보면, 다리가 많으면 많을수록 발을 맞추기가 힘들기 때문에 진행이 더디고, 글더듬기가 길어지면 문법까지도 틀려 난해함으로 독자를 괴롭히게 된다.

문장의 지나친 장식은 한때 우리나라 사람들이 자동차에 싣고 다니던 화장지 덮개나 전화 씌우개 그리고 텔레비전 장식장이나 마찬가지로 우스꽝스러워 보인다. 역시 지나침은 모자람만 못하기 때문이다.

26_ 글쓰기 기법 - 맥주 세병 만족 하나 ☺

# 정도는 악습이다

문예지 편집위원으로서 남이 쓴 글을 고치고 줄이고 하는 일을 오래 해왔다. 한국인들의 문장력은 국력에 비례하여 발전해왔다고 보여진다. 하지만 지식인층의 문장력은 정확성이나 품격에 있어선 못해지지 않았나 생각한다. 교정을 보다가 보면 한국인의 문장습관 중 되풀이되는 악습이 많이 발견된다. 그 가운데 하나가 '-할 정도로 -하다'는 공식이다.

〈그는 새벽 5시에 일어날 정도로 건강하다〉
〈그는 출장을 도맡아 다닐 정도로 주인의 신임이 두터웠다〉
〈그는 청백리라고 불릴 정도로 깨끗한 사람이다〉
〈그는 한국의 100대 인물로 꼽힐 정도로 높은 평가를 받고 있다〉

이런 문장에서는 '했다'로 잘라버려야 한다. 뒤의 '정도로 -하다'는 것은 중복이거나 쓸데없는 부연설명이다. 이런 악습의 심리가 재미있다. '그는 매일 새벽 5시에 일어난다'라고 쓰면 되는데 여기에 의미부여를 하여 '새벽 5시에 일어날 정도로 건강하다'는 식으로 해석을 해야 안심이 되는 모양이다. 단편적 사례를 너무 확대해석하여 자신이 의도한 방향으로 몰아가려는 것이다.

　새벽 5시에 일어나는 이유는 건강해서가 아니라 걱정이 많아서일 가능성도 있다. 새벽 5시에 일어나는 일과 건강하다는 현상을 억지로 연결시키려는 방식이 '-할 정도로 하다'이다. 〈김정일은 상해 시찰을 하면서 '천지개벽'이란 말을 했을 정도로 북한 체제 개혁의 필요성을 절실히 느끼고 있다〉

　위의 예문은 김정일이 천지개벽이라고 한 말을 바로 그의 개혁의지로 연결시키는 전형적인 과장과 일반화의 논법이다. '천지개벽이란 말을 했다'고 전달만 하면 될 텐데 이 말을 해석하고 의미부여를 해야 자신이 쓰는 글이 돋보인다고 강박관념에 사로잡힌 기자들이 의외로 많다. 자신이 이미 설정해놓은 논리의 틀에 사례를 그냥 끼워 넣으려는 독재적 모습이기도 하다.

　위의 예문 필자는 김정일이 개혁 마인드가 강하다는 점을 미리 전제해두고 '천지개벽' 발언을 그 논리 구조 속에 끼워 넣고 있다. 김정일이 천지개벽이라고 말했다고만 전달하면 독자들은 자신의 사고 틀 속에서 나름대로 해석하고 판단한다. 그러지 않고 '-할 정도로 하다'라는 틀에 끼워 넣어버리면 독자들은 필자가 제시한 해석에 끌려가든지 거부할 수밖에 없다. '-할 정도로 -하다'는 문장이 많이 쓰이지 않을 때 한국 사회가 보다 객관적이고 합리적 사회로 성숙될 것이다.

## 27_ 글쓰기 기법 — 맥주 세병 안주 하나 ☺

# 절정이 끝낼 때다

 작품은 하나의 생명체다. 하나의 작품이 태어나는 과정 자체가 그 또한 나름대로 한 살이를 이룬다. 잉태한 줄거리 하나가 스스로 왕성하게 자라나고, 그리고는 완성이란 절정에서 창작 과정은 끝난다. 그야말로 절정에 올라 황홀하게 맞는 죽음이다.

 작품은 스스로 끝나야 한다. 지정된 매수로 끝내는 작품은 타살이다. 주어진 지면이 모자라는 경우만이 타살이 아니다. 마땅히 남아야 할 공간을 억지로 채워도 마찬가지다. 해야 할 얘기, 하고 싶은 얘기가 끝났는데도 억지로 지면을 채우기 위해 덧붙이는 글은 비만성 지방질이다. 그것은 잘 지어놓은 새 집의 마당 안쪽에 쌓아놓은 쓰레기 더미다. "하고 싶은 말을 다 했으면 끝내라." 이 원칙은 문장을 쓸 때도 마찬가지로 적용된다. 하나의 문장을 다 썼으면, 주저하지 말고 마침표를 찍어야 한다. 그것이 어디에서 끝내야 하는지를 아는 훌륭한 감각이다. 멋을 부리려고 쓸데없이 문장을 잡아늘이고 미사여구를 더덕더덕 붙이지 말라는 뜻이다.

 이 원칙은 하나의 단락을 구성할 때도 마찬가지로 적용된다. 기승전결을 갖춘 단락이 이루어지면, 주저하지 말고 줄을 바꿔야 한다. 이 원칙은 하나의 작품을 마무리할 때도 마찬가지로 적용된다. 쓰고 싶은 얘기를 다 썼으면 훌훌 털고 자리에서 일어나야 한다. 자꾸만 살을 붙이면 그 작품은 너덜너덜해진다.

28_ 글쓰기 기법 - 맥주 세병 안주 하나 ☺

# 상상도 논리니라

　상상력은 창조의 원동력이자 해석과 공감의 원천이다. 그만큼 모든 문학작품의 창조와 향수 과정에서 상상력이 차지하는 바는 절대적이다. 따라서 상상력과 미의식의 관계 연구는 수필을 예술적 차원으로 끌어 올리는 데 필수적이라 할 수 있다. 따라서 수필가는 바슐라르가 제시하고 있는 상상력이 문학적으로 변용되는 과정을 수필 창작 이전에 인식해야 한다. 본고는 물질적 상상력에서, 역동적 상상력으로, 역동적 상상력에서 원형적 상상력 순서로 촉발되는 상상력의 위계 속에서 미의식이 싹튼다는 보여준다.
　이 같은 심상의 제시는 인상적이며 참신하고 정서 환기의 효과를 갖게 된다. 수필이 진정한 예술로서 문학이 되기 위해서는 이런 시도가 필요할 것이다. 사랑이라는 이 단순한 정서 속에 문학이 존재한다는 사실은 누구나 경험해 본 일이다. 그래서 사랑을 분석하면 그 속에 문학이 있다. 사랑하는 그 사람의 모습이 문학적 용어로는 '형상성'이다. 사랑에 빠져서 정신을 차릴 수 없는 시기에는 눈길 닿는 곳마다 그 사람의 모습이 있다. 내 의지와는 관계없이 그 사람의 모습이 도처에 나타난다. 그래서 눈을 감고 걷거나 눈을 뜨고 걸어도 보이는 건 그 한 사람뿐이다.

문학도 그렇다. 대상을 충만한 애정으로 바라보면, 그것이 또렷한 형상으로 다가선다. 그것을 어떻게 형상화하는가는 기교의 문제이나 대상에 대한 충만한 애정이, 그리고 그 애정이 성숙하여 열정의 단계에 이르는 그 상태에 바로 문학의 본질이 있다. 그래서 진정한 문학은 기교가 대상에 침잠된 상태에서 만들어지는 것이다. 작가란 바로 자연 현상 속에 매몰돼 있는 진리와 미, 힘을 새롭게 발견해 독자에게 전달하려고 노력하는 사람이다. 때문에 그 스스로 먼저 열정을 가져야 한다. 인간에 대해 열정을 가진 사람이야말로 작가 중의 작가이다.

윈체스터는 미적 정서를 문화의 요소 중에서 가장 기본적인 제1차적 요소로 봤다. 그리고 사상과 관념까지도 정서화시켜낼 수 있는 정서적 효과의 표준을 다섯 가지로 제시하고 있다. 정서의 순수성과 적절성$^{justice\ \&\ propriety}$, 정서의 발랄성과 힘$^{vividness\ \&\ power}$, 정서의 지속성과 안정성$^{continuity\ \&\ steadiness}$, 정서의 범위와 다양성$^{range\ \&\ variety}$, 정서의 격과 품위$^{rank\ \&\ quality}$ 등이다. 이 효과는 정서의 조직화며 형성화다. 정서의 구성화인 동시에 화신화의 과정이다. 상상이란 바로 정서의 이러한 과정을 말한다.

상상력은 문학적 글쓰기의 샘이다. 창작이라 함은 자유분방한 상상력이 뒷받침하는 창조적인 글쓰기이다. 그러니까 창조는 상상력을 구체화하고 가시적으로 실천하는 것이다. 그렇다면 창조적인 글쓰기에서는 무한의 과장법도 상상력의 작업이라고 용납해야 하는가? 그렇지 않다. 환상에도 논리적인 한계가 존재하고, 나름대로의 타당한 인과법칙이 적용되어야 한다고 믿기 때문이다. 과학의 발전은 끊없는 호기심과 그것을 충족시키려는 상상력의 노력에 힘입어 이루어졌다. 그리고 과학공상물은 과학적 상상력이 문학의 상상력을 만나서 태어난 차세대 환상이다.

환상의 사전적 의미는 "현실적 기초도 가능성도 없는 헛된 생각이나 공상"이라고 했지만, 아무리 환상소설이나 환상영화라고 해도 터무니없는 거짓의 진부함이 지나치면 독자나 관객이 코웃음을 치며 외면하게 마련이고, 그래서 환상적 거짓까지도 현실에 어느 정도는 바탕을 둬야 한다. 사실을 바탕으로 하는 수필에서야 말해서 무엇하랴.

29_ 글쓰기 기법 - 맥주 세병 안주 하나 ☺

## 비통에 유의하라

중국의 시법에 따르면, '자속 불청'이란 말이 있다. 글자가 속되면 의미가 밝지 않다는 뜻이다. 비속어·통속어를 쓰지 말라. 수필문에는 당연히 교양 있는 언어, 품위 있는 어휘를 사용해야 한다. 그러나 간혹 수필문에서 비속한 어휘, 통속적인 어휘가 발견된다. 비속어나 통속어를 쓰게 되면, 읽는 이가 글쓴이의 교양을 의심하게 된다. 그러면 어떤 어휘가 비속하고, 통속적인 어휘일까? 수필에 쓰지 말아야 할 비속어와 통속어를 구체적인 실례를 들어가며 알아보기로 하자.
　(1) 사진 속의 그 소녀는 지금은 아줌마가 되었다고 한다. '아줌마'는 '아주머니'를 줄여서 부르는 말로 낮춤말인데, 요즘에는 엄마, 아빠 등과 같이 아기말로 많이 쓰인다. '아줌마'든 '아주머니'든 수필문에는 썩 어울리지 않는 말이다. '중년 여성' 따위의 일반화된 말로 써야 한다. (2) 영화 사전 심의제를 실시하면 아무래도 저질 영화를 덜 찍게 될 것이다. 따라서 포르노물이 감소한다. 사전 심의를 거치는 동안 포르노물은 많이 짤려서 나오게 될 것이다. 통속적인 단어가 많이 쓰인 예문이다. 흔히 '영화를 찍다'라는 말이 일상 어법에서 통용되기는 한다. 그러나 '영화를 만들다' 또는 '영화를 제작하다'처럼 정확하게 표현해야 한다. '사진 찍는 일'이 영화 제작의 전부는 아니기

때문이다. 또한 '짤리다'라는 말은 된소리로 발음하기 좋아하는 사람들이 자주 쓰는 말이긴 하지만 사전에도 없는 말이므로 '잘리다'라고 써야 맞다. '포르노물'이라는 말도 수필어로 적합하지 않다. '외설 영화' 등으로 쓰는 것이 좋다. 통속적이고 거친 어휘를 수필문에 마구 쓰면 격이 떨어진다는 사실을 명심하자.

(3) 과학 기술의 문제점을 몇 가지 말해 보면 인간 소외 현상, 환경 오염 등을 들 수 있다. 예문의 '말해 보면'이라는 표현은 통속어나 비속어는 아니지만 구어체 어휘로, 문장에는 잘 쓰지 않는 표현이다. '예를 들면' 따위로 고쳐 쓰거나, 굳이 '말하다'의 의미를 쓰고 싶다면 '말하자면' 따위로 쓰는 것이 자연스럽다.

이밖에도 '캡이다', '되게 많다', '썰렁하다', '재수없다', '황이다', '대빵', '킹카' 등의 비속어가 요즘 청소년들은 물론이고 스포츠 신문 같은 활자 매체, 심지어는 방송에도 자주 등장한다. 신문이나 방송에 자주 등장하는 말일지라도 수필문의 진술에 함부로 써서는 안 된다.

고운 말을 쓰는 것이 작가에게는 필수적이다. 글쓰기에 있어 가장 기초적인 자기 욕망이나 감수성에서부터 독서하는 방법이나 습관, 언어의식이나 문장력 같은 데 이르기까지 하나하나 다시금 고민해야 한다. 수필의 기본은 고운 말을 골라 쓰는 것이다. 고운 수필이란 수필에 향기가 나는 것을 의미한다. 수필은 언어예술이다. 느낌도 생각도 메시지도 언어로 전달한다. 글에서는 글자 하나하나가 생명이기 때문에 용어 하나하나에 유의해야 한다.

30_ 글쓰기 기법 – 맥주 세병 앞주 하나 :)

# 체험을 묘사하라

초고를 완성한 다음 다시 처음으로 돌아가 다듬기와 고쳐 쓰기를 할 때까지는 흔히 몇 달의 기간이 소요되고, 이런 시간적인 간격은 자신이 쓴 글을 어느 정도 거리를 두고 다시 보는 객관적인 눈을 작가에게 마련해준다. 그러면 작가는 그가 사용한 낱단어들과 표현들이 독자의 상상력을 자극하여 '눈'에 잘 보이는지 어떤지를 판단하기가 그만큼 쉬워진다.

이 나라의 문장력을 높일 수 있다면, 얼마나 좋을까. 헤밍웨이의 표현 3원칙, '들리듯$^{audible}$', '보이듯이$^{visible}$', '만져지듯$^{tangible}$'을 생각한다. 수필을 잘 쓰려면 이런 문장론에 밝아야 하지만, 수필의 수필틀을 함께 잘 이해해야 한다. 사람들은 흔히 수필을 잘 할 수 있는 조건으로 상상력, 연상력, 직감력, 분석력, 추리력, 창조력, 유머감각 등을 말하는데 이 일곱 가지 조건은 수필을 잘 쓸 수 있는 '필요 조건'이지 수필을 정말로 잘 쓸 수 있는 '충분 조건'은 아니다.

수필을 정말로 잘 쓸 수 있는 충분 조건은 수필틀이 무엇인가를 알아야 하는 것이고 수필틀이 무엇인가를 알고 나서는 수필을 수필틀대로 수필을 쓸 수 있는 것이 수필을 잘 쓰는 것인데, 수필틀은 모범수필문에 숨어 있기에 수필틀이 무엇인가를 알려면 세 개의 모범수필을 자주 읽고 틀을 잘 응용하면 된다. 세 개의 모범수필을 읽어서 배운 틀을 응용해도 수필이 잘 되지 않는 사람이 있다면 이 사람은 '문장론'을 잘 활용하지 못하기 때문이다. 좋은 문장은 문장론 최후의 과녁이다. 문장론이란 생각이나 느낌을 문장으로 나타내는 것인데 문장론에는 '설명적 문장'과 '묘사적 문장'이 있다.
아래의 네 문장을 읽어보자.

1. 단풍이 온산에 붉게 타오르고 있기에 발이 절로 멈춰졌다.
2. 요란한 뻐꾸기 소리가 창가에까지 들려왔다.
3. 붉게 타오르는 단풍이 발을 붙들고 놔주질 않았다.
4. 요란한 뻐꾸기 소리가 창을 흔들고 있었다.

위에서 1.과 2.와 같은 문장은 정적 이미지를 주는 설명적 문장이고 3.과 4.과 같은 문장은 동적 이미지를 주는 묘사적 문장이다. 1.과 2.와 같은 문장짓기는 글을 잘 쓰는 사람이나 글 못 쓰는 사람이나 누구나 할 수 있다고 본다. 왜냐하면 설명적 문장은 대체로 머리 속에서 떠오르는 생각과 감정을 다듬는 과정이 없이 그대로 문장으로 옮기는 것이기 때문이다. 하지만 3.과 4.와 같은 묘사적 문장은 대체로 글을 잘 쓰는 사람만이 할 수 있고 글을 잘 쓰는 사람도 묘사적 문장은 쉽게 해내지 못한다고 본다. 왜냐하면 묘사적 문장은 대체로 머리 속에서 떠오르는 생각과 감정을 나름대로 다듬는 과정을 거친 다음에 문장으로 옮겨야 하기 때문이다.
필자가 수필을 많이 써보고 남의 수필을 살펴본 바로는 수필을 잘 쓰려면 3.과 4.와 같은 묘사적 문장을 숙달된 조교처럼 잘 쓸 수 있어야 한다. 정말 3.과 4.는 운치로운 문장이다. 번득이는 비유들이 눈길을 모은다. 문학을 변형과 보수라고 하는 이유도 바로 문장론에 있다. 문장술에는 천부설과 노력설이 있다. 천부설에는 플라톤이 그 대표고, 노력설에는 아리스토텔레스가 그 대표다. 그러나 절충설이 없는 바 아니다. 키케로는 문장술은 어느 정도 천부의 면이 있지만 선

부른 사람이라도 연습만 하면 능숙해진다고 했다.

　작가가 스스로 판단하기에 보여주기가 미흡한 글은 독자의 눈에는 더 안 보인다. 그럴 때는 항상 보다 잘 보이는 단어와 표현을 찾아내어 바꿔 넣어야 한다. 가시화를 도모하기 위해서는 눈에 보이고, 손으로 만져지고, 냄새가 나고, 소리가 들리고, 촉감이 느껴지는 어휘를 찾아 써야 한다. 관념적이고 추상적인 단어는 독자의 감각을 자극하지 못한다. 그렇기 때문에 한자 표현이나 '문자'쓰기, 그리고 관용적이며 낡은 표현은 눈에 스치기만 하고, 마음이나 머리까지 '느낌'이 전달되지 않는다. 사물을 묘사할 때는 인간의 개인적인 감정을 덧입히면 무생물까지도 생명을 얻는다. '슬픈 오솔길'이나 '게으른 태양' 따위의 표현도 쓰기를 두려워하면 안 된다. 그런 표현은 오히려 창조적인 개성을 드러낸다.

　글은 구체적이고 개별적이어야 한다. "나는 그곳에 자주 간다."보다 "나는 한 달에 여섯 번씩 그곳에 간다."가 훨씬 설득력이 강하다. 「우산」이라는 동요에 가만히 귀를 기울여 보라. 파란 우산, 깜장 우산, 찢어진 우산이 이슬비 내리는 이른 아침에 학교 앞 골목길을 따라 나란히 걸어간다. 노래가 끝날 때까지 단 한마디도 사람에 대한 언급이 없지만, 우리 눈에는 초등학교 아이들 셋이 보인다. 우리들은 그들이 셋 다 계집아이라는 상상도 쉽게 한다. 사내아이들은 비가 내릴 때 '나란히' 가는 적이 별로 없기 때문이다. 재잘재잘 떠드는 그들의 목소리도 들린다.

　우리는 이 노래를 들으면 비록 그런 설명을 누가 구태여 하지 않더라도, 학교에서 '왕따'가 없던 시절이 머리에 떠오른다. 예쁘고 파란 우산이라면 틀림없이 부잣집 아이이겠고, 깜장 우산은 중간층 집안이며, 찢어진 우산은 가난한 아이일텐데, 그들은 평화롭고 민주적으로 다정하게 나란히 골목길을 간다. 이 노랫말을 지은 윤석중은 틀림없이 언젠가 그런 풍경을 실제로 어디선가 보았으리라는 짐작도 가능하다. 작위적인 상상만으로는 이렇게 생생한 장면이 만들어지지 않는다. 그래서 체험이 중요하다. 체험은 상상보다 생생하다. 혼자 사는 독신 여성은 전구가 끊어졌을 때 슬프다. 한밤중에 전파사 사람을 불러올 수도 없고, 스스로 전구를 갈아 끼울 수도 없는 자그마한 좌절감 때문에 혼자 사는 여성은 잠깐 슬퍼진다. 이런 슬픔은 직접 경험하지 않은 사람이라면 상상해내기 쉽지 않다.

## 31_ 글쓰기 기법 - 맥주 세병 안주 하나 ☺

# 문체는 종합이다

어떤 작가는 줄거리와 구성이 글쓰기에서 가장 중요하다고 믿는다. 어떤 비평가는 인물의 구성이 훨씬 더 중요하다고 생각한다. 어떤 문장이론가들은 문체가 가장 중요하다고 주장한다. 어떤 사람들은 서술의 관점이나, 주제나, 작품 자체의 품격을 강조한다. 나는 글쓰기에서 모든 요소가 똑같이 다 중요하다고 믿는다.

문체는 언어의 갖가지 요소, 어휘와 구문과 구두법 따위를 중심으로 삼아서, 단순한 일반적 기교에서부터 작가의 개별적이고 독창적인 어법까지를 모두 포괄하며, 주제는 물론이요 '목소리'와 '시각'을 표현하는 기법까지를 통틀어 의미한다. 문체에서 어휘의 용법이 첫 번째 고려 대상이다. 길고, 어렵고, 전문적이고, 우아한 단어와 용어를 주로 사용하느냐, 아니면 짧고, 평범한 구어체를 자유분방하게 쓰느냐에 다라서 문체가 가장 크게 달라진다. 수필체와 소설체와 논문체도 마찬가지로 사용된 어휘의 유형에 따라서 달라진다.

어휘 구사에서는 단어의 음악성도 고려해야 한다. 적절히 배열된 단어군을 읽으면 소리가 장단을 만들어 나름대로의 개성을 드러내고, 그래서 단어의 율동이 문체를 만든다. 같은 맥락이겠지만, 문장의 길이와 구조도 문체를 결정짓는 중요한 요소여서, 길이 난삽하고 복잡한 문장과 짧고 간결한 문장은 서로 대도적인 문체를 만들어낸다.

그러나 어떤 길이의 단어와 문장으로 만든 문체가 좋은 글쓰기인가 하는 문제에서 공식을 찾으려고 할 필요는 없다. 문체를 결정하는 어떤 요소라고 해도 만인에게 이상적인 객관식 정답은 없다. 작가란 자신이 하고 싶은 얘기를 가장 효과적으로 표현하는 적절한 문체를 스스로 선택해야 하기 때문이다. 아무리 헤밍훼이의 간결한 문체나 윌리엄 포크너의 의식 흐름 기법이 유행한다고 해도, 라스꼴리니코프의 고뇌를 헤밍훼이식으로 표현한다면 우스깡스러운 희작이 되고 만다.

문장이나 단어의 길이뿐 아니라 문법적인 장치들도 문체를 결정짓는 요소로 작용하며, 예를 들어 구두법에서 쉼표가 박자를 맞추고 장단을 만들어 어떻게 시각적인 음악을 만들어내는지 알아야 한다. 동사의 시제까지도 문체를 결정하는 중요한 역할을 한다. 글쓰기에서 모든 요소가 다같이 중요하다고 자꾸 강조하는 까닭은 어떤 한 가지 요소만으로는 유기적이고 독특한 수필식 생명체가 태어나지 않아서이다. 문체도 독불장군이 아니기는 마찬가지다. 문체는 등장인물이나 사회적인 배경 따위의 다른 양상들과 작품 안에서 톱니바퀴처럼 완벽하게 서로 맞물려야 제대로 생동한다.

서술의 관점도 문체에 의해 결정되며, 반면에 관점이 문체를 결정짓기도 한다. 누가 화자로 나서느냐에 따라 화법이 달라지고, 화법은 인물 구성에 영향을 끼치며, 주인공이 어떤 유형의 인간이냐에 따라서 그에게 일어나는 상황과 사건도 결정된다. 대통령이 뒷골목에서 노상방뇨를 한다는 것은 상상하기 어렵다. 그렇다면 지리적 배경도 사건과 상황을 촉발하는 요인으로 작용하고, 사건의 성격은 인물의 성격을 규정하며, 인물의 개성은 결국 문체를 설정한다.

문장은 작가의 품격과 인생관을 대변하는 것이기 때문에 그 글 속에는 작가의 사상과 철학이 깃들어 있어야 한다. 인격화된 사고에 의한 달관과 통찰력이 풍겨나와야 한다. 천박하거나 경망스럽지 않아야 한다. 도한 수필은 작가 자신의 고백적인 글이기 때문에 인생의 풍류와 낭만이 풍기는 여유 있는 문장이 되어야 한다. 그리고 민감한 감각력을 느낄 수 있어야 한다. 문체야말로 각인각색의 개성을 표출하기 때문에 자기의 독특한 이미지를 나타낼 수 있는 스타일을 구축해야 한다. 현대의 수필에서는 간결한 문체, 부드럽고 온화한 내용과 정서의 표출에 적합한 우유체, 화려체가 주로 많이 쓰인다.

수필은 형식에 제약을 받지 않고 작가의 속마음을 적나라하게 드러내는 글이기 때문에 뚜렷한 개성에 바탕한 자기를 고백하도록 해야 한다. 일찍이 김진섭은 "수필만큼 단적으로 쓴 사람 자신을 표현하는 문장은 없을 것이다."라고 하여 한 작가의 투철한 사상과 인생관의 투영을 강조한 바 있다. 고백의 정신의 자조의 뜻을 내포하고 있다. 김광섭은 "수필은 진실한 태도에서 인생을 관조하는 격"이라고 했다. 수필이 엄정하게 객관적인 문제를 다룬다 하더라도 그 수필가의 가슴에는 어딘가 한 가닥 토로하지 않고는 못 견딜 고백적 정서를 가지고 글을 쓰게 된다. 그 고백 속에는 인생의 진실과 미적 정서가 내재되어 있기 때문이다.

이는 표현상의 기술과 문장 꾸밈의 수사와도 관계가 된다. 향기가 있고, 산뜻한 문장으로 여운이 있는 청아한 내용과 느낌이 있어야 한다. 왜냐하면 수필은 소설처럼 서사적인 사건 내용을 전개해 내는 것이 아니며, 시처럼 압축적인 정서를 표출하는 것도 아니다. 그저 표현하고자 하는 정서를 감성의 미학으로 형상화하는 것이다. 수필에서의 함축성과 오묘한 여운은 소설에서의 사건이나 내용 미해결의 앤딩 처리도 아니요, 시에서의 감정 노출 직전이나 어떤 내용이나 사상을 상징하거나 암시하는 그런 의도적 표현수법으로 끝나는 것이 아니라 작가 자신의 사상과 영혼의 조용한 독백으로 끝을 맺을 때 탄생된다.

유머는 문학에서 약방의 감초 같은 역할을 한다. 수필이 비록 짧은 문장이나 유머가 절실히 요구된다. 현대인처럼 심각한 사색이나 고뇌를 싫어하고 심오한 인생관이나 철학을 부담스럽게 생각하는 현실에서는 더욱 그렇다. 문학에서의 유머는 글의 내용에 있어서 빠르고 명확한 판단력을 제공해 주며, 명석한 해석을 내리게 한다. 또한 유머는 지루함을 없애주고 분위기 전환이나 신선한 감각을 주기도 한다.

그러나 작품에서 만인이 즐거워 할 유머는 예술의 세계에서 공통적으로 제공하는 쾌락의 미를 제고하는 데 결정적인 역할을 한다.

32_ 글쓰기 기법 - 맥주 세병 안주 하나 :)

# 수필은 사기로다

    글을 쓴다는 것에는 의미를 재구성한다는 전제가 깔려 있다. 예술성이란 의미의 각색이다. 작가의 인식이 녹아 있는 메시지의 미적 조형성이 결국 본격수필의 격을 결정짓는 축이다. 이것은 단순한 직관이나 관찰로는 수필이 일상성을 못 벗어난다는 의미다. 문학성은 제재에 어떤 의미를 부여하는 데 있어서 작가가 얼마나 개성을 참신하게 탄력적으로 발휘하는가에 달려 있다. 여기에는 작가의 지적 치열성도 요구된다. 의미를 논리적으로 정돈하고 발전시키는 데 있어서 객관적 지식이 배제된 감성이 주된 역할을 해야 마땅할 것이다.
    대체적으로 보면 좋은 수필을 쓰는 사람은 거의 계속 좋은 수필을 쓴다. 왜 그럴까? 이들은 적어도 수필의 본질적 요건을 안다. 이들은 본질이 아닌 것을 잘 피한다. 폭풍이 불면 고개를 숙이라는 말이 있듯이 우리는 재앙을 잘 피해 나가야 오래 살 수 있는 것이다. 본격수필 쓰기도 마찬가지라 본다. 무엇보다도 좋은 수필을 쓰기 위해서는 해야 될 일과 하지 말아야 될 일을 구분하는 기본적인 인식 활동이 수필가에게 필요하다고 하겠다. 본고는 '본격수필유사기本格隨筆有四忌', 즉 본격수필은 네 가지를 기피한다는 관점에서 집필하는 것을 목적으로 한다.

백남준이 "예술은 사기詐欺다"라고 했다. 그러나 여기에서 '사기'란 남보다 먼저 보고, 남보다 깊이 보고, 남이 드러내지 못하는 방식으로 표현한다는 점을 드라마틱하게 묘사한 것이다. 그것은 인간과 삶, 그리고 본질에 대한 깊은 사유를 바탕으로 하여 빚어지는 '사기'다. 자의적인 뜻의 속임수가 아니라 예술의 창의적 속성을 강조한 말이라 하겠다. 필자는 감히 "수필도 사기四忌다"라고 말하고 싶다. 수필은 본질적 속성상 네 가지를 기피한다는 점에서 분명 사기四忌로 압축된다. 그 첫째가 '격악格弱'이고, 둘째가 '이단理短'이며, 셋째가 '재부才浮'이고, 넷째가 '의잡意雜'이다. 이름하여 '본격수필유사기론本格隨筆有四忌論'이다.

첫 번째로 피해야 할 '격악格弱'이란 수필은 품위를 매우 중요시한다는 의미다. 수필에 있어서 품위는 작가의 인격에 직결되기 때문이다. 김광섭은 『수필문학소고』에서 "수필은 진실한 태도에서 인생을 관조하는 격이라고 비유할 수 있을 것"이라고 했다. 여기에서 '격'은 품격을 말한다. 수필은 작가의 모든 것이 적나라하게 드러나기 때문에 품위를 잃으면 결정적인 타격이 된다. 따라서 수필은 작가의 자질이 중요시된다는 점을 잊어서는 안 될 것이다. 시나 소설의 경우에는 생산적 상상을 통하여 허구적 언어로써 집을 짓기 때문에 작가의 인격적인 문제와 직접적인 상관성이 확연히 드러나지 않지만, 수필의 경우는 생산적 상상으로 허구적 언어의 집을 짓는 게 아니라 심적 나상, 즉 마음의 옷을 벗는 것처럼 작가 자신의 신변잡사라든지 미묘한 심리 세계까지 적나라하게 드러내기 때문에 수필의 소재나 제재 등의 취사 선택에 따라서 작자에게는 치명적인 내용이 될 수도 있다.

비구니가 사는 절에 반바지를 입고 경내를 거닐다 연세 지긋한 여승으로부터 혼이 난 적이 있다. 품위를 지키지 못한 탓이다. 욕망을 경계해야 하는 사람들이 수도하는 곳을 허연 살을 드러낸 채 어슬렁거렸으니, 욕을 들어먹을 만 하다. 만약 아름다운 고궁 거닐기 위해서는 우선 옷부터가 우아해야 하고, 걸음걸이는 뛰어나 촐랑됨이 없이 여유 있고 점잖게 걸어서 품위를 잃지 않도록 해야 할 것이다. 요즘의 버릇없는 젊은이들처럼 배꼽이 환히 드러나 보이는 배꼽티를 입고 연인의 손을 흔들며 소리를 지르거나, 아이스크림을 먹으면서 건들거리면서, 또는 껌을 씹기도 하고 뱉아 가면서, 그렇게 쑥덕거리면서 고궁 뜰을 내달리는 식으로 수필을 쓴다면, 우선 품위를 잃기 때문에 독자로부터 외면당할 뿐 아니라 그 천박스러움이 작가의 인격에 치명적인 상처를 남기게 된다. 미인도 상처가 나면, 아름다워 보이지 않는 법이다. 그러므로 품위를 잃지 않기 위해서, 즉 수필의 품질을 높이기 위해서는 품위 있는 명작을 많이 읽어서 수양된 마음으로 품위 있는 인품을 길러가면서 품위를 잃지 않는 글을 쓰고자 노력해야 할 것이다.

중국의 시법에 '격약불로格弱不老'란 말이 있다. 수필은 품격이 약해서는 안 된다는 뜻이다. 윤오영은 내용이 저속한 글을 속문이라 하고, 문장이 좋지 않아 표현이 졸렬한 글을 악문이라 했다. 속문과 악문이 결합된 수필을 맹수필이라 부르면 어떨까? 수필의 시대에 수필로서의 격을 갖추지 않은 맹수필류의 글이 넘치는 것은 아마도 수필에 대한 인식 부족 때문인 듯싶다. 수필이 대중화되는 추세에 따라 수필의 영역이 확장되는 것은 좋으나 격이 낮아지는 것은 바람직한 현상이 아니다. 수필가도 예전에 비해 훨씬 많아지고 발표되는 작품도 많아지는 요즘에는 수필 외연의 확대보다는 수필의 본질을 추구하는 방향으로 나아가야 할 것이다. 수필의 격이 낮아지는 요인은 수필가에게만 있다고 보지 않는다. 오히려 쓰는 사람보다 편집자, 독자, 비평가에게 더 책임이 크지 않을까. 특히 비평가의 책임이 막중하다 할 것이다. 수필의 격을 냉정하게 재단해서 말할 수 있는 용기를 가져야 하리라 본다. 주례사 비평을 넘어서 작품을 엄정하게 평가해서, 어줍잖은 작품을 써놓고 우쭐대지 않도록 비평가로서의 사명을 다해야 할 것이다.

두 번째로 피해야 할, '이단理短'이란 이치가 짧은 걸 수필은 기피한다는 의미다. 이는 수필가에게는 지성이 요구된다는 말과 상통하는 것이다. 이런 점에서 보더라도 수필은 일단 교양인의 글이요, 지성인의 글이라 할 수 있다. 프랑스의 비평가인 알베레스는 수필을 가르켜

"지성을 바탕에 깐 정서적 신비적 이미지의 문학"이라고 했다. 이 말은 백번 타당한 말이다. 짤막한 이 말에 수필의 본질적 요소인 '지성'과 '정서'가 내포되어 있기 때문이다. 인간에게는 무엇인가를 알고자 하는 지적 욕망이 누구에게나 있다. 수필이란 마음의 자연스러운 표현이기 때문에 내적인 지, 정, 의가 외적인 진, 미, 선 또는 의, 인으로 나타나지 않을 수 없기 때문에 인생을 통찰하고 달관하는 경지나 여과되거나 발효된 정서로서 얻어지는 손맛이나 에리한 비판정신이 빛나는 눈맛, 그리고 유머와 위트, 날카롭게 찌르는 풍자 등 지성이 세련되게 번득여야 한다. 짧은 산문 속에서 독자들이 인생에 대한 깊은 성찰이라든지 그 무슨 느낌을 받도록 해야 하는데, 이를 위해서는 흐뭇한 유머나 위트, 날카로운 지성적 통찰력과 찌르는 듯한 풍자, 또는 아이러니와 패러독스, 페이소스 등이 요구된다고 하겠다. 비록 수필이 논리적인 논증 구조를 필요로 하는 성격의 글이 아니더라도 내용을 질서있게 배치해서 전체적으로 일관성을 유지하는 게 중요하다고 하겠다.

중국의 시법에 있는 '이단불심理短不深'이란 이치가 짧으면, 그 뜻이 깊지 못하니, 내용이 없는 부실한 글이 됨을 이르는 말이다. 사상과 철학 즉 정신적인 요소가 결여되면 결국 잡문으로 전락하고 마는 것이다. 수필은 신변을 수필적 소재로 하여 쓰되, 반드시 문학적 형상화를 이루어야 한다. 수필가의 개성적 시각이 없는 흔해빠진 일상사가 나열된 수필이 아직도 문학수필이란 이름으로 발표되고 있는 현실은 하루 빨리 시정되어야 마땅할 것이다. 중국의 시법에 나와 있는 두 가지 항목을 기준으로 볼 때, 수필은 지식의 나열이나 사상의 조술에 진의가 있는 것도 아니요, 글로 씌어진 지식의 축적은 더더군다나 아닌 것이다. 또한 단순한 생활의 기록이거나 신변의 잡사를 보고하는 것도 아니다. 좋은 수필은 존재 의미를 발견하는 데 그 목적이 있다.

세 번째로 피해야 할, '의잡意雜'은 집필 의도가 잡스러우면 안 된다는 뜻이다. 문학 장르는 모두 정서적인 감화를 목적으로 해서 쓰여지는 글이다. 수필은 자기의 박식을 선진하는 글도 아니요, 지나치게 아는 체 하면서 자기를 선전하는 데 목적을 두지 않는 글이다. 무엇보다도 정치적인 목적이나 상업적인 목적으로 수필을 써서는 안 되는 것이다. 깊은 우물에서 시원한 샘물이 길어 올리듯, 깊은 생각에서 수필다운 수필이 탄생된다. 생각이 깊지 못하고 천박하면 아무리 많은 글을 써낸다 하여도 질 좋은 비단 같은 언어가 짜여져 나올 리 만무하다. 마음 속 깊은 곳으로 깊이깊이 얘기하는 그 떨림과 울림을 수필에서 맛볼 수 있다면 이것은 하나의 축복이다. 이제는 연지 찍고 분 발랐다고 해서 무조건 미인이 아니듯이, 화려하게 치장을 했다고 해서 좋은 수필이라고 할 수 없다는 자각이 필요하다.

 우리 주변에는 인격적인 성숙이 덜 된 수필들이 횡행한다. 마치 수필을 자신의 자랑거리를 전시하는 양 생각하거나, 술판을 방불하듯 자기 독선의 사설을 늘어놓기도 하고, 음담패설과 남의 약점을 볼모로 난도질하는 사람도 있다. 자기 자식을 자랑하기 위해 수필을 이용하거나, 학식을 뽐내기 위해 수필의 주제와 별 상관없는 동서양 고전의 명언이나 명작의 명구를 인용하여 열거하거나 자선과 봉사 활동한 이야기를 도배하듯이 수필화하여 눈살을 찌푸리게 하는 사람도 있다. 해외 여행담을 문학적으로 갈무리하지 않고 일기처럼 시간 순서대로 적어서 버젓이 수필이라고 작품을 발표하는 사람도 많다. 이는 인격적으로 덜 성숙한 사람들의 배설 행위일 뿐이다. 물론 모두가 군자연해야 한다는 것은 아니다. 그러나 적어도 인격적 만남이 수필이라는 공원에서 조화를 이뤄야 하지 않겠는가. 수필이 그러하지 못할 때에 그 독자성을 찾을 수가 없을 것이며, 독자를 유인할 수도 없을 것이다.

 마지막으로 수필이 피해야 할 '재부才浮'란 재주를 부리지 말라는 뜻이다. 훌륭한 수필가는 글재주꾼을 말함이 아니다. 좋은 수필을 쓰려면 문과 지志를 겸비해야 한다. 문이 없는 지는 거칠고, 지가 없는 문은 황홀할 따름이다. 요즈음도 이상 야릇한 제재, 특이한 제재를 찾아 헤매며 고심하는 사람들을 보게 되는데, 이는 좋은 수필을 쓸 수 있게 하는 올바른 처방이 되지 못한다. 제재란 물론 주제에 기여하기 위해서 동원되는 것은 사실이지만, 주제가 빈약한 상태에서의 제재 편중주의는 재사의 문인, 장색적 수필가를 낳게 한다고 지적한 황송문의 지적은 일리가 있다고 하겠다. 알맹이 없는 상태에서 제재를 선택하여 기묘하게 다듬어 놓은 것은 글재주에 불과하기 때문이다.

재주를 부리면 안 된다는 말과 관련하여 수필 창작에서 생각해 볼 수 있는 것이 '허구'의 수용 문제다. 어떤 이는 수필에 허구가 절대로 끼어들어서는 안 된다고 주장한다. 만일 수필에 허구가 끼어들면 그건 소설이지 수필이 아니라고까지 한다. 얼핏 들으면 그럴듯하게 들리는 말이다. 그러나 다시 생각해 보면, 그 말이 지나친 억지라는 걸 알 수 있다. 수필가는 소설가가 즐겨 쓰는 그런 허구를 차용하지 않는다는 점을 놓쳐서는 안 된다. 수필을 쓰는 사람은 사실을 바탕으로 수필을 쓰기 마련이다. 그리고 처음부터 소설가처럼 그렇게 허구를 끌어들이지도 않는다. 수필에는 허구가 절대로 끼어들어서는 안 도니다고 주장하는 측에서는, 만일 수필에 허구가 끼어들면 그것은 거짓이지 진실이 아니라고 주장한다. 수필가가 거짓말을 쓸 수도 없고 또 써서도 안 된다는 것이다. 이 말도 얼핏 들으면 일리 있는 말로 들릴 수 있다. 그런데 허구는 거짓인가 하는 문제는 문제가 있는 것이다. 'fact'와 'reality'는 엄연히 그 성격이 다르다. 허구가 사실은 아니기는 해도 진실이 아니라고 하는 주장에는 문제가 있다.

수필이란 사실을 얘기하기 위해서 창작하는 것도 아니요 사실을 알기 위해서 읽는 것도 아니다. 수필이란 사실이건 허구이건 삶의 진실을 창작하거나 읽음으로써 누리게 되는 성질의 것이다. 그러므로 수필은 작가가 경험한 사실을 바탕으로 쓰되 그 사실 이상의 어떤 진실을 말하기 위해서 거짓이 아닌 허구적 방법을 차용할 수도 있다. 이것이 필자가 말하는 부분적 수용론이다. 이러한 경우, 분명히 허구가 제한적이라는 것이다. 여기에서의 허구는 소설가가 즐겨 다루는 그런 허구와는 전혀 다른 성질의 것이다. 처음부터 상상의 집을 지어나가지만, 수필가는 사실적인 이야기를 쓰되 질서화하는 과정에서 필요에 따라 차용하는 허구임으로 문학의 본질상 이 점은 어쩔 수 없는 숙명이다. 문학은 진실을 말하기 위해 사실에 근거하거나 허구를 차용할 수 있는데, 소설은 주로 허구를 차용하고 수필은 사실에 근거할 따름이다. 진실을 말하기 위해서 여러 요건이 요구되는데, 수필은 특히 사실을 근거로 진실을 추구하는 게 특징이라는 것이다.

독자들은 이 논고를 통하여 수필이란 붓 가는 대로 쓰는 글이라고 하지만 그렇게 단순하지 않다는 것을 알았을 것이다. 네 가지 조심해야 할 것이 있다는 것은 수필에도 나름의 작법이 있다는 말과도 통한다. 수필은 붓 가는 대로 쓰면서도 그 붓을 끌고 가는 주제의식, 즉 어떤 '보이지 않는 손'의 지시에 의해서 쓰여지게 된다는 것을 알았을 것이다. 수필을 가리켜 이야기에 앞선 사색이라고도 하고, 철학적 깊이에까지 이르는 관조의 문학이라고 하는 것은 '이치'가 짧아서는 안 된다는 말과 통한다. 그러면서도 문장도를 벗어나서는 안 된다. 이는 '의도'가 잡스러워서 안 된다는 것과 통한다. 수필이 문학의 장르인 이상 문학 일반론을 무시할 수 없다. 수필은 '재주'를 부려서 되는 글이 아니다.

아무튼 수필은 삶의 이삭줍기다. 한 알의 보리나 밀을 가지고 천하대소사나 우주의 진리를 얘기할 수 있는 수필은 우리들 인생의 길동무다. 그 길동무는 고아하고 담박하여 품위를 잃지 않는다. 이는 수필이 '품격'을 유지해야 된다는 의미다. 사소한 신변잡사 가운데 파생되는 기억의 부스러기 하나를 보면서 열 가지 백 가지, 우주 천주의 섭리를 말하기도 하는 그것은 완성을 지향하는 미완의 글이다. 잎새 하나의 흔들림을 보고도 자연의 이법을 볼 줄 아는 혜안이 필요하다. 그래서 우리는 우리 인생 길동무의 발걸음은 끝이 없다. 어쩌면 수필이라는 인생의 길동무는 성속을 자유롭게 넘나들며 살되 그물에 걸리지 않는 바람처럼 그렇게 삶의 질을 높여주며, 그렇게 높아진 삶을 우리들이 누릴 수 있도록 하기 위해 존재하는지도 모른다.

33_ 글쓰기 기법 - 맥주 세병 만족 하나 ☺

## 주제는 간접화로

　수필이 '잡문'으로 폄하되고 있는 근본적인 이유는 '수필은 이것이다'하는 수필문학 창작 이론이 없어서다. 문학에 있어서 '잡문성'이라는 게 수필 장르에만 국한될 문제가 아닌 것이다. 그런데도 불구하고 '잡문'하면 수필을 들먹이는 것은 이해할 수 없는 노릇이다. 이유야 여러 가지가 있겠지만 수필을 사랑하는 사람으로서 섭섭한 일이 아닐 수 없다. 필자가 본격수필문학 이론을 정립하는 근본적인 이유는 이런 수필을 잡문시하는 풍토를 개선하기 위해서다.
　이러한 수필이론 모형에 관한 연구는 오창익의 『수필문학의 이론과 실재』에서 시도된 바 있다. 그는 수필의 '잡문성'을 극복하기 위해 '제재의 동화 및 자기화', '주제의식의 구체화, 의미화, 상상화', '문장의 개성화', '구성의 다변화' 등의 기조로 하여 창작이론 형식 모형을 제시하였다. 그는 창작이론 모형을 구성적 요소와 기능적 요건을 나누어 전개하였는데, 전자에는 제재, 주제, 문장, 구성 네 가지를 들었고, 기능적 요건에는 '제재에의 동화', '주제의 의미화', '문장의 개성화', '구성의 다변화'를 들었다.
　이 이론모형 연구는 그가 결론에서 아쉬움을 토로했듯이 이론모형만 제시했지 형식 모형이 부족하고 예시, 예문이 부족했다. 특히 그는 수필의 구성요소를 4요소로 하고 있는데, 이를테면 수필 한 편이 완성되는 데는 '제재', '주제', '문장' '구성'이 핵심요소라 하는데, 앞으로 이 점은 좀 보완할 필요가 있다고 생각한다. 필자는 『현대수필창작론』에서 수필의 구성 요소를 오창익의 4요소에 '서두'와 '결미'를 추가하여 6요소라 정한 바가 있다. 조형성 측면에서 '서두'와 '결미'는 사실상 수필과 형식적으로 유사한 다른 산문 장르와 변별적 특성을 갖는 데 큰 역할을 하기 때문에 이 두 요소는 필수적이라 하겠다.

'붓 가는 대로 쓰는 글', '무형식의 글' 등의 수필 개념에 대한 오해로 말미암아 야기된 수필의 '잡문성'을 극복하기 위해 본고는 전통적 장르 구분으로 보면 '교술'에 속하는 수필을 수필의 본질적 특성에 대한 이해를 빠르게 하기 위해 '주제적 양식'이라 설정하고, 자아와 세계의 관계에서 수필이 갖는 양상, 다시 말해 '자아의 세계화'를 구체적으로 세분하여 '체험' '정서적 반응' '상상' '주제' 등을 기조로 하여 본격수필창작 이론 모형을 제시하고자 한다.

원체스터는 문학의 4대 요소로서 **정서, 상상, 사상**(내용) 그리고 **형식**을 들었다. 여기에서 정서와 상상은 문학의 독자성을 만들고, 사상은 문학의 위대성을 결정짓는 주된 요소다. 그리고 형식은 정서와 상상과 사상의 내용을 담는 틀로, 내용과 대조되는 개념으로, 목적이 아니요 수단이다. 수필은 '사실'이나 '진리'보다 '진실'을 본질로 하는 만큼 무엇보다도 장르의식의 구체화를 도모하는 작업이 급선무가 아닌가 여겨진다.

수필도 문학의 한 장르다. 당연히 문학성을 확보해야 한다. 수필에 있어서 문학성을 확보하는 데 있어서 가장 중요한 것이 사건이나 체험의 '구체성'과 주제의식의 '보편성'이다. 이런 두 요소를 만족시키기 위해서는 '현실적 체험'과 이에 대한 '정서적 반응' 그리고 '상상'의 결합이 공동 관심의 장, 즉 '주제'로 의미화되어야 한다. 이는 수필을 수필이게, 수필을 문학이게 하는 최소의 속성이자 운명이라 할 수 있다.

\* 본격수필의 창작이론 모형

(a) 현실적 체험 + (b) 정서적, 주관적 반응 + 상상 = 공동 관심의 장
   (사실, 사물)      (사상, 개성)      (진리에의 접근 보편적 지식)
   〈구체성의 확보〉             〈보편성의 확보〉

체험과 정신적 반응의 관계는 a 〈b 관계가 바람직하다. 즉 한 일이나 본 일이 생각하고 느끼고 하는 정신적인 반응이나 거의 같거나 더 많은 것이 더 좋은 수필임을 알아야 한다. 수필은 어떤 대상에서 감흥을 느꼈을 때, 이러한 시적인 느낌 속에 잠겨 있기만 하는 것이 아니라, 그 대상에서 무엇이 '진실'인가를 사색함으로써 비롯되는 것이다. 다시 말해, **그 대상에서 무엇이 진실인가를 묻는 데서 출발한다.** 이 의문이 자라서 미해결적인 것으로 남게 된다. 이 **의문에 대한 미해결성과 갈구가 형상화되는 과정에서 수필문학은 성립**한다. 수필가는 (a)부분에서 '구체성'을 확보해야 하고, (b)부분에서 '보편성'을 확보하는 것이 중요하다. 보편성의 확보는 '진리'를 구현하는 데 필수적임으로 (a) +(b)에서 부분적으로 소설의 허구가 아닌 상상적 허구성(수필의 허구)이 도입될 수도 있다.

그러면 **송명화**의 수필 「**떠나지 않는 목소리**」를 수필창작 이론모형으로 분석해 보자.

(1) 칼날의 싸늘한 광채에 오금이 묶여 한기가 든다. 일본의 낭인 후지카쓰는 이 칼날에 정신을 모으고 한 나라의 역사를 난자하였다. '단숨에 전광과 같이 늙은 여우를 찔렀다'고 새긴 칼집의 문구는 분명 그 처참한 범죄를 저지른 후에 새겼으리라. 그는 히로시마 지방법원의 민비 살해범 공판에서 증거불충분을 이유로 무죄판결을 받았다. 철면피한 정부로부터 잘 포장된 면죄부를 받았지만 그것만으로는 마음을 놓을 수 없었나보다. 세월이 흐른 뒤에 관음상을 기증하기도 했다는데 죽기 전에 숨겨진 죄에 대한 피해자 조선의 경미한 용서라도

기대했던 것일까.

(2) 명성황후 생가를 찾아온 길이다. 청마루의 넓적넓적한 나무판이 여유로웠다. 나지막한 뒷산의 솔솔한 오솔길을 산책하던 아기씨였을 적에 그녀는 무엇을 꿈꾸었을까. 부모님을 일찍 여의었지만 자신을 잘 가다듬어 왕비로 간택되었다. 그녀의 보랏빛 꿈속에 일본 낭인의 예리한 칼날은 분명 존재하지 않았을 터이지. 제작자가 한껏 태를 내려고 노력한 민자영을 표현한 인형이 아담하였다. 그 완성도에 상관없이 나는 눈썹과 눈 사이가 넓어서 국모의 높은 체모가 절로 우러나오는 그녀의 모습을 떠올리고 있었다.

(3)'시대적 상황에 이끌려 심약한 왕 대신 여왕으로 살다가 비극적인 죽음을 맞은 여인', 비극은 예감된 것이었는지도 모른다. 남자 못지않은 담대함을 지녔을 뿐만 아니라 국제적인 감각과 통찰력까지 갖추었다. 대원군이 기대했듯 어질고 후덕하기만 한 여인이었더라면 적들의 과녁이 되지는 않았을 것이다. 능란한 처세로 삼국간섭을 이끌어내어 일본의 거센 행보를 묶어놓고 말았으니 일본 제국주의자들의 눈에 어찌 무서운 존재로 비치지 않았으랴. 세상 사람들은 김옥균과 박영효, 홍영식, 서광범, 그리고 서재필, 이 다섯 사람의 기지와 계략을 모으면 못할 일이 없다고까지 단언했다고 한다. 그런데도 그들이 명성황후 앞에 나가면 으레 기선을 잡혀서 머리를 긁적이며 물러나오곤 했다고 하니 그녀의 지략과 재략을 짐작할 만하지 않은가.

(4) 남성 중심의 사회, 여성은 집안에 소속된 존재로서 역할만을 강요받던 사회, 그래서 똑똑한 여인네들을 암탉으로 비하하고 소외시키려는 사회에서 그녀는 분연히 역사 속으로 나섰다. 개화라는 일관된 뚜렷한 목소리를 가지고 갈 길 몰라 헤매는 조국의 미래를 가녀린 어깨로 떠받치려고 지아비와 함께 고민하였다. 똑똑한 여성이 자신의 자리를 제대로 차지한 것이 본인에게 엄청난 비극을 초래한 것은 얼마나 지독한 아이러니인가.

(5) 역전의 기미는 보이지 않는다. 역사의 수레바퀴는 돈다고 하지만 시대를 보는 내 눈의 범위가 좁아서일까. 아니면 우주 전체 또는

역사 전체를 느끼기에 우리들의 한 세대나 한 세기 또 그것의 열 배쯤 되는 시간은 한갓 찰나에 불과하기 때문일까. 다시 도는 역사의 바퀴를 보고 싶지만 굳건한 목소리를 내기에 우리의 힘은 미약하다. 전범의 입으로부터 '통석의 념' 정도의 말밖에 받아내지 못하고 있는 우리는 누구인가. 기회가 날 때마다 일본수상은 보란 듯이 전범들이 누운 신사를 참배하고 우익단체들은 독도를 자기네 땅이라고 우겨댄다. 아무리 명분이 뚜렷하다 하여도 힘으로 밀고 들어오는 무식한 야욕 앞에서 약한 자가 무릎을 꿇고 마는 것을 우리는 얼마나 많이 보았던가.

(6) 뮤지컬 '명성황후'를 본 적이 있다. 외국에서도 기립박수를 받았다는 에필로그는 가히 압권이어서 뇌리에 깊게 각인되었다. 비탄에 잠겨 있는 백성들 앞에 명성황후의 혼령이 나타나 모두 결연히 일어나서 힘난한 앞날에 맞서 줄 것을 당부하며 조선의 무궁을 기원하는 장면이 극적으로 연출되었다. 그녀는 흰옷을 떨쳐입고 두 팔을 번쩍 든 채 아리아 '백성이여 일어나라'를 불렀다. 굴건제복을 갖춘 백성들의 우렁찬 코러스가 관객들의 영혼에 깊은 울림을 만들었다. 살아있는 안개처럼 상서로운 기운이 무대에 가득 차서 극중인물들의 비탄과 열정을 고스란히 관객의 가슴에 실어놓았다. 핏줄을 훑어 내리는 듯한 그 강한 아픔은 무엇이었을까. 관객들 모두 이 어처구니없는 역사, 우리의 뼈아픈 역사를 가슴에 한 번 더 묻으며 숨을 모았다. 오래도록 그 울림에서 빠져 나오지 못하였다.

(7) 미우라를 앞세운 작전 '여우사냥'은 일본의 입장에서는 성공한 것이었다. 그들은 축배를 높이 들었다. 하지만 그것은 성공이 아니었다. 명성황후는 역사와 우리 민족의 가슴 속에서 영원히 살아남았다. 시대의 파고가 너무 높았기에 난파하긴 하였더라도 죽을 힘을 다해 살아낸 그 삶은 아름다웠다. 끝내 피를 뿌리긴 하였지만 사랑했던 백성들의 가슴에 소중한 불씨를 묻었다.

(8) 우리가 그 불씨를 끝까지 지킬 수 있을까. 열강의 여우사냥을 영원히 잠재울 수는 없을까. 산천 곳곳에 일본이 꽂았던 쇠침을 뽑아

내었다고 안심한다면 핏발 선 눈동자들이 또다시 우리의 창을 기웃거릴게 분명하다. 독도를 지키고 고구려 역사를 지키고 나아가 우리 자신의 목소리를 온전히 지킬 수 있을 때 옥호루로 내달리던 야만의 발걸음을 저지할 수 있으리라.

(9) 온 몸을 타내리는 한기를 떨쳐버린다. 쨍하고 흐르는 은빛 번득임은 낚시로 갓 잡은 갈치의 퍼득임을 닮았다. 저것이 왜 우리의 역사 속에 있을까. 한 발이나 되는 냉정한 칼날 위에 서릿발처럼 솟아오르는 분노를 뿌리고 돌아섰다.

(10) 바위에 부서지더라도 폭포는 떨어져야 하고
죽음이 기다려도 가야 할 길 있는 법.
이 나라 지킬 수 있다면 이 몸 재가 된들 어떠리.
백성들아, 일어나라. 일어나라.

(11) 그녀의 비장한 아리아는 영원히 떠나지 않는 목소리다.

**위 수필을 〈분석〉해 보면,**

(1)은 현실적 체험과 역사적 사실 및 주관적 반응(해설)이다.
(2)는 체험과 상상이다.
(3)은 주관적 반응이다.
(4)는 (3)을 발전시킨 주관적 반응이다.
(5)는 현실과 대비시킨 주관적 반응이다.
(6)은 체험이다.
(7)은 역사적 사실에 대한 주관적 해석이다.
(8)은 상상이다.
(9)는 체험이다.
(10), (11)은 보편적 지식이다.

위 수필의 구조를 〈분석〉해 보면,

1) 내면적 본질
   현실적 체험(사실) → 주관적 반응 → 상상 → 보편적 지식

2) 외면적 본질
   주제 : 〈여성으로서 일본의 만행에 맞서 호국의 중요성을 목숨으로 외친 명성황후의 뜻을 잊어서는 안 된다〉를 향하여 (1)-(11)은 결속되어 있다. 그러나
   - **고정된 형식이 아니다.**(무형식의 형식)
   - **주제가 있다.**(주제적 양식)
   - **언어의 특수한 사용**(문학적, 환기적 언어) :
     · 떠나지 않는 목소리 - 삶에 매몰된 우리가 잊고 있는 애국심을 지속적으로 일깨워주는 호국의 가르침
     · 단숨에 전광과 같이 늙은 여우를 찔렀다 - 일본정부가 명성황후를 시해했음을 암시
     · 작전명 여우사냥 - 일본의 입장에서 명성황후가 다루기 어려운 지략을 가진 인물이었음을 암시
     · 열강의 여우사냥 - 신자유주의와 세계화의 물결 속에 거대한 서양의 자본에 끌려가는 걱정스러운 우리의 현실에 대한 일반화
     · 아리아 - 무엇보다도 국가가 있어야 자신이 있다는 것을 명성황후의 목소리를 빌어 호소하는 주제의식이 구체화된 인용
     · 핏발 선 눈동자들이 또다시 우리의 창을 기웃거릴지도 모른다 - 일본의 침략 야욕에 대해 경계심을 늦추어서는 안 됨을 암시
     · 쨍하고 흐르는 은빛 번득임은 낚시로 갓 잡은 갈치의 퍼득임을 닮았다 - 아직도 일본인들의 야욕이 사라지지 않고 몸부림을 치는 듯 느껴지는 절박한 심사를 명성황후를 시해한 칼을 통해 나타냄

이 수필을 수필문학의 본질적 구조 요소를 중심으로 분석하면,

(1) 뮤지컬 명성황후를 보고 잊고 있었던 역사적 사실을 상기하며 호국에 대한 강력한 의지를 문학적으로 형상화하였다. - (시대성, 독자적 개성)

(2) **산문정신**으로 고정된 형식에 구애됨이 없이 자유정신에 의하여 명성황후와 관련된 역사적 사실과 개인적인 체험, 그에 따른 정서적 반응을 솔직하게 **묘사, 서술**하였다. 그리고 주체적 **비판정신**에 의하여 일본의 만행과 계속되는 침략야욕을 비판하고 안보 부재에 대해 주의를 환기시킨다. (산문정신, 비판성)

(3) 인용한 아리아의 뒷부분 ' 이 나라 지킬 수 있다면 이 몸 재가 된들 어떠리.
백성들아, 일어나라. 일어나라. '에는 주제가 암시되어 있으며 **현실적 체험**에 대한 **주관적인 반응**을 보이고 있다. (주제의식의 의미화)

(4) '떠나지 않는 목소리'라는 **제재를 제목**으로 했기 때문에 주제가 전면에 드러나지 않고 암시되어 나타나므로 주제의식이 문학적으로 함축되었다. (주제의식의 상상화)

본질적 구조 요소에서 가장 중요한 건 '주제의식'의 의미화를 위한 '보편성'의 확보다. 기본적으로 주제 결상의 단일성, 단락 전개 원리 중 '통일성' 그리고 논지의 '일관성'을 유지하는 것이 무엇보다도 중요하다고 하겠다. 수필이라고 쓴 글이 앞부분을 보면 이것이 주제 같고, 중간을 보면 저것이 주제 같고, 뒤를 보면 이것 같기도 저것 같기도 하는, 주제 파악이 애매모호한 글은 수필이라고 볼 수 없으며, 잡문이라고 해야 하기 때문이다.

지금까지 간략하게나마 수필 창작의 이론 모형과 그 실제를 '현실의 체험', '정서적 반응', '상상' 그리고 '주제 의미화'의 결합 측면에서 살펴보았다. 본고 역시 본격적으로 수필창작 이론 모형을 연구한 것이 아닌 관계로 이 모형이 수필의 '잡문성' 시비를 일거에 해소시

킬 수 있을 정도로 완벽한 이론은 아니라 본다. 앞으로 시간이 허락하면 수필을 구성하는 6개 요소별 유기적 결합 관계를 깊이 연구함으로써 형식 이론 모형의 구체화를 도모할 수 있을 것으로 본다. 차후 과제로 남겨두고자 한다.

본문에 인용된 송명화의 '떠나지 않는 목소리'는 **수필문학의 창작 이론 모형**으로 설명할 수 있는 작품으로서 본격수필의 틀을 갖추고 있는 글이라 할 수 있다. 수필이라고 쓴 글이 '본격수필'이 되려면 위의 인용작품과 같이 수필의 내면적, 외면적 요소를 충족시켜야만 한다. 특히 주제를 내면화(간접화) 시키는 것이 중요하다. 그렇지 못하고 주제가 외면화되면 이는 수필이 아니라 작문이나 칼럼, 논설문이나 설명문이 될 수 있음을 알아야 하겠다.

34_ 글쓰기 기법 - 맥주 세병 만족 하나 ☺

## 수미는 상관하다

　희랍신화에 나오는 뱀 우로보로스는 자기 꼬리를 물고 있다. 수미 조응의 안정감이다. 수필에서 서두와 결어는 항상 밀접한 관계를 맺는다. 경우에 따라서는 결어에서 서두를 반복하게 되는 경우도 없지 않다. 그것은 서두의 분위기를 다시 결어에서 반복함으로써 보다 강력한 관심을 집중시키기 위해서이다. 이 점을 감안할 때 수필에서의 결어는 작자의 사상이 집약적으로 결합, 제시된 부분이므로 수필 내용에서 서두와 더불어 매우 중요한 요소가 아닐 수 없다. 서두의 내용과 결미를 대응시키는 방법의 예를 들어 본다.

　우리는 이렇게 상반된 모습을 가지고 있다. 그래도 서로 이해하며, 의지하며, 믿는다. 우리는 우리의 만남이 우연이 아니라 필연임을 확인하며 산다. 내가 검은 색이라면 아내는 흰 색이다. 아내는 화선지고 나는 먹이다. 아내는 여백이고, 나는 선이다. 나는 구름이고, 아내는 하늘이다. 나는 비고, 아내는 땅이다. 오늘 나는 〈사랑은 흑과 백의 만남〉이라고 한 찰스 램의 말 속에서 한 폭의 한국화를 감상한다.

- 졸작 「원앙별곡」

맛있게 고구마를 먹고 있는 K 선생님을 보니, 문득 고향 생각이 난다. 아무런 수식 없이 정겹게 살아가는 고향 사람들의 인정어린 체취가 그 속에서 흠씬 묻어나는 듯하다. 고구마는 역사의 동반자다. 그것은 추억의 홍기적 요소가 아니라, 회한이 서린 애수의 소야곡이다. 고구마를 볼 때면, 귀소 본능과 모성적 그리움이 기지개를 펴며 일어선다. 고구마는 한 장뿐인 흑백 사진이며, 생각하는 로뎅이라고 그 격을 높이고 싶은 마음이 어찌 나 혼자만의 염이랴!

- 졸작 「눈물젖은 고구마」

서두는 글 전체를 염두에 두고 결미와 조응되게 써야 한다. 글의 분위기나 주제의 무게, 소재의 성격에 따라 자연스럽게 어울려야 한다. 그러므로 주제에 접근하는데 어떤 암시적 역할을 할 수 있으면 좋다. 결미와 자연스러운 조응은 주제가 강조되고 감흥을 더해 줄 것이므로 본문을 거쳐 결미에 닿는 흐름에서 동떨어지지 않는지를 살펴야 한다.

## 35_ 글쓰기 기법 - 맥주 세병 안주 하나 ☺

# 관념을 구체어로

 문장은 문학의 생명적 요소다. 이 말은 수필에 그대로 적용된다. 특히 수필은 문장이 그 문학성을 결정짓는다 해도 과언이 아니다. 수필의 문학성은 글의 아름다움에 있다. 글의 아름다움은 내용의 진실됨, 구성의 탄탄함, 표현의 참신함에서 나온다는 게 일반적인 정설이다. 수필의 문학성은 이 세 요소가 합해졌을 때 나오는 것이다. 어떤 옷이 작품의 수준에 이르기 위해서 좋은 디자인, 좋은 옷감은 기본이다. 문제는 그 옷의 색깔과 문양이다. 좋은 옷감으로 잘 디자인된 옷에 어떤 색깔의 문양을 샛길 것인가가 작품의 종합적인 품격을 결정하는 것이다.
 문예 창작에 있어서 아무리 해도 지나치지 않는 것이 있다면 그것은 문장의 연마일 것이다. 조금 심한 말일지는 모르지만 필자는 문장들을 음미하는 맛으로 수필을 읽는다. 언어를 사용하여 문장을 가장 멋지게 표현할 수 있는 장르가 있다면, 아마 수필일 것이다. 아무튼 수필은 문장이 요체가 된다.
 그러면 어떤 문장이 수필 문장으로 좋은 것인가? 그 물음은 대단히 쉽지만 파고 들어가면, 이 물음보다 더 어려운 것은 없다. 과연 어떻게 쓴 문장이 수필 문장으로 좋다고 평가할 것인가. 얼마나 난감하고 얼마나 막연한 질문인가를 우리는 느끼게 된다. 그러나 한 가지 분명한 것은 수필을 비롯해서 모든 문학 작품에 쓰이는 문학 문장은 일반 문장과는 달라야 한다는 점이다. 관조를 통해 걸러진 대상이나 체험은 예술적으로 형상화된 정서의 옷을 입어야 한다는 말이다. 정서를 물화하거나 감각화하면 문장은 더욱 맛날 것이다.

수필문장도 위의 대원칙에서 벗어나 존재할 수 없다. 문예 창작적으로 표현되어야 하는 것이다. 무엇보다도 수필 문장은 감동적인 문장으로 표현되어야 한다. 수필의 생명은 감동에 있다. 남에게 감동을 줄려면 먼저 작가 자신이 감동하고, 독자와의 공감대를 형성하기 위해 문장을 감동적으로 써야 한다. 감동은 설득으로부터 피어난다. 말한 마디가 천냥 빚을 갚는다고 했다는 속담은 수사법의 끗발을 여지없이 표현한 말이다. 그러면 어떻게 쓰는 글이 감동적인가? 진솔하고, 함축적이고, 암시적인 문장들은 문장의 향기를 느끼게 한다. 이것들이 비유를 만날 때면 문장의 맛을 내면서 더욱 진솔해지고, 참신성을 띠게 된다. 그렇다면 수필 문장의 본질은 명백해졌다. 수필어에는 다른 산문어와는 달리 본질적으로 함축성이 담겨야 하는 것이다. 수필어는 함축성을 생명으로 하여, 영상적 이미지를 독자에게 전달한다고 하겠다. 함축성을 구축하는 데 적합한 어휘를 수필어로 불러 봄이 어떨까.

(ㄱ) 역사란 인간이 인간을 학살해 온 기록이다.
(ㄴ) 흑산도, 숙명처럼 발목을 매어잡는 이름이었다.
(ㄷ) 눈이 개구리 뱃가죽 모양으로 부어 늘어졌다.
(ㄹ) 두고 온 행복 같은 군가를 가늘게 부르고 있었다.
(ㅁ) 까막 조개 등잔에서, 뱀 혀끝 같은 심지가 **빠지작빠지작** 타들어 갔다.
(ㅂ) 인간이라는 병균에 침범 당해, 그 피부가 느적느적 썩어 들어가는 지구덩어리
(ㅅ) 사과 한 알이 떨어졌다. 지구는 부서질 정도로 아팠다.

* 심상으로 사용되는 구체어가 수필어다. 비유를 하면 더욱 효과적이다.

1) **구체어**에 의한 표현은 감각적 경험을 상상케 하며, 현실 세계에서 대상들을 감각하는 것 같은 생동감을 준다. 그리하여 구체어로 자세히 묘사되는 것은 상상을 풍부하게 자극하고 생동감을 준다. 구체어를 비유적으로 쓰면 더욱 효과적이다. 감정이나 기분 같은 객관화되기 어려운 마음의 상태를 독자에게 눈에 보이듯이, 손에 잡힐 듯이 느끼게 하고 싶을 때, 비유라는 표현 기교를 쓸 수 있다.
첫째, 심상은 기억되거나 상상되는 감각을 뜻한다. "바위, 달, 절, 느티나무, 종달새, 여인"과 같은 말들은 그것들이 의미하는 시각을 떠오르게 한다. "졸졸, 철썩, 꽝,"과 같은 말들은 청각을 떠오르게 하고, "달다, 쓰다, 시다, 짜다"와 같은 말들은 미각을 떠오르게 한다.

a. 이지러진 초가의 지붕, 돌담과 깨진 비석, 미루나무가 선 냇가, 서낭당, 버려진 무덤들, 잔디, 아카시아, 말풀, 보리밭

a의 예문은 심상을 지닌 구체어들로 가득 차 있다. 이것은 빨리 지나가는 차창 밖으로 나타났다가 사라지는 1960년대 초기의 시골을 상상하게 하고, 마치 그런 광경을 직접 보는 것 같은 생동감을 준다.

b. 현대인들은 자기 행동은 없이 남의 흉내만을 내면서 살려는 데에 맹점이 있는 것이다. 사색이 따르지 않는 지식을, 행동이 없는 지식을 어디에 쓸 것인가.

b의 예문은 심상이 없는 추상어로 이루어져 있다. 이 글은 아무 것도 상상하게 하지 않는다.

둘째, 심상은 어떤 말이 본래의 의미를 가리키지 않고 다른 것을

의미하는 것을 뜻한다. 새벽이 "밤과 아침 사이의 시간"을 뜻하지 않고, "새로운 시대의 시작"을 뜻하고, '까치'가 새의 한 종류를 뜻하지 않고, "반가운 소식"을 뜻한다. 이 때 '새벽'이나 '까치'라는 말은 심상이다. 이 경우에 심상은 직유나 은유와 같은 비유로 사용된다.

"우리는 **인형**이나 끌려가는 **짐승**이 아니라, 신념을 가지고 살아야 할 인간이다." 위의 예문의 '인형'과 '짐승'은 본래의 의미를 가리키는 데 쓰이지 않고, 다른 것을 의미하는 데 사용된 말이라는 점에서 심상이다. 이 글에서는 '인형'과 '짐승'이 아는 것을 살리지 못하는 인간, 이웃과 기쁨과 아픔을 나누지 못하는 인간, 신념이 없는 인간, 스스로 판단하고 행동하지 못하는 인간, 남의 말과 행동을 모방하기만 하는 인간을 가리키는 데 사용된 비유로서 심상이다.

'외로움'이란 객관화되기 어려운 마음의 상태로서 이를 글로 표현할 때에는 이 말만 쓰면 그 뜻이 선명히 잡히지 않는다. 이 경우 '외로움은 석양을 등지고 서 있는 산마루의 전신주'와 같이 다른 구체적 정경을 끌어다가 이 말을 도와주면 우리는 '외로움'을 확실히 바라보거나 느낄 수 있다. 비유는 필자의 느낌이나 생각을 독자에게 더욱 정확하게, 참신하고 생동감 있게, 진실하게 전달하는 구실을 한다. 추상적이고 복잡한 사상을 표현할 때, 비유를 쓰면 구체적이고도 간결하게 나타낼 수 있다. 사람들은 구체적이고 단순화된 것을 더 잘 파악하고 더 오래 기억하는 법이다.

수필어는 잘 활용할 때, 효과를 거둘 수 있다. 수필어를 효과적으로 활용하려면, 어떤 내용을 그와 유사성이 있는 다른 사물에 비겨 보면 된다.

**더 분명하게,**　　(가) 구름에 달 가듯이 가는 나그네
**더 멋지게,**　　　(나) 세상은 온통 불바다, 거기에 데일세 라 몸을 움츠리고,
**더 감동적으로**　(다) 아, 그의 정열은 이글거리며 타오르는 불기둥

이었다.

\* **정적 이미지를 동적 이미지를 바꾸어 주는 것이 수필어다. 설명보다 묘사를 하면 더욱 효과적이다.**

2) **시각어**를 통해 문장을 감각적으로 **묘사하여** 회화화한다. 다시 말해 상투적이고 진부하고, 이미 눈과 귀에 익은 표현을 되도록 피하기 위해 설명적인 정적 서술어를 동적으로 영상화한다는 것이다. 글을 쓴다는 것은 언어들이 엮어내는 이미지를 새롭게 창출하는 작업이다. 따라서 서술어에 힘을 실어주면 언어는 활기를 띠게 된다. 이런 표현은 모두 선명하고 아주 재미있는 특질이 있어 산 언어를 접한 듯한 느낌을 준다.

 a. 단풍이 온 산에 붉게 타오르고 있기에 발이 절로 멈춰졌다. 〈설명적〉
 b. 붉게 타오르는 단풍이 발을 붙들고 놔 주질 않았다.

 a. 요란한 뻐꾸기 소리가 창가에까지 들려 왔다. 〈설명적〉
 b. 요란한 뻐꾸기 소리가 창을 흔들고 있었다.

 a. 무심한 나무도 조석으로 대하면 정이 드는 것일까?
 b. 무심한 나무도 조석으로 대하면 정이 묻어 오는 것일까?

 a. 창밖으로 눈을 돌리니, 눈물이 나왔다.
 b. 창밖으로 눈을 돌리니 창문이 뿌옇게 흐려졌다.

 a. 월남의 더위, 그것은 하늘에 불화로를 달고 지상으로 내쏘는 용광로였다.
 b. 월남의 더위, 아스팔트 길에 군화 자국이 5cm나 되게 박혔다.

a. 지독히 추운 아침이었다.
b. 아침 유리창엔 얼음꽃이 피었다. 물기 묻은 손으로 문고리를 잡은즉 쩍쩍 붙는다.

a. 숨이 막히도록 가슴이 아팠다.
b. 질근질근 묻어나는 심장의 피가 손 끝에 매만져지는 듯했다.

* 상징으로 사용되는 어휘가 수필어다. 추상적 어휘보다 구체어로 암시하면 더욱 효과적이다.

3) **상징어**를 통해 암시되는 언어는 구체어들이며, 그 언어가 상징적으로 의미하는 것은 대체로 추상적 관념이다. 문학 작품은 상징에 의하여 감각적 체험과 생동감과 풍부한 상상을 자극하면서 넓고 깊은 관념을 전달한다. 어떤 말이나 언어적 표현이 본래의 의미를 지니면서 다른 여러 가지를 의미하는 것이 상징이다. 한 작품에 되풀이되는 상징은 작품 세계의 중요한 의미를 나타내므로 주제를 암시할 수도 있다.

'낙엽을 태우면서'에서 '낙엽의 재'는 지은이가 뜰에서 태운 낙엽의 재 자체를 가리키면서, '사라진 희망'도 뜻하므로 상징이다. 윤오영의 수필 '동소문턱'에는 동소문턱을 지나가는 이야기가 여러 번 나온다. 젊은 시절 걸어서 지나갈 때에는 그곳에 동소문의 성루와 성문이 있었고, 문턱을 나서면 한적한 길이 있었다. 그러나 늙은이가 되어 차를 타고 지나갈 때에는 그곳에 성문이 없었고, 문턱을 나선 곳에는 높은 건물이 늘어서 있었다. 이 작품에서 '동소문턱'은, 작가가 실제로 지나간 공간을 가리키면서, 세월과 함께 끊임없이 변하는 세상과 인생을 뜻하는 상징으로 사용된 것이다.

a. 찬란한 밤 하늘은 그것을 바라보는 우리에게 무관심할 뿐이다. 지나가는 바람이 우리의 부르짖는 소리에 귀를 기울이지 않는다. 쏟

아지는 비는 우리의 슬픔을 씻어 주지 않는다. 〈상징으로 사용된 구체어〉

바로 위의 예문 속의 '찬란한 밤 하늘, 지나가는 바람, 쏟아지는 비'는 상징으로 사용되었다. 이 말들은 모두 심상을 가진 구체어들이다. 이 말들은 본래의 의미를 지니면서 또 다른 추상적 의미를 가리킨다. 위의 예문에서 상징으로 사용된 구체어들을 아래와 같이 추상어로 바꾸면, 생동감이 사라진다.

b. 우리를 둘러싸고 있는 세계나 우주는 우리와 아무 관계도 없고 우리에게 무관심하다. 이것을 깨닫는 순간 우리는 무한한 고독에 사로잡힌다.

결론적으로 수필어라 함은 함축적이고 정서에 호소하는 것으로서 시적 방법으로 쓰여지는 정서적인 산문어며, 표현기법상 그것은 주로 묘사와 서술에 의존하는 것이라고 할 수 있다. 연구에 의하면, 현대 수필의 문장은 운율의 조직, 이미지의 조성, 비유, 상징 등 시적 방법을 도입하거나 적어도 거기에 민감하다는 사실을 알 수 있다. 그런데 너무 상투적인 비유를 쓰면, 오히려 문장의 맛과 그 효과를 떨어뜨릴 수 있다는 걸 명심하자. 소설 같은 작품, 특히 문학상 수상 작품이나 신춘문예 당선작의 경우, 구체어를 비유와 상징으로 사용하여 풍부하고 깊은 의미 즉 향기를 전달하는 작품이 많다. 그러나 수준 높은 비유와 상징이 사용되는 수필을 자주 볼 수 없다는 것은 아타까운 일이다.

36_ 글쓰기 기법 - 맥주 세병 안주 하나 ☺

## 중심을 벗어나라

지식인의 눈으로 세상을 제대로 보기 위해서는 인문학이란 무엇인가 하는 플라톤주의적 질문에 동양과 서양의 차이, 중세와 근대철학의 비교를 통해 '차이의 철학'으로 설명할 수 있어야 한다. 근대성의 성찰의 바탕에서 현대철학은 이성의 타락을 이야기하곤 한다.

이성을 두 부류로 나누면 정합적 이성과 비판적 이성으로 나눌 수 있다. 서양의 과학 중심주의는 비판적 이성보다는 정합적 이성을 통해 진리를 파악하려고 하면서, 근대철학을 주체의 이성 중심 위에 세우려 한다. 그러나 정작 우리가 당연하다고 여겼던 것, 자명하다고 생각했던 것에 문제의식을 두면, 자본주의 시대에서 '자본'은 결코 우리를 구원하지 않는다. 문명은 우리의 삶터를 위기에 빠트리고, 과학기술은 인류의 미래를 어둡게 한다. 일체의 중심이라고 했던 것들이 인간 세상과 인간성을 초토화시키는지 중심주의에서 벗어나면 알 수 있다.

중심주의는 정말 협소한 가치다. 중심주의는 그 중심이 부셔져야 보이기 때문이다. 우리는 자본주의 시대를 살면서 무슨 주의에 지배되어 있다. 특히 과학주의, 이성중심주의, 실증주의에 매몰되어 있다. 에스라인을 보고 한 여자를 좋아했을 때, 그 중심인 에스라인이 사라지면 중심주의적 시각에서 그 둘의 관계는 끝이 난다. 그 중심이라는 에스라인이 한 인간의 전부가 결코 될 수 없는 것이다. 노숙자에 대한 이해도 마찬가지다. 그냥 더럽다고 없어져야 한다고 함부로 말할 수 없다. 우리는 겉모습만 보고 그 사람을 온전히 평가할 수 없기 때문이다. 진실을 보고 내린 판단이 아니기 때문에 위험하다는 것이다. 인문주의는 이런 우월적 가치라고 생각하고 있는 주류 중심주의의 오류를 해체하는 데서 출발한다. 21세기는 들뢰즈의 시대가 될 것이라고 푸코가 말했다. 들뢰즈가 위대한 이유는 이런 이성 중심의 가치체계를 전복하여, 새로운 욕망의 작동 시스템, 즉 형이상학적 체계를 세웠기 때문이다. 들뢰즈를 통해서 중심주의적 철학적 가치는 다 붕괴되어 버렸다.

　서양의 이성 중심 사상은 과학이 발전하면서 시작되고, 데카르트의 '나는 생각한다. 고로 나는 존재한다.'는 주체 사상으로부터 출발한다. 신 중심의 중세시대에는 신이 세상을 지배한다고 생각했고, 자연은 우리에게 경외의 대상이었다. 그러나 데카르트의 주체 사상이 근대의 과학주의와 결합하면서, 자연은 인간이 두려워해야 할 존재가 아니고, 데카르트의 '이성'이야말로 이 세계의 중심이라는 세계관이 우리의 사고체계를 지배하게 된다. 데카르트로부터 시작된 이성주의로부터 유럽중심주의를 본격적으로 정립한 대표적인 철학자는 헤겔이다. 헤겔의 백색신화에 의하면, 동양은 비합리성이 지배하는 미개한 영역으로 서양에 비해 열등하다는 이분법 하에서 서양에 대한 타자로 자리 잡게 된다.

　근대성에 기반한 이러한 모더니즘적 이분법은 이성에 대한 믿음을 강조하기 위해 상대적으로 다른 것을 억압하여, 상대를 타자화하면서, 주체의 우월성을 확보했던 것이다. 감성보다 이성이, 여성보다 남성이, 흑인보다 백인이, 동양보다 서양이, 노예보다 주인이 우월하다는 차별의식은 이성중심주의에서 비롯한다. 보시다시피 이분법은 사람이 가지고 있는 저마다의 개성을 인정하지 않는다. 결국 이분법은 편견과 고정관념을 갖게 한다. 그것은 편견의 대상을 고통에 빠뜨린다. 즉 이분법은 편견을 낳고, 편견은 억압과 탄압을 낳는다. 프로이트의 정신분석학 이론의 오이디푸스 컴플랙스는 권력의 지배체제, 즉 억압과 순종의 메카니즘을 잘 설명해 준다. 그러나 푸코는 68년 자본주의 질서를 뒤엎으려 시도된 프랑스 5월 혁명이 실패하는 데서 자본주의 체제가 오이디푸스 콤플렉스에 의해 지배적으로 작동하는 걸 깨닫고 이런 메카니즘을 파괴하는 새로운 생성적 욕망 이론을 세운다.

니체, 스피노자의 철학적 뿌리로부터 데리다의 해체론을 기초로 해서 생겨난 포스트모더니즘 사상을 담고 있는 푸코, 라캉, 들뢰즈의 후기구조주의 세계관이 동양의 세계관보다 우월하다고 할 수 없지만, 이 타자 철학은 우리 문학인 특히 지식인들에게 중요한 시사점을 준다고 하겠다. 지식인이란 말과 글로 세상을 바꿀 수 있는 신념을 가진 사람이라고 정의할 때, 지식인이 자본과 권력이 주도하는 주류의 입장에 서는 것은 세상을 바꿀 의지가 없다는 걸 의미한다. 지식인은 세상의 진실을 깨달은 사람이다. 세상의 모순을 본 사람이다. 삶의 근거라는 게 모순되어 있고 왜곡되어 있다는 것을 본 사람이다. 보고 나니까, 자기가 모순에 찬 현실에서 나쁜 쪽에 속한다는 걸 알게 된 것이다. 자신이 비교적 지배계층에 속한다는 데 대해 고민에 빠진다. 그래서 지식인은 양면적 존재로서 분열증을 앓는다고 싸르트르는 말한다.

진실을 봤는데, 외면할 수는 없고, 외면하면 지식인이 아니기 때문이다. 권력자가 지배자가 되어 약자를 부리고 착취하는 모순적인 세상에 자기가 악의 편에 서 있다는 것은 견딜 수 없는 고통을 준다. 그러면 이런 딜레마를 극복하는 유일한 길은 어디에 있을까? 싸르트르는 앙가쥬망뿐이라고 한다. 모순을 타파하는 데 참여함으로써 지식인이 자기 분열을 극복하고 삶의 의미를 찾을 수 있다는 것이 싸르트르의 세계관이고 지식인관이다. 우리가 그늘의 미학을 통해서 약자나 타자를 주시하고, 그들의 삶을 바로 세워주어야 하는 이유는 바로 그 길이 지식인의 길이기 때문이다. 지금까지 중심이었던 것을 해체해서 중심이 아니었던 것을 새롭게 봄으로써 새로운 세계를 구축할 수 있다는 것이다. 김지하 시인은 문학은 '어불성설'에서 출발한다고 했다. 주관적이면서 객관적이어야 하고, 특수성을 띠면서 보편적이어야 한다는 의미다. 추사는 정통적인 순미·우미가 아니라 반대로 추醜, 미학 용어로 말해서 미적 범주로서의 추미를 추구했는데, 즉 파격의 아름다움, 개성으로서 괴를 나타낸 것이 추사체의 본질이자 매력이라 할 수 있다.

그렇다면 추미를 통해서 수필을 새로운 차원으로 높이는 길은 없을까? 그 길로 가는 핵심은 '생태'에 있다고 하겠다. 생명 파괴에 대한 영성적 지각은 미학적 지각과 관련을 맺고 있기 때문이다. 천체물리학자, 닐스 보아의 "대립적인 것은 상호보완적이다"라는 말이 이를 잘 증명한다. 앞서가는 것은 '진보'요, 뒤처지는 것은 '야만'이란 등식을 깨는 것이 필요하다. 수필의 길을 새로 뚫어야 한다. 그러려면 인식과 관점을 바꾸어야 한다. 농경과 유목이 결합하는 원형을 보여줘야 한다. 음이면서 양이고 양이면서 음인 태극사상뿐만 아니라 켄 윌버의 '통합이론'도 받아들여야 한다. 반대되면서도 같이 물고 돌아가는 이런 통합주의야말로 자본주의의 형식논리와 사회주의의 변증논리를 극복할 수 있다. '아름다운 것'을 아름답다고 하는 것은 '누구나'가 할 수 있지만, '추한 것'을 아름답다고 하는 것은 '누군가'가 할 수 있다.

예술은 감성으로 감동을, 이성으로 논리를, 영성으로 신비를 끌어와야 한다. 그러려면 미는 미래적 생성이어야 한다. 생성은 '되기' becoming이다. '되기'는 '추'를 두려워하지 않는다. 현대예술에서 타자의식은 '추미' 즉 3s를 함의한다. 즉 1) shadow 2) sunset 3) scar다. 김지하는 예술은 그늘에서 출발한다고 했다. 그늘은 주류적 시각에서 보면, 비주류요, 열등한 것이다. 그러나 사태를 제대로 파악하려면, 그늘도 다 보아야 한다. 그늘이란 인생의 쓴맛 단맛을 다 본 경지에 이름을 말한다. 판소리에서는 '그늘'이 없으면 끝이다. 그늘은 문학에서의 '페이소스', 한국문학의 특질이기도 한 '한'을 의미하기도 한다.

　shadow가 1) 한, 2) 이면 -주변, 보이지 않는 부분, 중심에서 벗어난 부분 등을 나타낸다면, sunset은 1) 사라지는 것 -생태, 유목 2) 타자 -약자, 비주류 등을 의미한다. 들뢰즈의 생산적 욕망은 동일성으로 인하여 차이나는 것들은 '위법자' '법법자' 혹은 '죄인'으로 분류, 공동체와 격리되면서 타자화시킨다. 이 차이성은 타자를 이탈, 탈주의 의미를 취득할 수 있는 곳으로 옮기게 작동한다. 정주사상 자체를 늘 이탈하도록 욕망은 반응하는 것이다. scar는 1) 상처 -자본주의의 상처, 흉터와 상처의 차이, 2) 밑바닥 -장애, 회복불능의 파산자 등을 나타낸다.
　이러한 세계 인식 즉 타자 인식은 늘 자연스럽고 정상적인 것으로 생각해왔던 중심적 가치가 우리의 생태를, 삶을 위협할 수 있는 것임을 새롭게 자각하게 해준다. 이로 인해 우리는 평소 잊고 있었던 자신의 모습, 평소 보지 못했던 새로운 세계를 발견하게 되는 기쁨을 누리게 되는 것이다. 이것이 바로 새로운 발견이다. 네오 및 바이오필리아적 세계관이다. 어쩌면 이것이 삶의 진실인지도 모른다. 이런 중심 해체의 인문학적 세계관은 의식의 영역을 넓혀주고 '밖에서 안을 들여다 보는 법'을 가르쳐준다는 측면에서 지식인의 분열증을 치유하는 유일한 길이기도 하다. 안에서 안을 바라다보는 것보다 밖에서 안을 들여다볼 때 그 안에 있는 모습들을 더 객관적으로 정확히 살필 수 있는 것이다. 우리가 진정 알아내어야 하고 밝혀야 하는 것은 삶의 모순이다. 왜곡된 현실이다. 진실은 사라지는 숨소리, 어두운 그림자, 보이지 않은 흉터까지도 잘 살펴야 드러나는 것임을 명심하자.

37_ 글쓰기 기법 - 맥주 세병 안주 하나 :)

# 한계를 인정하라

    수필은 분명히 문학으로서 고유의 영역과 특성을 많이 지니고 있다. 반면에 그 나름의 한계성을 지니고 있다. 수필의 장점이나 특성 등에 대해서는 많이 언급하면서도 그 단점이나 한계성에 대해서는 잘 언급하지 않거나 애써 축소시키려는 경향이 있음도 사실이다. 수필의 매력이 솔직한 데 있다면, 수필의 특징과 장점은 물론 단점이나 한계성도 솔직하게 드러내어 살펴보아야 마땅할 것이다. 특히 수필가들이 자신이 쓰고 있는 글을 수필이라는 이유로 무조건적으로 옹호하려 드는 자세는 바람직하지 않다. 수필의 단점이나 한계성을 인정하고 그에 대해 보완하려는 자세가 요구되어진다고 하겠다.

    수필 작품들 중에는 그 원고 분량이 많거나 장편에 가까운 수필도 있다. 또한 수필은 그 형식, 표현방법 등에 있어서도 제한이 없고 자유로운 것처럼 원고 분량에 대한 제한도 없다. 길게 쓰든 짧게 쓰든, 그것은 어디까지나 쓰는 사람의 자유다. 그러나 수필은 일반적으로 원고지로 따져서 12~15매 정도의 분량이다. 문제는 이 짧은 분량 속에 작가의 의도나 생각 등을 모두 함축시켜 표현해야 한다는 것이다. 만일 짧막한 분량이라고 해서 작가의 의도나 생각 등이 미쳐 다 표현되지 못하거나 구성이나 짜임새가 엉성하다면, 그것은 이미 수필로서 가치를 잃고만 것이다. 다시 말해 한정된 분량 속에 최대한의 알찬 내용을 담아야 하는 것이 바로 수필이다.

그러나 이처럼 한정된 분량 속에 최대한의 알찬 내용을 담는다는 것은 결코 쉬운 일이 아니다. 상념의 정제와 압축, 문장 표현의 능숙함과 형상력, 치밀하고도 짜임새 있는 구성, 간결하고도 함축성 있는 문장력, 번득이는 재치와 유머 감각 등이 종합적으로 요구되기 때문이다. 이렇게 한정된 분량 속에 자신의 의도나 생각, 또는 여러 가지 내용을 담으려다 보면 아무래도 무리가 따르고 적절하고도 완벽하게 표현하는 데 어려움이 있기 마련이다. 그렇다고 분량을 늘려서 수필을 쓰다 보면 자칫 수필로서의 특성이나 묘미를 상실하고 장황해질 수도 있다. 또한 너무 긴 수필은 수필문학의 특징인 간결성과 함축미를 잃기 쉽고, 독자들의 공감이나 호응을 얻는 데도 어려움이 따른다.

수필의 소재는 지극히 개인적인 것이다. 또 작가의 일상 생활을 중심으로 하여 우리 주위에서 흔히 보거나 느낄 수 있는, 평범한 일들이나 사소한 것들 중에서 소재가 선택되는 수가 많다. 물론 이러한 개인적이거나 일상적이며, 또는 평범한 것들 중에서 소재를 선택하여, 그것을 가치 있고 의미 있는 문학 작품으로 승화시켜 놓는 것이 바로 수필이다. 이것이 수필이 지닌 본질적 특성이며, 또 그렇게 해야 하는 것이 수필가의 사명이기도 하다.

그러나 여기에는 상당한 어려움이 따르기 마련이다. 별 것도 아닌 재료를 가지고 위대한 예술품이나 조각품을 만들어 낸다는 것이 결코 쉬운 일이 아니듯이 평범하고도 일상적인 소재를 가지고 뛰어난 문학 작품을 빚어내는 것도 결코 쉬운 일이 아닌 것이다. 왜냐하면 평범하고 일상적인 소재를 가지고 안이한 자세로 수필을 쓰면 그야말로 평범하고도 대수롭지 않은 수필이 되고 만다. 또한 이런 수필은 가치도 없을 뿐만 아니라 독자들로부터 외면 당하기 십상이다.

따라서 이 평범하고도 일상적인 소재, 또는 지극히 개인적이거나 제한된 소재를 가지고 어떻게 훌륭한 문학 작품으로 승화시키느냐 하는 것이 중요한 문제로 남는다. 이로 인한 한계성과 어려움을 어떻게 극복하느냐에 따라 작품으로서의 성패가 결정된다고 하겠다. 특히 수필은 개인적인 이야기를 그려 놓는 수가 많기 때문에 이로 인한 한계성을 극복하지 못하면 사사로운 신변 잡기가 되기 쉽다.

일반적으로 수필에서는 허구가 용납되지 않는다고 말한다. 수필은 사실을 바탕으로 진실을 추구하는 문학이므로 이것은 수필문학이 시나 소설 등과 다른 문학 장르와 크게 다른 점들 중의 하나이다. 수필에서의 '나'는 어디까지나 그 수필을 쓴 사람을 의미한다. 다시 말해 수필에서는 허구나 가공의 '나'가 존재할 수 없는 것이다. 오직 작가 자신의 '나'만 존재할 뿐이다.

수필은 진실을 표방하는 문학이다. 문학적 가치의 향상이나 작품으로서의 극적인 효과, 보다 짜임새 있는 구성과 연관성, 독자들의 감동 유발이나 감동의 상승효과를 위해 제한적으로 허구성을 도입하고 있는 것이 현실이다. 문학이 픽션이고, 수필 또한 문학이라면, 수필의 허구는 운명적이다. 그러나 수필 창작에 있어서 이러한 허구의 제한적 사용은 시나 소설을 쓰는 것에 비해 작가의 상상력이나 극적인 효과 등을 마음껏 발휘하는 데 어려움을 준다는 것은 부인할 수 없는 사실이다.

상상은 사상, 정서와 함께 문학의 중요 요소다. 상상이 없으면 사실이 문학으로 형상화되지 못하고 실용의 범주에 머물고 만다. 바닷가의 무수한 모래알 하나에서 우주의 신비를 상상해내고 하늘 높이 나는 종달새를 통해 자연의 오묘함을 엿보는 것은 모두 상상의 힘이다. 그런데 요즘 수필에는 상상이 없다는 것이 문제다. 본 대로 느낀 대로 사실에만 치중하여 수필이 문학으로 승화되지 못하고 실용문 수준에 머문다는 것이다. 작가들이 꿈과 매력을 찾아 머리를 굴릴 줄 모르고 현실 상황의 묘사나 나열에만 급급한 나머지 수필이 재미가 없다는 것이다. 그래서 상상력의 활용은 우리 수필의 당면 과제라 하겠다.

시나 소설은 상상뿐 아니라 공상까지도 수용한다. 그러나 수필에서의 상상은 건전하고 있을 법한 가능성의 세계, 사실과의 근사치를 가져야 한다. 상상이 지나치면 공상이 되고 공상은 망상을 낳게 된다. 수필에 있어서 공상은 피하는 것이 좋다. 수필에서 강조하는 상상력은 결코 수필에서의 허구성을 용납하는 것과는 다른 것이다. 베이컨은 수필이야말로 자유분방한 상상의 날개를 달고, 의식의 공간을 날아다니기에 가장 효력 있는 장르다. 이 상상력의 활발한 운용과 균형 잡힌 절제야말로 좋은 수필을 생산케 하는 하나의 기준이 된다고 하였다. 문학 작품 속에서 '물'이 '젖'이 되고, '피'가 되고, '정액'이 되어 마침내 '정령의 집'이 될 수 있는 것도 상상력 덕분이다.

 수필은 재료 자체를 만들어 가는 입장이라기보다 있는 재료 즉 실제 상황을 활용하는 입장이 되기 때문에 많은 경우 직관이나 지성에 의존될 뿐 다른 장르들처럼 상상력에 의존하는 경우가 드물다. 그런 까닭에 더욱 세심한 상상력의 밀도와 파장이 알게 모르게 작품의 배면에 깔려야 할 것이라 생각된다. 아무리 수필의 그 질박한 담론적 성격을 감안한다 하더라도 사실과 실상, 현장성이나 시사성 등은 문학성을 감소시킬 위험성이 있는 까닭에 역동적 상상력에 의한 정서의 구체화가 수필의 문학성을 담보하는 하나의 단서가 될 것이다.

38_ 글쓰기 기법 - 맥주 세병 안주 하나 :)

## 주제는 일관되게

　수필의 구성은 제재로부터 주제에 이르는 과정이요, 그 과정의 체계화 내지는 질서화라고 할 수 있다. 그 원활한 질서화를 위해 수필가는 우선 연상 작용의 산물인 여러 가지 사례들 중 어느 하나에 시점을 고정시켜야 한다. 물론 그 낙점의 기준은 수필가의 주관, 즉 인생관이나 가치관에 따르겠지만, 그때그때의 심경이나 기분에 좌우되기도 한다. 어쨌거나 어느 하나의 결상에 시점이 모아지면 다른 결상은 잊어야 한다. 버릴 것은 버리고, 취할 것은 다시 취해 주제에 걸맞게 재조정, 재정렬을 시켜야 한다. 이것이 사건이나 행위에 의존하지 않는 수필 나름의 구성적 특성이다.
　모든 문학 장르의 글에 주제가 있지만, 특히 수필은 주제가 생명적이다. 한마디로 수필은 주제적 양식이다. 재제를 통해 주제를 구체화해서 형상화하는 데 수필창작의 비밀이 있다. 주제의식의 구체화란 선택된 소재에 대한 자기 해석의 한 방법으로써, 제재를 개인적인 경험으로 자기화하는 관점이다. 주제와 구성 그리고 상상은 문학의 3요소다. 특히 수필은 주제와 제재를 기본 요소로 하기 때문에 주제의 구체화는 매우 중요하다. 주제란 한마디로 글의 중심사상이다. 작가가 무엇을 말하려는가의 요지요, 주안점이다. 흔히 수필은 붓 가는 대로 쓴다느니, 무형식의 글이라고 하는데 아무리 붓 가는 대로 쓰고 형식이 없다고 해도 일관된 주제가 있어야 한다. 일관된 주제가 있으면 그 글은 붓 가는 대로 써지는 글이 아니다. 주제의식이 내면화되어 있느냐 외면화되어 있느냐의 차이에 따라 수필이 되기도, 잡문이 되기도 한다.

책을 읽고 되새김질을 하게 되는 문제를 우리는 '주제'라고 한다. 수필에서 주제는 제재를 통해 우러나는 게 가장 바람직하다. 주제는 유령처럼 책에서 탈출하여 독자의 마음이나 머릿속에 계속 살아간다. 수필은 주제와 재제 중심의 문학이다. 재제에 주제가 담긴다. 유추에 의한 주제와 재제의 관계, 주제는 재제에 의해 견인된다. 주제는 이야기의 뼈대가 되는 동시에 이야기를 끌고 가는 힘이요, 맥락이 된다. 옆길로 나가다가도 주제를 바로 찾거나 세우면 그 글은 다시 바른 궤도로 돌아오기 마련이며 중간에서 막히지 않고 술술 풀려 나가게 된다. 그리하여 주제는 문장의 정점이요, 목적이며 일관성과 통일성을 생명으로 한다. 일관성과 통일성은 수미가 서로 맞아야 한다는 말이다. 머리와 꼬리가 맞지 않으면 그 글은 제대로 된 글이 아닌 것이다. 처음에 '검다'고 했으면 계속 '검다'는 줄거리를 잡아야 하고, '아니다'면 계속 '아니다'는 일관성과 통일성을 지녀야 한다.

예를 들어 보겠다. 입춘이 지난 어느 햇볕 다사로운 날 공간이 넉넉한 카니발을 타고 문우 몇 사람과 따뜻한 남쪽 마을 남해에 가서 아름다운 바다를 바라보며 해변로를 따라 산책을 하고 바다가 바라보이는 횟집에서 싱싱한 회도 먹고, 유람선을 타며 즐거운 시간을 보냈다고 하자. 이를 소재로 한 편의 수필을 쓸 경우, 주제 설정을 어떻게 할 것인가가 문제가 된다. 그냥 출발에서부터 돌아올 때까지의 여정을 재미있게 리얼하게 쓴다면 그것은 보고서나 기행문은 될지언정 수필이란 문학작품은 되지 않는다. 남해 여행의 과정이 하나의 수필이 되려면, 여정과 여정마다에서 느낀 점을 추출하여 그 중 무엇을 중심사상으로 의미화하여 글을 전개할 것인가. 그 중심이 곧 주제가 된다. 남해 여행은 수필가에게 있어 소재며, 현실이며, 결과다. 먼저,

부산에서 남해까지 갔다오는 과정에서 두드러지게 뇌리에 잡히는 느낌이나 사건을 골라 본다.

1) 한양 프라자 앞에서 느낀 신록의 환희
2) 고속도로를 지나는 과정에서 본 함정 단속 경찰에 대한 불쾌감
3) 가게 일 때문에 못 가지만 마중 나온 문우와의 우정
4) 따뜻한 남쪽, 남해의 아름다운 바다와 서정
5) 회를 먹으면서 생각해 본 살생과 죄의식
6) 귀로의 차 안에서 느끼는 봄나들이의 즐거움
7) 몇 년 전에 가본 모습과 달라진 어촌의 쓸쓸한 풍경을 한일어업협정과 결부시켜 본 일
8) 노량 대교에서 탄 유람선을 통해 비로소 느낀 청정바다의 절규

이상의 몇 가지 사실적 경험을 토대로 작품화함에 있어 주제를 설정한다면 '봄나들이'나 '남해 서정' 등 포괄적인 주제를 설정할 수도 있지만 그보다 좀더 인상적인 경이로움을 나타낸다면 열거된 몇 가지 주안점 중 한 가지에만 초점을 맞추어야 할 것이다. 그 낙점의 기준은 어디까지나 수필가의 주관, 인생관, 가치관에 따르겠지만, 그때 그때의 심경이나 기분에 좌우되기도 한다. 동일한 소재라도 그것을 추리고 얽어매는 시각과 각도에 따라 내용이나 주제가 달라질 수도 있다. 주제는 한 가지만 고집할 수 없고 때에 따라서는 복합적일 수 있지만 가능하면 한 가지로 압축하여 구체화를 이루는 게 글의 일관성과 통일성을 위해 좋다. 또 주제는 앞의 예와 같이 세분화할 수 있고, 포괄적일 수도 있다. 그러나 포괄적인 주제는 관념적, 추상적으로 흐를 수 있는 반면에 세부적 주제는 구체적, 실제적임으로 가능하면 세부적 주제를 택하는 게 좋다. 더 쉬운 예를 들면 '봄'이라는 제재로 수필을 쓸 때, 주제의식의 구체화가 이루어지지 않으면 '소생', '희망', '사향', '회고', '출발' '청춘' 등 유사한 사상이 인접 내통함으로써 주제가 분산된다는 것이다. 따라서 그 의식의 구체화는 '소생'이면

'소생', '희망'이면 '희망' 어디까지나 어느 하나로 집약되고 응축되어야 한다는 것이다.

작가가 자아도취에 빠져 주제를 넘고 줏대를 벗어나는 행위란 술에 취한 사람의 제자리걸음 화법 못지않게 나쁘다. 혼잣말이 길어지면 긴장이 풀린다. 어떤 한 작품의 일관된 시각을 '주제'라고 한다면, 어떤 한 작가의 모든 또는 대부분 작품을 관통하는 일관된 시각을 우리는 그 작가의 철학이나 사상 또는 세계라 한다. 여기에서의 '세계'는 다른 말로 작가가 지향하는 '가치관'이나 '세계관' 그리고 작가가 전달하려는 '의미'와도 같은 개념이다. 문학은 작가의 개인적인 세계를 반영하기 때문에 만인의 진리를 반영하려는 철학과 달라서, 김양희와 세계과 송명화의 세계와 일치해야 할 필요성을 독자는 요구하지 않는다. 작가 개인의 삶과 경험이 그가 엮어낸 대부분의 작품에서 나름대로 일관성을 갖추면 그것으로 충분하다. 따라서 한 작가의 '세계'는 그 작가가 쓴 모든 작품을 줄지어 엮어놓은 기나긴 한 권의 책이라 이해하면 되겠다.

(1) 주제의식의 구체화

주제의식의 구체화란 선택된 소재에 대한 자기 해석의 한 방법으로써, 제재를 개인적인 경험으로 자기화하는 관점이며, 의미부여인 것이다. 주제의식의 구체화는 주제의 통일성을 확보하는 데 필요한 작업으로써 만약 이러한 주제의식의 구체화 작업이 없으면, 중심사상이 분산 확산되어 수필의 통일성을 해치게 된다.

예를 들어 〈봄〉이란 제재로 수필을 쓸 때, 주제의식의 구체화가 이루어지지 않은 상태라면, '소생', '희망', '사향', '회고' 등 유사한 사상이 인접 내통함으로써 주제를 분산시킬 소지가 있다는 것이다. 따라서 그 의식의 구체화는 '소생'이면 '소생', '희망'이면 '희망' 어디까지나 어느 하나로 집약되고 응축되어야 한다.

나도향의 "그믐달"을 보자. 이 글의 주제는 '고독'이다. '고독'이란 주제를 살리기 위해 작가는 "그믐달은 가슴이 저리도록 쓰리고 가련

한 달이다." "그믐달은 보는 이가 적어 그만큼 외로운 달이다." "그믐달은 평화롭게 잠든 세상을 저주하며 홀로 머리를 풀어뜨리고 우는 청상과 같은 달이다."와 같은 문장으로 의식의 구체화를 이루었다. 아무리 값지고 귀한 주제라 해도 그 의식의 구체화 작업이 이루어지지 않고서는 문학수필이 될 수 없다.

(2) 주제의식의 의미화

의미화란 주제의식을 구체화하기 위한 가장 효과적인 자기화의 수법이다. 쉽게 말해서 작가 나름의 눈으로 주어진 제재를 이해하는 마음인 것이다. '부는 바람'을 '인생'에 비유하고, '흐르는 물'을 '덧없는 세월'로 보는 것이 일종의 의미화다. 예를 들어 낙엽을 제재로 하여 주제의식을 추출, 그 사상을 구체화한다고 할 때, 우리는 '조락'의 의미로서 '이별' '허무' '방황' '절망' 등으로 의미화할 수 있다. 따라서 의미화는 정서의 자기화로 볼 수 있는데 사람에 따라서 다를 수 있다. 우리는 그 낙엽의 의미를 개성적인 시각으로 볼 수 있는데, 먹히다 남은 그 반쪽마저 벌레에게 깨끗이 주고 오지 못한 것을 후회하고 있다는, 지금 그 낙엽이야말로 아쉬워 하고 있다는 '헌신'의 정신으로 의미화할 수 있다.

의미화 작업에 있어서 중요한 것은 정서의 표출만으로 끝나서는 안 된다는 점이다. 대상을 보고 느낀 정서를 생활일상에 역류시키거나 여과시킴으로써 얻어지는 솔직한 자기 관조 또는 반조로 나아가야 한다. 오창익의 "해당화"는 주제가 '열애'인데. 작가는 바다 건너로 멀리 떠나간 임을 그리는 여인을 해당화에 비유하고, 그를 기다리는 지친 여심을 비바람에 진 빨간 꽃잎으로 의미화 하여 "30대 여인의 각혈"이라 하였다. 권대근의 "고향"은 주제가 '그리움'인데, 고향을 편지 속에 담긴 그리운 이의 손짓에 비유하여 주제를 의미화 하였다.

(3) 주제의식의 상상화

주제의 상상화는 주제의 효과적이고도 원활한 의미전달을 위해 중심사상을 문장으로 상상처리하는 일이다. 이는 주제를 구체화를 도와 문학성을 더하는 작업으로 그 전달방법은 상징, 비유, 암시, 함축, 생략 등이다. 즉 구체화된 주제의식을 상상적으로 문장화해야 된다는 의미다. 예를 들어 "청춘예찬"을 보자. "이상! 빛나고 귀중한 이상, 그것은 청춘이 누리는 바 특권이다. 그들은 순진한지라 감동하기 쉽고, 그들은 앞이 긴지라 현실에 대한 자신과 용기가 있다."로 사상의 구체화를 도모하고 말미에 "그의 눈에 무엇이 타오르고 있는가. 우리의 눈이 그것을 보는 때 우리의 귀는 생의 찬미를 듣는다. 그것은 웅장한 관현악이며 미묘한 교향악이다. 뼈 끝에 스며들어가는 열락의 소리다."라는 비유 일색의 문단으로 중심사상을 상상처리한다.

## 39_ 글쓰기 기법 - 맥주 세병 안주 하나 ☺

# 구성은 삼단으로

일에는 시작과 중간 그리고 끝맺음이 있다. 이러한 삼단의 순서를 밟아 서술하여 가는 것을 삼단형이라고 한다. 그러나 어떤 글이나 덮어놓고 삼단으로 나누었다고 해서 그것이 곧 삼단형이 되는 것은 결코 아니다. 시작과·중간·끝의 삼단이 시종 논리적인 단계를 맺어가면서 유기적인 통일을 이루어야 한다. 글감을 모았다면, '우선 세 동아리로 묶어 놓고서 쓴다'는 원칙을 초심자들은 비결로 간직할 일이다.

아리스토텔레스는 모든 것에는 처음·중간·끝이 있다고 했다. 그만큼 가장 많이 쓰이는 것이 삼단형의 구성이다. 다만 문학의 장르나 문장의 종류에 따라 그 이름이 달리 쓰일 뿐이다. 이대규 부산대 교수는 수필의 구성상 특징을 구조로 보고, 세 단위로 나누어 첫째 단위는 발단이고, 둘째 단위는 전개이고, 셋째 단위를 결말로 이름짓고 이 기본 세 단위를 갖춘 수필을 기본형 수필이라고 하였다. 형식이 자유로운 수필의 특성상 모든 수필이 발단과 전개 그리고 결말로 이어지는 삼단 구조로만 쓰여질 수 있는 것은 아니기 때문에, 이 중에서 한 단위 또는 두 단위가 빠진 수필이 있을 수 있다. 이를테면, 발단이 없는 경우, 결말이 없는 경우, 발단과 결말이 빠져서 전개만으로 구성되는 경우가 있을 것이다. 이런 수필을 변형 수필이라고 하였다.

　시골 부잣집의 주인 영감 생일이 다가오자, 그 집에 살고 있는 동물들이 회의를 열었다. 누가 잔치상에 오를 것인가를 토론하기 위해서다.
　제일 먼저 입을 연 것은 소다.
　"지금은 농사일이 한창 바쁠 때니 설마 나를 잡지는 않을 거야"
　그 말을 들은 말이 말했다.
　"주인은 언제나 나를 타고 다니지. 아무리 주인이 바보라고 해도 나를 잡아 먹고 걸어다니지는 않겠지"
　한동안 말의 얘기를 듣던 양이 말했다.
　"나는 곧 새끼를 낳아 주인을 돈 벌게 해 줄거야. 주인은 내 젖을 먹고 건강을 유지하며 털까지 깍아 팔아 돈을 모으는데 나를 잡겠어?"
　암탉이 꼬꼬대며 수다를 떤다.
　"나는 알을 낳고 병아리를 까서 주인을 위해 봉사하는데 나는 예외야"
　먼 산을 바라보던 개가 입을 연다.
　"나는 주인을 위해 밤새워 도둑을 지킨다. 내가 없으면, 이 집은 도둑들이 들끓을 걸"
　이때 돼지가 한숨을 쉰다.
　"죽을 놈은 나밖에 없구나"
　기업들이 어렵다. 어렵다 보니 감원선풍이 불어온다. 이럴 때 너나없이 전전긍긍하게 된다. 혹시 내가 대상이 될는지도 모른다는 생각 때문이다.

　　　　　　　　　　　　　　　　　－ 이상헌, 「정년 이후」

위의 예문은 완벽하게 삼단으로 구성되어 있다. "시골 부잣집의 주인 영감 생일이 다가오자, 그 집에 살고 있는 동물들이 회의를 열었다. 누가 잔치상에 오를 것인가를 토론하기 위해서다."는 발단이다. "제일 먼저 입을 연 것은 소다."에서부터 "죽을 놈은 나밖에 없구나"까지가 전개다. 마지막에 놓인 "기업들이 어렵다. 어렵다 보니 감원 선풍이 불어온다. 이럴 때 너나없이 전전긍긍하게 된다. 혹시 내가 대상이 될는지도 모른다는 생각 때문이다."가 결말이다.

## 40_ 글쓰기 기법 – 맥주 세병 안주 하나 :)

# 비유는 불꽃이다

    수필은 대우적인 문학이면서도 직접성을 피하여 완곡하게 우회하는 은근성을 체질로 한다. 이것은 보다 효과적으로 독자의 이해와 공감을 유도하기 위함이다. 단순구성의 수필에서는 대개 완만하거나 겸손한 문장으로 출발하여 말미에 가서 그 주제의 핵을 일반화하는 것이 보통이다. 그러나 시간적 순서를 밟지 않고 전개하는 병렬식 구성의 수필에서는 글의 서두에 예민한 신경을 쓰게 된다. 즉 직유나 은유의 문장으로 거의가 서두부에 주제의 핵을 상상처리하는 두괄식의 문장이 오게 된다.
    주제의 의미를 효과적으로 전달하기 위해서는 문장의 상상화가 필요하다. 단형의 문학인 수필에 있어서 한 개의 문장은 때로 소설에서의 한 사건에 해당하는 것으로, 주제 전달이란 큰 몫을 다하기도 한다. 신변사나 생활에서의 깨달음이나 견해들이 소재가 되고 주제가 되는 수필이라면, 내밀한 경험이나 고백을 객관화하기 위해서는 상징, 비유, 암시적인 문장 표현은 불가피하다. 교시적인 기능을 문예화하기 위한 수단으로는 가장 이상적인 기법이 문장의 상상화다.
    "아이, 그 놈의 개구리 우는 소리에 잠이 와야지, 그래서 만주로 가는 길이야." 「땅」이란 수필의 한 대목인데, 조선으로 이주한 일본인들의 농지탈취로 더 이상 제 땅에서는 살 수가 없어 만주로 쫓겨가는 한 농부의 익살이다. 발붙일 곳이 없어 유랑이 길을 떠나면서도 가는 이유가 어이없게도 '개구리 우는 소리 때문'이라니, 주제의식을 상상 처리하는 자조, 자탄의 극치라 할 수 있다.

"서양인은 13의 수를 싫어하여 여관이나 선실에도 12 다음에는 14h가 된다 하며, 전화에도 13번은 싫어한다. 하기는, 우리 조선도 13도로 가르더니 별로 좋지를 못하였다." 이광수의 수필 「담편」의 일부이다. 역시 일제 하의 참상을 풍자하는 주제를 상상 처리하는 비유의 문장이다. 문학에서 문장은 한마디로 비유다. 메타포의 원리에 의해 쓰여지는 게 문학 문장이라면, 일상적인 글은 자동화의 원리에 지배받는다.

비유로 활용할 수 있는 것으로 심상과 상징, 두 가지가 있다. 심상은 여러 의미를 나타내는 데 사용된다. 첫째, 심상은 기억되거나 상상되는 감각 – 시각, 청각, 미각, 후각, 촉감, 온도 감각을 뜻한다. 감각적 대상을 가리키는 구체어들은 심상을 떠오르게 한다. '바위, 달, 절, 느티나무, 종달새, 여인'과 같은 말들은 그것들이 의미하는 시각을 떠오르게 하고, '졸졸, 철썩, 쾅'과 같은 말들은 청각을 떠오르게 하고, '달다, 쓰다, 시다, 짜다'와 같은 말들은 미각을 떠오르게 한다. '향기롭다'는 후각을, '매끈매끈하다, 보들보들하다'는 촉감을, '차갑다, 따뜻하다, 시원하다'는 온도 감각을 떠오르게 한다. 이와 반대로 '기쁘다, 슬프다, 두렵다'와 같이 심리 상태 즉 정신 상태를 의미하거나, '고요하다, 무질서하다, 평화롭다'와 같이 상황에 대한 판단을 의미하거나, '분류하다, 해석하다, 비판하다'와 같이 사고 과정을 나타내는 추상어들은 관념을 이해시킬 뿐이며, 심상을 떠오르게 하지 않는다.

심상은 구체적 대상이 아니고 구체적 대상에 대한 감각도 아니며, 구체어에 자극을 받아서 기억되거나 상상되는 '감각적 경험'이다. 구체어에 의한 표현은 감각적 경험을 상상하게 하며, 현실 세계에서 대상들을 감각하는 것 같은 생동감을 준다. 그리하여 구체어로 자세히 묘사되는 것은 상상을 풍부하게 자극하고 생동감을 준다.

이지러진 초가의 지붕, 돌담과 깨진 비석, 미루나무가 선 냇가, 서낭당, 버려진 무덤들, 잔디, 아카시아, 말풀, 보리밭

현대인들은 자기 행동은 없이 남의 흉내만을 내면서 살려는 데에 맹점이 있는 것이다. 사색이 따르지 않는 지식을, 행동이 없는 지식인을 어디에 쓸 것인가?

위의 첫째 예문은 심상을 지닌 구체어들로 가득 차 있다. 이것은 빨리 지나가는 차창 밖으로 나타났다가 사라지는 1960년대 초기의 시골을 상상하게 하고, 마치 그런 광경을 직접 보는 것 같은 생동감을 준다. 둘째 예문은 심상이 없는 추상어로 이루어져 있다. 이 글은 아무 것도 상상하게 하지 않는다.

둘째, 심상은 어떤 말이 본래의 의미를 가리키지 않고 다른 것을 의미하는 것을 뜻한다. '새벽'이 밤과 아침 사이의 시간을 뜻하지 않고, '새로운 시대의 시작'을 뜻하고, '까치'가 새의 한 종류를 뜻하지 않고, '반가운 소식'을 뜻한다면, 이 때 '새벽'이나 '까치'라는 말은 심상이다. 이 경우에 심상은 직유나 은유와 같은 비유로 사용된다. 어떤 말이 심상으로 사용되면, 그 말의 본래의 의미는 없어지고, 그 말이 사용된 문맥에서 다른 것을 의미한다.

얼마나 많이 아느냐는 것은 대단한 일이 못 된다. 아는 것을 어떻게 살리느냐가 중요하다. 인간의 탈을 쓴 인형은 많아도 인간다운 인간이 적은 현실 앞에서 지식인이 할 일은 무엇일까? 먼저 무기력하고 나약한 인형의 집에서 나와야 한다. 우리는 이웃과 기쁨과 아픔을 나눌 책임이 있다. 우리는 인형이나 끌려가는 짐승이 아니라, 신념을 가지고 살아야 할 인간이다.

이 예문의 '인형'과 '짐승'은 본래의 의미를 가리키는 데 쓰이지 않고, 다른 것을 의미하는 데 사용된 말이라는 점에서 심상이다. 이 글에서는 '인형'과 '짐승'이 아는 것을 살리지 못하는 인간, 이웃과 기쁨과 아픔을 나누지 못하는 인간, 신념이 없는 인간, 스스로 판단하고 행동하지 못하는 인간, 남의 말과 행동을 모방하기만 하는 인간을 가리키는 데 사용된 비유로서의 심상이다.

상징은, 어떤 말이나 언어적 표현이 본래의 의미를 지니면서 다른 여러 가지를 의미하는 것이다. 수필에서는 공간이나 공간의 세부가 상징으로 사용될 수 있다. 상징으로 사용되는 언어는 구체어들이며, 그 언어가 상징적으로 의미하는 것은 대체로 추상적 관념이다. 이효석의 '낙엽을 태우면서'에서 '낙엽의 재'는 지은이가 뜰에서 태운 낙엽의 재 자체를 가리키면서, '사라진 희망'도 뜻하므로, 상징이다. 많은 사람이 상징과 비유를 뚜렷하게 구별하는 데 어려움을 겪는다. 심상이 비유로 사용될 경우에는 본래 그 심상을 가리키는 데 사용되는 언어는 본래의 뜻을 잃고 다른 것을 뜻한다. 그러나 상징은 본래 그 심상을 가리키는 데 사용되는 언어가 본래의 뜻을 그대로 지니면서, 또 다른 것을 의미한다. 한흑구의 수필 '보리'에 사용된 비유와, 앞에서 말한 이효석의 수필에 사용된 상징을 예로 들어, 비유와 상징의 차이를 살피기로 한다.

1. 보리가 팔을 내뻗친다. 1.1 보리의 잎이 자라서 위로 솟는다. 1.2 보리를 심은 농부가 기뻐한다. 2. 낙엽의 재를 묻는다. 2.1 낙엽의 재를 땅에 묻는다. 2.2 희망을 버린다. 1과 2는 말로 표현된 심상이다. 1.1은 1과 같은 뜻을 다른 말로 나타낸 것이고, 2.1은 2와 같은 뜻을 다른 말로 나타낸 것이다. 1.2는 1이 본래의 의미와 다르게 쓰인 것이고, 2.2는 2가 본래의 의미와 다르게 쓰인 것이다. 한흑구의 수필에서 1은 1.1을 뜻하지만, 1.2를 뜻하지는 않는다. 이효석의 수필에서는 2가 2.1도 뜻하고, 2.2도 뜻한다. 한흑구의 수필에서 1은 비유로 사용되었고, 이효석의 수필에서 2는 상징으로 사용된 것이다.

상징으로 사용되는 구체적 표현은 작품에 그려진 세계의 인간에 대한 무관심이나 가혹함이나 자유로움을 나타낼 수 있다. 한 작품에서 되풀이되는 상징은 작품 세계의 중요한 의미를 나타내므로 주제를 암시하는 경우가 있다. 윤오영의 수필 '동소문턱'에는 동소문턱을 지나가는 이야기가 여러 번 나온다. 젊은 시절에 걸어서 지나갈 때에는 그곳에 동소문의 성루와 성문이 있었고, 문턱을 나서면 한적한 길이 있었다. 그러나 늙은이가 되어 차를 타고 지나갈 때에는 그곳에 성문이 없었고, 문턱을 나선 곳에는 높은 건물이 늘어서 있었다. 이 작품에서 '동소문턱'은, 작가가 실제로 지나간 공간을 가리키면서, 세월과 함께 끊임없이 변하는 세상과 인생을 뜻하는 상징으로 사용된 것이다. 이 작품에서는 공간의 세부 - 옛날 동소문 근처의 가게에 걸려 있던 '짚신과 갓모'도 한 곳에서 다른 곳으로의 여행을 암시하면서, 이 세상에서의 삶이 나그네의 길과 같다는 것을 상징한다.

　문학 작품은 상징에 의하여 감각적 체험과 생동감과 풍부한 상상을 자극하면서 넓고 깊은 관념을 전달한다. "찬란한 밤 하늘은 그것을 바라보는 우리에게 무관심할 뿐이다. 지나가는 바람이 우리의 부르짖는 소리에 귀를 기울이지 않는다. 쏟아지는 비는 우리의 슬픔을 씻어주지 않는다." 바로 위의 예문 속의 '찬란한 밤 하늘, 지나가는 바람, 쏟아지는 비'는 상징으로 사용되었다. 이 말들은 모두 심상을 가진 구체어이다. 이 말들은 본래의 의미를 지니면서, 또 다른 추상적 의미를 - 인간이 볼 수 있고, 들을 수 있고, 만질 수 있는 우주나 세계와 그 속의 모든 것을 가리킨다. 상징으로 쓰인 이 말들은, 이 말들이 들어 있는 문장과 함께, 우주와 우주 속의 모든 것은 인간과 아무 관계 없이 존재하며, 이것을 의식하는 순간 모든 인간은 무한한 고독에 잠긴다는 것을 뜻한다. 위의 예문에서 상징으로 사용된 구체어들을 아래와 같이 추상어로 바꾸면, 생동감이 사라진다.

　"우리를 둘러싸고 있는 세계나 우주는 우리와 아무 관계도 없고 우리에게 무관심하다. 이것을 깨닫는 순간 우리는 무한한 고독에 사로잡힌다." 소설이나 시 중에는 구체어를 상징으로 사용하여 풍부하고 깊은 의미를 전달하는 작품이 적지 않다. 그러나 수준 높은 상징이 사용되는 수필은 드물다.

41_ 글쓰기 기법 - 맥주 세병 압축 하나 :)

## 제목은 제재로만

    수필에서뿐 아니라 모든 문학에서 이름은 참으로 중요하다. 왜냐하면 이름과 그 이름의 대상의 개체는 동일시되어 그 개체를 대신하거나 대변하기 때문이다. 그러므로 수필에서 작품을 이름짓는 것은 대단히 중요하다. 퍼스트 임프레이션이며, 명함이라 할 수 있다. 작가가 말하고자 하는 내용의 압축이며 개념의 구체적인 표현이다. 그러므로 제목은 (1) 상징성 (2) 매력적 (3) 사회와 연관 (4) 기대감과 호기심 (5) 주제의식을 구체화할 수 있는 것이어야 한다. 그래서 셰익스피어 같은 대가도 작품을 완성해 놓고도 표제를 달지 못해 몇 달을 고민했던 것이다.

    제목은 그 글의 얼굴이요, 간판이니만큼 신경을 써야 한다. 독자에게 맨 처음 시도되는 접근이기 때문이요, 읽히느냐 마느냐의 성패를 좌우하기 때문이다. '내용의 단적인 표현' 하면 휘뚜루 적용될 듯하나, 논리적인 문장에선 화제나 사실을 내세움이 많고, 문학적인 글에는 주인공, 주제의 상징화, 중요한 배경, 명구의 인용 등을 내세운다. 실제로 제목 붙이기 요령에는 다음 세 조건을 내세울 수 있다.

    1) 적절성이다. 글의 내용이 적절히 나타나도록 해야 한다. 얼른

보고서 내용을 쉬 알게끔 함이 좋다. 문장의 목적이 암시되었다면 더욱 좋다. '여행'이란 제목의 예를 들어 보자. ① "여행은 자유에의 탈옥"(재미에 목적) ② "1박 2일로 다녀온 비경"(지식에 목적) ③ "여행은 낭비요 사치인가"(설득에 목적) ④ "나는 내 생의 종착지를 점 찍어 두었다"(감동에 목적) ⑤ "우선 떠나라, 자유의 혼을 찾아"(행동화의 목적)

2) 매력성이다. 제목 하나만 보아도 읽고픈 글이 있다. 그렇다고 매력을 지나치게 의식해서 붙이는 제목은 자칫 독자들을 농락하는 결과가 된다. "여자의 매력은 절반은 속임수"라는 제목을 붙인 글이 있었거니와, 문장 제목의 매력은 속임수하고는 먼 거리에 놓여야 할 것이다. '재미'에 목적을 두는 글의 제목은 특히 매력성에 무게를 두고, 그 밖의 글에서는 '적절성'을 중시할 일이다.

3) 간결성이다. 빨리 이해되고 기억하기 쉽게 하기 위해서는 간결해야 한다. 내용을 적절하게 요약하여 표현하고, 더욱이 매력적으로 할 때, 제목이 길어지기 일쑤다. 그럴 때는 주제목은 간결하게 하고, 부제목에서 보충하면 된다.

수필을 써놓고 제목을 붙일 수가 없어 고심을 할 때가 있다. 이것은 제목이 내용과 관련성이 있어야 한다는 데서 오는 것이다. 수필 제목은 작품에서만 아니라 수필집에 붙이는 일도 마찬가지다. 과거에는 명사적 성격의 짤막한 것이었으나, 지금은 문장의 한 구절 같은 형식으로 붙여지는 현상을 보인다.

"이런 현상은, 독자층의 관심을 불러 일으켜 출판의 활력소 구실을 하기도 한다. 그리고 이러한 추세는 얼마 동안 지나서 다시 과거의 형태로 짧아질 수도 있을 것이다. 말하자면 일시적 유행이며, '초가집'같은 짧은 제목들과 '사랑을 줍는 사람들의 기침소리' '바람과 함께 살아온 세월' 따위로 길게 붙는 제목들은 독자층을 지나치게 낮게

평가하는 태도이며 이에 반발하는 사람들이 긴 제목에 부정적 견해를 나타내는 주장도 있다. 그리고 그런 수필집 제목은 말 장난같이 느껴지며, 지나치게 신경을 써서 그런 제목을 붙이는 일은 생각해 볼 문제이다."

 수필에 제목을 붙이는 일은 가령 옷으로 비교해 볼 수가 있다. 1차적으로 사람의 품위를 외형적으로 가려보게 되는 것이 옷이다. 지난날에는 신분상 계층까지 옷으로 나타냈으나 오늘이라고 해서 예외일 수는 없다. 옷차림으로 무엇을 하는 사람인가 쯤은 짐작이 간다. 접객업소의 여인차림을 하면 현숙한 주부도 그렇게 보일 수밖에 없다. 옷은 입은 사람의 본체를 실증적으로 드러낸다.

 이러한 본질에 비추어, 수필에 붙는 제목도 같은 것이라고 할 수 있다. 수필의 제목론에서, 유명론·실명론·허명론으로 분류해서 말한 지적이 있다. 유명론이란, 시·음악·미술작품 따위에 '작품X번'(혹은 X호)이라고만 붙이는 것이고, 실명론이란, 제목이 작품 내용과 필연적으로 유기적 관련이 있어야 한다는 것을 말한다. 그런데 오늘의 수필에는 이 실명론적 제목이 돼야 함에도 허명론적 제목을 붙여, 상업주의와 결탁하게 되면, 그 부작용은 매우 막심한 것이 되고 만다고 하였다. 수필이나 수필집에 붙는 제목이 허명론적인 것은, 상업주의와 무관하지 않다는 점에서, 독자층을 저급화시켜가고 있다는 사실을 살펴보았다. 따라서 허명론적 제목은 문장과 작자의 품위와도 관련이 된다는 결론이 나돈다.

 제목에 대해 다시 말해보면, 매화 향기를 소재로 해서 쓴 작품에 '어떤 향기'하면 유명론적이 되고, '매화 향기'하면 실명론적이다, '은은하고 황홀한 향기 속에 묻혀'하면 허명론적이다. 치장과 화장이 지나친 제목이 된다. 따라서 시사성이나 함축성이 없어 천속한 격을 면치 못한다. 그러므로 제목은 글의 성격과 내용을 잘 나타낼 수 있어야 하며, 독자에게 좋은 인상을 줄 수 있는 혹은 호감을 갖게 하는 제목이어야 한다는 점이다. 아울러 쉽게 기억해낼 수 있는 강한 인상이 남는 제목이면 더욱 좋다. 흔히 제목을 정하지 못하겠다고 말하는 사람이 있다. 이 경우에는 요지가 분명하지 않든가 아니면 분명한 느낌이 없이 쓰여졌기 때문이다.

　제목을 붙이는 방법은 대체적으로 다섯 가지가 있다. 첫째, 주제를 잘 나타내는 말로 제목 붙이기. 둘째, 소재로 제목 붙이기. 셋째, 시간적인 개념의 문구로 제목 정하기. 넷째, 공간적인 개념의 문구로 제목 붙이기. 다섯째, 시간과 공간을 섞어 제목붙이기가 있다. 그러나 위의 방법은 서로 중복하는 경우가 있다. 예를 들면 주제를 비유하는 제목인데 공간적 개념의 문구일 수도 있고 소재이면서도 시간적인 개념의 문구일 수도 있는 것이 그것이다. 그리고 위의 패턴에 의해 제목을 붙이되 수필문의 경우에는 주제가 함축적으로 담겨있는 제재를 제목으로 삼는 게 훨씬 적절하며, 실용문의 경우에는 주제나 소재를 제목으로 내세우는 것이 바람직하다.

## 42_ 글쓰기 기법 - 맥주 세병 안주 하나 :)

# 지성은 풍자로서

　수필에서 풍자가 지니는 뜻의 비중은 크다. 풍자를 글자 풀이대로 보면 풍은 빗대서 바른말을 한다는 뜻이고, 자는 찌른다는 뜻이다. 남의 결함이나 결점을 직선적으로 말하지 않고, 돌려서 말하거나 다른 말로 빗대서 말하는 것을 이른다. 따라서 풍자는 사회 죄악이나 사람들의 옳지 못한 것을 대상으로 한다.
　풍자는 재치가 있되 융통성이 있어야 한다. 냉소·조소·자학·야유·독설·희롱·빈정거림·비난·비평·비꼬는 따위의 개념이 담긴다. 수필이 아닌 다른 부분의 문학에 있어서는, 남을 헐고 찌르는 표현 방법에 별로 어려움이 따르지 않는다. 그러나 직접 간접으로 작자가 드러나는 수필에 있어서는, 남의 결점이나 결함을 다룬다는 것은 쉬운 일이 아니다. 수필은 작자의 품격이 바탕에 깔려 있는 까닭이다. 따라서 수필에서의 풍자는 그만큼 표현상의 기술이 따른다.
　풍자는 솜방망이 속에 들어있는 송곳 같은 것이라고 한 말이 있다. 이런 까닭에 옛날이나 지금이나 경세적 의미를 담는다. 소설이긴 하나, 썩은 선비를 빗대서 쓴 연암의 '호질'이 그런 것이며, 북송의 문장가 구양수가, 사회를 어지럽히고 해치는 간사한 무리들을 빗대서, '증창 승부'라는 글을 쓴 것도 그런 것이다. 증창 승부란, 파리를 미

위한다는 뜻의 글이다.

한국에서 풍자를 말하면 방랑 시인 김병연 속명 김삿갓을 생각할 것이다. 그의 종횡무진한 풍자는 촌철 살인의 위력을 지니는 것이었다. 양반사회의 부패상과 부도덕한 인간상을 거리낌없이 찔렀다. 그의 풍자는 익살과 기지로 차있다. 예를 보자. 묘지 자리를 탐낸 고을 원이 권력으로, 한 서민의 아비와 할아비의 묘소 사이에 딸의 시체를 묻었다. 서민의 억울한 탄원이 통할 리가 없었으나, 김삿갓의 몇 마디 글로 원은 지체없이 딸의 무덤을 파헤쳐갔다. 김삿갓의 풍자에 찔린 것이다. '사대부의 따님을 천한 저의 아비와 할아비 사이에 누이셨으니, 따님을 할아비 쪽으로 부치오리까, 아비 쪽으로 부치오리까 한 것이다. 양반 계급과 상민 계급 간의 혼인을 할 수 없는 것을 빗대서 한 이 말은 더없는 모욕이었다.

조선조 성종때 윤효손의 풍자도 위력을 발휘했다. 말단 공무원인 아버지가 정승을 만나러 새벽부터 명함을 디밀었으나 번번이 퇴짜를 맞았다. 해가 높이 솟았는데도 일어나지 않았다는 핑계였다. 지쳐 돌아와 아들에게 이르기를, 너는 학업을 이루어서 아비처럼 창피한 꼴을 당하지 말라했다. 효손이 이 말을 듣고 명함 뒤에 슬쩍 다음과 같은 시를 적어 넣었다. '정승이 잠이 깊어 해가 높은 것도 모르는구나. 들락거린 명함 종이에 솜털이 피었다. 정승이여, 꿈 속에서라도 주공을 만나거든 토악로를 물어보시라' 효손의 아버지는 이렇게 적은 것을 모르고 다음날 다시 찾아가 내밀었다. 명함 뒤 글을 본 정승이 효손의 기개를 높이사 그를 사위로 삼았다.

토악로라는 말이 정승을 찌른 것이다. 이 말은 주나라 문화를 일으켰다는 주공의 고사를 인용한 것으로서, 주공은 인재를 널리 구하기 위해, 밥을 먹다말고도 입에 든 음식을 뱉고 나가 손님을 맞았고, 머리를 감다고도 머리를 쥔 채 나가 맞았다 해서, 토악의 수고라는 성어를 인용해 풍자한 것이다. 효손은 이 고사를 빌어 정승의 콧대에 일침을 가한 것이다. 풍자의 방법은 여러 가지 요소의 비유로 표현한다. 문장 한 구절에 나타낼 수도 있고, 작품 전체가 풍자가 되어 고

발의 성격을 띠기도 한다.

43_ 글쓰기 기법 - 맥주 세병 안주 하나 ☺

## 인물은 인상이다

    수필의 창작에 있어 빼놓을 수 없는 것이 인물의 표현 기교다. 수필에 있어서 인물 표현의 문제는 결코 쉬운 문제가 아니다. 그것은 수필의 갖는 개성적 특질에 따르는 여러 가지 표현상의 어려움이라 할 수 있다. 다른 문학과는 달리 작가의 인격이 그대로 드러난다는 점에서 인물 표현의 한계, 즉 품위를 유지해야 된다. 짧은 글에서 주제나 제재를 효과적으로 나타내려면 인물 표현의 문제에 신경을 안 쓸 수 없는 것이다. 주지하는 바, 수필은 언어 예술이다. 그 점에서 인물 표현 기교의 중요성은 확인된다.

    표현해야 할 대상 중에서 인물처럼 복잡 다난한 것이 없고, 그 때문에 인물의 표현처럼 어려운 것이 없다. 아무리 명문장가라한들 어린 소녀의 심리를 당하지 못한다. 얼굴도 천태 만상이지만 성격, 행동, 정서, 생각 등도 천변 만화이다. 사람이 사람의 마음을 알 수 없는 것이 또한 사람의 마음이 아닌가. 그러나 천태 만상, 천변 만화의 인물이어도 그 인물의 내적, 외적 특징만을 붙잡으면 된다. 그것이 인물 표현의 묘법이기도 하다.

    인물의 특징을 잡으려면 다음과 같은 점에 유의할 일이다. 외모에 대한 경우다.

첫째, 남녀 노소를 분명히 파악할 것.
둘째, 키가 큰가 작은가를 파악할 것.
셋째, 몸이 뚱뚱한가 야윈가를 파악할 것.
넷째, 이마가 넓은가, 좁은가, 눈 코 입 등이 큰가 작은가를 파악할 것.
다섯째, 얼굴빛이 흰가 검은가를 파악할 것.
여섯째, 말소리가 맑은가 탁한가, 느린가 빠른가를 파악할 것.
일곱째, 걸음걸이를 파악할 것.

이상에서 살핀 바가 그 인물의 성격과 가장 유기적인 인과를 갖는 것이니, 이에 예리한 눈을 가질 일이다. 또한 옷차림, 취미, 교양, 직업 등도 그 인물을 성격적으로 윤색하는 데 적당한 요소가 됨을 잊어서는 안 된다. 그런데 인물을 묘사함에 있어 초목처럼 가만히 세워놓고 그리는 것은 서투른 짓이다. 수필을 써 나가는 사이에 그 인물의 성격적인 면을 한 군데 한 군데씩 그려 나가되, 읽고 나면 은연중에 그 인물이 눈앞에 떠오르도록 표현해 나가는 것이 자연스럽다. 이것이 인물묘사의 묘로 여겨진다.

44_ 글쓰기 기법 - 맥주 세병 안주 하나 :)

## 안식이 으뜸이다

    수필은 삶에 지친 현대인들에게 안식을 줄 수 있는 문학으로서의 특성을 갖고 있다. 감동을 생명으로 삼고 있는 수필이 작가의 인품과 융화되어 문학성을 가질 때 한 편의 시보다 한 권의 소설보다 더 진한 감동을 독자에게 안겨줄 수 있다는 말이다. 이것은 수필만이 갖는 매력이다. 수필은 허구 세계를 다루는 것이 아니라 진실의 세계를 다룬다는 측면에서 어느 문학보다 감동의 전달력이 강한 문학이라는 데 이견을 낼 사람은 아무도 없을 것이다.
    인간이 살아 있다는 것은 무엇을 의미하는 것일까? 그 답은 생각할 수 있다는 사유에서 찾아야 할 것이다. 생각할 수 있다는 이 자연스러운 지각, 과학적이고 실용적이면서 미각적 감각에서 오는 진 선 미 이런 것들로 인간이 살아 있다는 존재를 인정받고 있음을 우리는 잘 안다. 생명은 원색의 덩어리다. 반짝반짝 광채가 나고 살아 움직이는 색깔을 지니고 있다. 눈동자는 검고 푸른 빛나는 색깔을 지니고 있으며 머리카락 또한 흑색이나 황금색의 싱싱하고 윤기 흐르는 생명을 지니고 있다. 그러나 그 생명이 식어가고 있을 때 그 광채를, 그 색채를 점점 잃어간다. 나무를 불태우면 회색 빛으로 남듯이 수필은 이러한 인간의 식어 가는 생명을, 잃어 가는 정신을 보충하여 주는 끝없는 인생의 이정표다.

　인간이 살아가는 가운데는 헝클어진 많은 사상들이 널려 있다. 그 가운데 인간은 희비가 엇갈리며 고뇌하고 번민하면서 우리 조상이 살아간 그 길을 살아간다. 경우에 따라 이 말을 듣고 저 말을 들으면서 어느 쪽의 말이 옳은지 자기 충돌을 빚으면서 수많은 날들을 고뇌의 사슬에 매일 때도 있다.

　수필은 이러한 인생의 진로를 빠져나가도록 안식을 주는 문학이다. 물론 소설이나 시가 그렇지 않다는 것은 아니다. 그러나 산업사회를 살아가는 오늘날 사람들은 간편한 것을 좋아한다. 씻어서 만들어 먹는 식품보다는 물만 붓고 끓여 먹을 수 있는 인스턴트 식품을 찾고, 오랜 시간을 두고 읽을 수 있는 소설보다는 안락의자에 앉아서 즐길 수 있는 텔레비전을 선호한다. 더욱이 시는 독자를 외면한 지 이미 오래다. 문단의 어느 대가는 〈시는 너무나 독자가 없다. 그건 시대 감정을 붙잡지 못한 탓이다.〉〈자기가 써서 자기가 읽는 게 시다.〉라고 시의 독자가 없음을 통탄했다. 그것은 시가 어렵다는 것이다. 독자가 이해하지 못하는 말의 유희성에 지나지 않는다는 얘기인 것이다. 이처럼 오늘의 시는 새가 노래하듯이 물이 흐르듯이 노래 불리어지지 않는다. 옛날의 시는 한 줄만 건드려도 감흥을 일으키고 촌부가 읽어도 그 맛에 저절로 엉덩이 가락이 나왔다.

　이러한 시를 대신할 문학이 현대 수필이다. 현대 문명이 가져온 사상의 혼란과 상상력의 약탈에 현대시를 빼앗겼다면 수필은 그것으로써 독자를 빼앗아와야 하는 것이다. 수필은 짧으면서도 난해하지 않다. 그것은 이치를 이야기하며 사리의 핵심을 찌르는 빈틈없는 글이기 때문이다.

　오늘날 사람들은 기계처럼 움직인다. 어제가 오늘이 아니며 오늘이 내일이 아니다. 시간마다 변하고 날마다 달라진다. 그 속에 살아가자니 인간이 기계화가 되지 않을 수 없다. 수필가는 그 속에서 변하지 않는 선량한 시민으로 남는다. 그래서 이 시대의 애절하면서도 간절한 인간 희구의 노래를 들려 줄 것이다. 그것은 수필만이 가능하다.

수필은 우회와 왕복의 난해성보다는 솔직과 유창함을 귀하게 여기기 때문이다. 현대인의 메마른 지성에 더욱 높은 차원의 정서를 부여해야 하는 시대적 요청의 문학이 수필이다. 그러므로 수필은 미적 차원이 높은 문학적 예술로 더욱 승화될 것이다.

이상에서 수필의 특성을 살펴보았다. 이에 수필은 위에서 살핀 특성을 밑거름으로 하여 피어난 꽃이라 할 수 있다. 꽃도 생태에 따라 향기를 달리하듯 수필 또한 어느 특성에 치중했느냐에 따라 성격을 달리한다. 그러나 그 특성들은 별개의 것이 아니라 서로 유기적인 연관을 가지면서 하나의 수필로 집약되어져야 한다. 문제는 어느 특성이 강하게 드러났느냐, 즉 어느 특성에 치중했느냐에 따라 수필의 질이 달라질 뿐이다. 문제는 이러한 수필의 특성을 본질적으로 재인식하면서 수필문학을 발전시켜 가는 일이다. 수필이 문학적 미에 의한 문학적 진리에의 작업을 떠나는 순간 그것은 무용의 공염불이요, 불로의 사막으로 변하고 말기 때문이다. 여기에 수필의 영원한 과제가 있다고 생각되어진다. 이제 우리는 진정한 수필을 위해 무엇을 밝혀야 할 것인가, 무엇을 해야 할 것인가. 이 물음에 대해 진지하게 대답해야 할 것이다.

## 45_ 글쓰기 기법 — 맥주 세병 만족 하나 :)

# 문장은 수사로다

새 수사학은 19세기 중엽 니체 탄생 이후 도입되었으니, 나이는 150세 정도로 잡는다. 옛 수사학은 설득의 방법이었고, 웅변의 기술이었다. '비유'를 중심으로 하는 언어의 전략이었다. 그러나 새 수사학은 '효과적 표현과 전달'에 모두어지는, 새로운 언어의 발견이고 기술이다. 영국의 리처드스의 ≪수사학의 철학≫은 새로운 도화선이 되었다. 수사법의 분류도 그 변천도 과정만큼이나 어려운 일이다. '문체의 특수성'에 초점을 두는가 하면, '어휘의 효과적 사용'에 과녁을 맞추기도 한다. 여기서는 일본의 핫토리 씨의 3 동아리 24 가지를 옮겨 본다.

말을 글자로 써야 할 필요성에서 시작된 것이 문장이다. 어떤 대상을 쓸 때, 그 대상은 본질적인 것이 있고, 그 본질을 나타내는 말은 한 가지로 집약된다는 말이다. 여러 갈래의 말로 나타낼 수가 있으나 핵심을 잡는 말은 역시 한 가지일 뿐이다. 수사란, 이 한 가지 말로 드러낼 수 있는 대상의 진실성을 더 진실되게 나타내기 위해서 쓰는 강조적 성격을 띤 것을 말한다.

그런데 이것을 잘못 알고 문장을 아름답게 꾸미는, 겉 모양을 화장하듯 분식하는 것으로 알고, 수사의 개념을 오해하는 경향이 있다.

앞의 항목에서 말한 화려체·미문체에서 보게 되는 것이 그런 것이다. 수사는 단순한 의미의 미사 여구를 뜻하는 것이 아니다. 대상을 더욱 진실하게 나타내는 것이라고 했거니와 한 가지 의미가 또 있다. 문장의 평범성을 벗는 독자를 이끌어 가는 작용을 한다. 말하자면 진실성에 충실하고 평범성을 벗는 두 가지 요소를 지닌다. 예를 들어 보자.

가령 A라는 여인이 웃고 있는데, 흰 이가 드러난 것이 아름답다고 느꼈을 때, 그저 '희다'가 아닌 '배꽃처럼 희다'가 되면, 흰빛의 본질적 진실을 더 들어 내는 것이 된다. 이와 같이 수사는 평범한 문장의 건조한 맛을 벗으면서 활력소를 띤다. 그런데 앞에서 말한 바와 같이 수사가 지나치거나, 솔직하지 않게 꾸밀 때는 대상의 본질이 흐려진다. 진실에서 멀어져 말장난으로 흐르고 만다는 것도 말한 바와 같다. 앞의 예를 다시 들어본다면 '여인의 이가 마치 표백제를 쓰기라도 한 듯, 한 점의 티도 없이 희고, 천지를 뒤덮은 눈빛처럼 티끌 하나 없이 깨끗하다'가 되면 이것은 꾸민 글이자 분식한 글로서 진실에서 멀어진 글이다.

수사는 아름답게 꾸미려고 하는 것이 아니라, 진실을 드러내고자 하는 표현 방법이라 했거니와 수필문장의 수사법은 다른 문장-소설·희곡 등과 동일하게 적용되는 것이라고 보아서는 안 된다. 그것은 수필문장이 다른 산문과는 달리 본질적으로 함축성이 담겨야하는 문장이기 때문이다. 작자는 표현하고자 하는 본래의 생각과, 이 본래의 생각에 효과를 높이고자 끌어다 붙이는 생각이 있다. 앞의 것을 원관념이라 하고, 뒤의 것을 보조관념이라 한다. 이 원관념에 보조관념을 더해, 표현에 효과적 의미를 주려고 하는 것이 수사법이다.

여러 가지 수사법을 보자.

1) 비유

사물을 형태·상황·그것에 대한 생각들을 다른 것으로 끌어다 붙여 표현함으로써 효과를 높이는 기법이다.

① 문장의 연결 부분에서 ××같이, ××처럼 따위로 직접적으로 비교해서 드러내 보이는 기법을 직유법이라 한다. 명유법이라고도 한다.

고무공같이 탄력 있어 보이는 몸에 다갈색 양장을 휘감고, 퍼머넌트를 밤바람에 휘날리며 남포동 밑에 서 있는 애경은, 짜장, '해롯왕' 앞에서 춤추는 '헤로디아'의 딸 '살로메'와 같이 요기로워 보였다.

- 정비석 ,「제신제」

② 앞의 것과는 반대로, 원관념과 보조관념이 하나의 관념인 듯 연결시키는 방법-가령 A라는 관념에서 B라는 관념을 합함으로써 , 하나의 관념을 만들어내는 것이 있었다. '그 시절 우리들은 한 사람의 살인 사건에도 몸을 떨었다. (원관념). 그러던 것이 오늘에 와선 면역이 된 사실조차 모르면서 (보조관념). 날마다 그런 뉴스 속에 묻혀 그런 사실과는 상관도 없이 산다'-은유법이다. 직접적으로 말하지 않고 돌려서 말한 것이다.

③ 인격체가 아닌 대상을 인격체처럼 표현하는 방법이다. '버스는 허위적거리며 올라가다, 해발 백 미터 지점에서 숨을 몰아쉬었다' '꽃들이 얼굴을 들며 일제히 말한다' 의인법이다. 의인법의 반대로 '의물법'이 있다. '묘지 위에 피는 하나의 꽃송이처럼, 인간은 피를 마시고 아름답게 핀다.

④ 사물이 움직일 때 나타나는 소리·형태를 표현하는 방법으로서, 동물의 울음소리·바람소리·빗소리, '멍멍·씽씽·살랑살랑·주룩주룩' 따위이다. 의성법이다. 이와 같은 의성법은 수필이 아닌 다른 문장에서는 필요한 표현이 되나, 수필문장에서는 가급적 쓰지 않아야

한다. 이유는 이러한 형용사격 부사가 들어가면 문장의 무게가 가벼워지며 함축성에서 오는 정감의 밀도가 엷어지기 때문이다.

⑤ 사물의 모양·상태 등 움직이는 형태를 표현하는 것인데, '성큼성큼·엉금엉금·방실방실' 따위이다. 앞의 의성법과 같은 형용사이다. 앞에서 지적한 바와 같이 이런 형용사격 부사는 수필문장에서는 무게와 품위를 떨어뜨리는 효과를 빚기 쉽다. 초심자의 글에서 두드르지게 나타나는 결함이다. 의태법이라 한다.

⑥ 생물체가 아닌 것을 생물체처럼 생각하고, 감정이 없는 사물을 감정이 있는 것처럼 비유하는 방법이다. '바람이 울부짖는다' '하늘이 찢어진다' '나무와 풀들이 떨고 있다' 따위이다. 이런 비유는 소년 소녀의 동화적 수법으로 쓰이는 기법으로써, 역시 수필문장으로서는 유치한 분위기를 빚기 쉽다. 활유법이라 한다.

⑦ 남의 흠을 말할 때 본 뜻을 숨겨 슬며시 찌르는 기법이다. '생선 망신 꼴뚜기가 시킨다' '빛 좋은 개살구'하는 식이다. 풍유법이라 한다. 풍은 풍자한다는 뜻이다. 이런 비유는 비꼬는 것이므로 앞 뒤 문맥의 영향을 고려해야 하고, 문장 전체의 품위를 생각해서 써야 한다.

⑧ 사물의 속성과 관련이 되는 것과 또는 기호적인 것으로 나타낸다. '남녀 한 쌍의 청바지가 어깨를 겨누고 걸어간다' '그는 어디를 가나 집 없는 천사였다' '매파와 비둘기파의 견해차일 뿐이다' 환유법이다.

⑨ 표현이나 묘사를 직접적이거나 구체적으로 하지 않고 추상적인 말로 나타내는 방법이다. '해마다 입시가 끝나면 준재들의 포부가 지상에 전해진다. 힘없는 사람의 편이 되는가 하면, 공명 정대한 법관

이 되기도 하고, 히포크라테스의 충실한 후계자가 되기도 한다.' '상아탑 속에서 쌓아 올린 유토피아는 현실과는 거리가 멀었다' '주머니 사정은 항상 가벼웠다' 상징법이다.

2) 강조
그림에 있어서, 색채와 선과 공간의 여백이 평면적인 것을 입체적 구성으로 보이게 하듯이, 문장도 수사법에 따라 그와 같은 효과를 낸다. 문장의 평면성을 입체적 감각의 효과를 내는 것이 강조법이다. 예문을 보자.

① 실제보다 확대하거나 축소하는 기법-'높이가 까마득해서 하늘과 맞닿아 보인다' '눈물이 바다를 이루었다' '털끝 만치도 인정이 없는 냉혈한이다' '바늘로 찔러도 이마에서 피 한 방울 안 나올 사람이다' 과장법이다.

② 감정을 드러내서 정감을 나타내는 방법이다. '천인 공노할 만행에 누군들 의분을 느끼지 않으랴' '아이쿠' '어머나'따위 감탄사를 쓴다. 영탄법 또는 감탄법 이라고 한다. 이와 같은 감탄사도 자칫 감정의 표출이 생경하게 나타나는 것이므로 남발이 되면 문장의 품위를 잃는다.

③ 같은 말이나 비슷한 뜻의 구절을 되풀이함으로써 문장의 뜻을 강조한다. '입과 입을 통해 비밀은 삽시간에 번져나갔다' '산 깊고 밤 깊고 나그네의 수심도 깊어만 갔다' 반복법이다.

④ 글의 뜻과 세력을 점점 높이고[점증],크고 깊게 해서 강한 인상을 돋구는 기법이다. '어제도 오늘도 내일도 그리고 끝도 없이, 동으로 서로 떠도는 그들 서커스단의 삶' '지난 해에 이어 올해도 어김없이 찾아온 봄이건만, 그 봄이 내게는 먼 곳에 있기만 했다' 점증법이다.

⑤ 점증법과는 반대되는 기법이다. 내용이나 규모가 점점 약해져서 평범한 사실로 이끌어가는 방법이다. '나라를 다스리는 것은 가정을 다스리는 일이고, 가정을 다스리는 일은 자신을 다스리는 일이다' '하늘을 삼킬 듯한 젊은 날의 기상은 간데 없고, 하루를 지탱하는 의미마저 한가닥 실오라기에 지나지 않았다' 점감<sup>점감</sup>법이다.

⑥ 서로 다른 개념이나 질량감을 대립시켜 문장의 뜻을 선명하게 드러내는 기법이다. '말로 주고 되로 받는다' '벌기는 어려워도 쓰기는 쉽다' 대조법이다.

⑦ 수사는 넓은 의미의 미화법이다. 그러나 여기서 말하는 미화라는 개념은, 과장해서 꾸미는 것이 아니라, 불완전하게 전달되기 쉬운 것을 수사적 기법에 의해 바르게 전달함을 뜻한다. '그녀의 살림은 보잘 것 없어도, 언제나 외모는 단정한 모습이었다' '그는 풍신이 좋아, 빚더미에 올라앉은 사람으로는 보이지 않았다' 미화법이다.

⑧ 내용상으로 연결성이 있거나 비슷한 말을 늘어놓아 부분적으로는 독자적 의미를 지니면서도, 전체적으로 합쳐져 내용이 강조되는 기법이다. 반복법과 비슷하다. '희망은 끝이 났다. 희망은 이제 내게서 떠나 멀어져갔다. 희망이라는 것은 내게 있어서 이제는 어디에서도 찾아볼 수 없는 것이 되고 말았다.'

⑨ 두 개 이상 되는 대상의 모양이나 성질을 비교해서 뜻을 강조하는 기법이다. '뻐꾸기 울음이 슬프다. 그 새의 울음은 청상<sup>젊은 과부</sup>의 슬픔 같기만 하다' 비교법이다.

⑩ 수필문장은 대부분이 체험한 것이 소재가 된다. 따라서 과거형으로 쓰는 경우가 많다. 그러나 지나간 일이라 해도 그 시점으로 돌아가 쓸 수 있다. 즉 과거형으로 쓰는 것이 아니라 과거 속에서 현재

형으로 쓰는 것을 말한다. 문장에 있어서 현재 진행형은, 전달성에 있어서 생동감이 과거형보다 강한 데에 장점이 있다. 초심자는 과거 속의 일을 현재형으로 쓰는 기법에 유의해야 한다. 이것을 현재법이라 한다.

⑪ 한 쪽 문장의 뜻을 누르고 한 쪽은 높이며, 또 한 쪽은 높이고 다른 한 쪽은 누르는 기법이다. '겉 보기에는 눈에 들지 않아도, 손끝 닿는 곳은 하나같이 야무지지 않는 것이 없고, 그토록 심성도 고울 수가 없다' '밍크 코트에 다이어 반지-차림새는 어느 부호가 다를 수 없어도, 그녀의 머리는 빈 주머니와 같다' 억양법이다.

⑫ 앞구절과 뒷구절이 이어질 때, 앞구절 끝 부분의 주어가 다시 뒷구절로 반복되면서, 뜻의 강도와 리듬을 살리는 기법이다. '이제 내게는 인생이 없다. 멋없는 인생, 인생이 삭막할 뿐이다' '사람들은 한 시도 돈의 집착에서 벗어나지 못한다. 돈의 마력, 돈의 위력, 그 돈에서 헤어나지 못한다' '용모를 자랑하는 여자, 그 용모 속에는 함정이 있다' 연쇄법이다.

⑬ 문장의 세력을 몰고 나가다가 말 끝을 잘라내서, 의미를 고조시키는 기법이다. 끊어져나간 부분에서 강한 여운과 암시와 시사를 읽게 된다. '애국 시인 육사를 낳은 안동. 그의 생가는 지금 구박데기가 되어 구차한 목숨을 잇고 있다. 땜 가에서 호사를 누리며 전시용으로 남겨져 있는 민속자료의 건물만도 못한 시인의 집. 천언 만어로도 설명이 부족할 조국애의 산실이던 시인의 집…' 생략법이다.

3) 변화
비유법이나 강조법이 문장의 맛을 효과적으로 나타내며, 평면성을 벗고 입체적 생동감을 강조하는데 있지만, 변화법 또한 문장의 흐름에 변화를 주어 단조로움을 피하는 기법이다. 어떤 문체이건 변화가 없이 같은 형태로 흐른다면 그것처럼 무미 건조할 수가 없을 것이다.

① 다 아는 얘기를 짐짓 의문 형식으로 던져 독자에게 판단과 상상을 촉구하는 기법이다. '그것은 누구나 경험한 일이고, 삼척 동자도 아는 일이다' '아직 그것을 모른다면 그 사람은 이 세상 사람이 아니다' 이와같이 의문을 제기시킨다는 뜻에서 설의법이라 한다.

② 자기의 의견이나 생각을 확실하게 인정시키려는 뜻으로, 남의 말이나 명구 잠언 따위를 끌어내는 기법이다. 그러나 이 기법은 인용이 적절해야 효과적이다. 서투르면 지식 자랑처럼 되기 쉬운 까닭이다. 이 부분은 별도의 항목에서 말하기로 하고 간략하게 예를 들어본다. '공자 사상의 근간은 인이다.' '맹자는 성선설을 주장하였다.'

이런 정도의 인용을 지나, 공자 앞에서 문자 쓴다는 격으로 공자의 내력과 인에 대한 평범한 얘기를 구구하고도 장황하게 인용한다면 서투른 글이 되고 만다. 공자의 사상이나 맹자의 사상은 보편화된 상식이다. 인용을 한다는 뜻에서 인용법이라 한다.

③ 어떤 말의 뜻을 실제와는 다르게 반대로 쓰는 경우의 기법이 있다. 가령 살갗이 검은 흑인의 경우를 말할 때 '매우 살갗이 아름다운 미인과 한 자리가 되어 지정 좌석에 앉아 갔다'던가, 슬픈 장면을 강조하여 '울음조차 울 수가 없는 상황' 또는 '그들은 더 깊어지기 전에 정을 끊어야 했다' '앓느니 죽지'따위이다. 반어법이다.

④ 역설적으로 강조하는 기법이 있다. '의사는 사람이다. 사람이 되기도 전에 의사가 된 사람에게 목숨을 내맡길 수는 없는 일이었다' 역설법이다.

⑤ 한시에서 흔히 쓰는 기법으로써, 개념이 다른 두 개의 문장을

대립시켜 짝을 이루는 형식이다. '산은 높고 물은 깊다' '시간은 더디고 마음은 급하다' '돈은 돈대로 쓰고 뜻하는 일은 계획대로 되지 않았다' 따위이다. 댓구법이다.

⑥ 써 나가는 과정에서 순서적으로 쓰지 않고 문장 조직을 거꾸로 놓는 법이다. 이 방법은 문장의 뜻을 가장 강도있게 드러낸다. '나는 가야만 했다. 위험을 무릅쓰고' '누가 안 일이던가, 그의 앞길에 불행이 닥칠 줄을'
 문장을 거꾸로 놓는다 해서 도치법이라 한다. 이 기법에서 유의할 점은, 문장의 흐름이 갑자기 뒤집어지고 뜻의 강도가 심하므로, 가급적이면 한 작품 속에 여러 번 쓰는 것은 바람직하지 않다.

⑦ 문장의 선명성과 간결성을 드러내서 암시와 함축성을 지니게 하는 기법이 있다. 언어를 절제해서 밀도를 가함으로써, 문장을 탄탄하게 한다. 추릴 말을 추려서 할 말만 하고, 하고 싶은 말에서 설명이 구구하거나 장황하지 않다. 절제법이라 한다. 쉽게 말하면 한 마디로 할 것은 두 마디로 하지 말아야 하고, 글자 하나라도 줄여야 할 것은 줄여야 한다는 뜻이다. 가장 유의해야 할 것은 설명적이거나 부사격 형용사 따위를 쓰지 않는 일이다.

⑧ 인용법과 혼동하기 쉬운 기법이 경구법이다. 인용법은 인용 그 자체를 말하는 것이나, 여기서 말하는 경구법은 경구를 인용하는 것이 아니라, 문장이 경계적이고 교훈적인 것을 말한다. 말하자면 경구적 비유가 된다. '도둑이 제 발이 저려 잡혔다' '제 버릇 남 못줘서' 따위이다.

⑨ 자문 자답하는 기법이다. '여기가 어디인가, 한 맺힌 역사의 현장 남한산성이다.' '그는 말했다. 언젠가는 자기가 뿌린 씨는 자기가 거둘 것이라고' 문답법이다.

⑩ 글 중간에 사람이나 사물의 이름을 불쑥 나오게 해서 주의를 끄는 기법이다. '일행이 탄 차는 비포장 도로를 몇 시간 달려, 인적이 끊긴 곳에 멈췄다. 휴전선, 여기가 바로 비극의 상징-분단의 현장이다' '그대여, 그대가 사람이라면 우리가 하는 일에 어찌 무심할 수가 있는가' '동포여, 국권을 잃었던 일을 기억하자' 돈호법이라 한다.

⑪ 한쪽 방향으로 문장을 이끌어 나가다가 방향을 바꾸어, 시간적 공간적 개념을 전환시키는 기법이다. '그 무렵에는 라디오도 신문도 없어 세상일에 어둡긴 했어도, 불행하다는 생각은 해본 일이 없다.' '네온이 흥청거리는 환락가의 야경, 그것은 오히려 삭막한 풍경이었다' 비약법이다.

⑫ 글의 세력을 고조시켜 나가다가 세력을 떨어뜨리는 기법이다. 점감법과 비슷하다. '밤이 이슥하도록 주인과 S 군과의 끊일 줄 모르던 대화는 어느덧 끊기고, 휴전선 앞 논에서는 개구리들의 울음소리만이 요란했다. 그것은 고향이 멀어져가는 소리였다' 돈강법이라 한다.

⑬ 문장을 끝맺지 않고 앞의 문장의 뜻을 다른 말로 바꾸어 이어대는 기법이다. '유태인을 학살한 히틀러도 그렇거니와, 인격 파산자는 어느 시대고 있어왔다. 백백교 사건은 교주의 자살로 막이 내려졌으나, 그런 범죄 속성은 그때나 지금이나 다를 것이 없다' 접속법이라 한다. 접속사가 없이, 다른 문장으로 문맥을 잇는 기법이다.

이상으로 예문을 통해 수사의 본질적인 것을 살펴보았다. 수식 자체에 매달려 수사가 지나치게 적절하지 못하면, 문장은 본말이 거꾸로 될 뿐이다. 문장 수사는 어디까지나 진실성과 진솔성을 벗어나서는 아니된다.

46_ 글쓰기 기법 - 맥주 세병 만족 하나 :)

## 풍경을 절경으로

지금까지 수필은 문학의 서자 취급을 받아왔다. 아직도 수필을 이야기로 생각하는 사람이 많기 때문이다. 이제 그 내용부터 작법까지 달라져야 한다. 오늘의 독자들은 이 혼돈스럽고 험하고 어두운 세상을 살아가는 양식이나 정신적 양식을 달라는 것이다. 오늘의 독자들은 이같이 다양한 정서적 반응을 요구하고 있다. 삶도 하나의 의미를 가질 수 있다는 데 대한 확인을 가지게 해달라는 것이다. 수필은 문학이요, 문학은 언어를 매개로 하는 예술이다. 아무리 좋은 글이라 해도 예술성이 없으면 문학이 아니요, 문학성이 없으면 유명한 수필가가 쓴 글이라 해도 수필이라고 해서는 안 된다. 따라서 수필의 형식을 갖춘 글 가운데 예술성 즉 문학성이 제고된 수필다운 수필만을 수필로 인정해야 한다.

　수필의 문학성이란, 한 편의 작품을 문학적으로 만들어가는 구조적인, 형상화에서 나오는 것이다. 그것은 작가의 내심에 투영된 감정이나 정서가 세련되게 문학적 방식에 의해 표현된 것이다. 호반에 떠있는 달빛의 요요한 자태를 그리는 것만으로는 안 된다. 그 달빛을 내 방에 끌어들여 나와 대화를 하고, 거기에서 어떤 정신을 만들어내야 한다. 이것이 '창조적 사상'이다. 늦가을 저녁녘, 지적지적 내리는 가을비에 젖어 병든 낙엽이 뚝뚝 떨어지는 쓸쓸한 풍경만을 그려서는 안 된다. 거기에서 생의 허무나 죽음과 같은 삶의 근본적인 의미를 끄집어내야 한다. 그것이 낙엽에 대한 체험의 변용이다. 절경이다. 이것이 문학으로서 수필이요, 예술로서 수필이다.

 본래 수필은 작가 자신의 자기탐색 혹은 자기성찰의 성격이 짙은 산문문학으로 정의된다. 따라서 수필을 쓰는 주체는 자신의 주변에서 친숙하게 경험할 수 있는 일상적 삶에 자신의 언어적 초점을 맞추게 마련이다. 그리고 수필가는 일상에서 마주치는 순간적인 감동과 자각을 매우 평이하고 친화력 높은 문장으로 독자들에게 제시하게 된다. 그만큼 독자가 수필을 이해하고 공감하고 해석하는 데 드는 품은 타 장르에 비해 그리 크지 않게 되고, 독자의 입장에서 볼 때 수필은 이해와 해석이 용이한 언어적 형식이 되는 것이다. 이런 수필적 특성과 한계 때문에 수필은 예술의 문턱에 다다르지도 못하고 잡문시되어 왔던 것이다. 이제 예술로서의 수필을 생각해야 한다. 그러려면 이야기의 차원을 넘어 '아름다움'에 눈을 돌려야 하는 것이다. 이야기를 풀어내는 서술성이나 마음의 풍경에 중점을 두는 서정성에 더하여 미학성을 추구하여야 한다.

 예술로서의 수필을 쓰려면, 먼저 '미'는 경계를 넘어서는 데서 생성된다는 것을 인식해야 한다. 그 경계는 바로 '일상성'이다. '일상성'에서의 이탈에서, 예술은 싹을 틔우는 것이다. 누구나 겪는, 누구나 아는, 누구나 보는 '일상'적인 '풍경'이 아니라 일상의 경계를 넘어서는 순간 다가오는 '인상'적인 '절경'을 보고 우리는 적어도 '아름다움'을 느껴야 한다. 이런 경계를 넘어선, '일상'에서 끊어진 한 단계 업그래이드된 현실이나 상황 앞에 선 심미적 취향을 가진 수필가라면 심미적 의무를 다하리라 본다. 수필가 찰스 램[C. Lamb]은 "나는 평범한 것들을 사랑한다."고 했지만, 그것은 찰스 램의 이야기에 불과한 것이다. 예술은 근본적으로 '평범'을 넘어 '다름'을 지향한다. 일상에서는 잘 볼 수 없는 'different'에서 '아름다움'을 얻게 되며, 'simple'이나 'easy'에서 오는 '미'가 아니라 'difficult'하고, 'complicated'한

데서 '미학'이 싹을 피운다는 것을 알아야 하겠다. 익숙한 일상이 아닌 낯선 인식에서 풍경은 절경으로 변환되는 것이다. 절경을 보는 눈은 익숙한 것을 낯설게 보겠다는 의지인 것이다.

"수필가든 아니든 자신이 쓴 글을 수필이라고 부치려면 그 글에 예술성이 있는가를 먼저 판단해 보아야 한다. 적어도 이 글 어느 면에서 나는 문학적 가치 또는 예술적 가치를 제고하였다라고 스스로 설명할 수 있겠는가. 만일 자신 있게 주장할 수 없다면 감히 수필이라고 명명하는 데 겸손해 하자."고 외치는 이승훈의 주장에 나는 전적으로 찬동한다. 왜냐하면 수필가가 쓴 글이라고 해서 모두 수필이 될 수 없기 때문이다. 수필에 예술성이 있어야만 자신의 글이 심미적 취향을 가진 평론가에 의해 더 높이 평가될 수 있고, 수필가는 심미적 의무를 다하는 것이 되기 때문이다. 단지 수필가의 지위를 얻었다고 해서 자신이 쓴 글을 모두 수필이라고 할 수는 없다는 것이다. 내 인생을 내가 그린다고 모두 수필이 되는 건 아니다. 적어도 수필의 개념을 알고, 문학을 알고, 예술을 아는 사람만이 수필다운 수필을 쓸 수 있고, 적어도 예술적 차원으로 수필미학을 끌어 올릴 수 있다.

수필 창작에서 통섭이 요구되는 시대이니 만큼, 수필은 달라져야 한다. 예술을 창조하기 위해 수필가는 고뇌해야 한다. 사유와 언어의 조탁이 따르는 예술성은 대상과의 처절한 투쟁이나 자신과의 혹독한 싸움에서 얻어진다. 이처럼 수필문학의 심미적 기능을 제고할 때만이 수필문학의 본령을 한 단계 높일 수 있는 것이다. 설령 상상이나 체험을 바탕으로 수필을 쓴다고 하더라도 이를 수필로 승화하기 위한 최소한의 정신적 질곡이 배어야 문학성이 나타난다는 것이다. 결국 수필을 쓰려는 사람은 일반 수필론이 아니라 본격 수필 이론을 자주 접함으로써 나름대로 수필에 대한 예술성의 개념을 정립하고 자신의 수필을 끊임없이 예술로 끌어올리려 노력해야 한다. 수필의 개념이 이런 식으로 예술의 바운드리 안에서 엄격히 제한될 때 비로소 수필의 가치와 격이 높아진다는 것은 자명한 이치다. 예술성이 충분히 제고되어 있는 수필을 누가 잡문이라 폄하하겠는가.

47_ 글쓰기 기법 - 맥주 세병 안주 하나 :)

## 경험을 체험으로

　공감이 가지 않는 인식능력만으로 장면에서 장면으로, 정경에서 정경으로, 옮아간다면, 아마 독자는 싫증이 나서 지쳐버릴 것이다. 이 말은 수필의 내용을 이루는 글감이 적어도 가치가 있어야 한다는 것이다. 흥미나 감동은 수필의 육체요, '미'는 그 혼이기 때문에 수필은 가치있는 체험이 내용이 되지 않으면 안 되는 것이다. 누구나 하는 '경험'은 사실 개념 차원에서 수필의 대상이 될 수 있어도 가치 개념의 차원에서 본격수필의 대상은 아니다. 왜냐하면, 예술성은 평범함을 온몸으로 거부하는 데서 나오기 때문이다. 독자가 알고 있는, 독자가 살아가면서 느껴본 이야기를 들려준다고 해서 '감동'을 엮어낼 수가 없다는 말이다. 예술로서의 수필은 감동의 창출을 목표로 한다. 감동은 자기만의 독특함 체험에서 나온다. '경험'을 넘어선 '체험'은 생경함과 신선함을 주면서 감동을 주기 때문에 미학을 구축하는 것이다.
　수필이 아무리 '사실'을 바탕으로 하는 글이라 하더라도 사실의 기록만으로는 수필이 되지 않는다. '사실'을 넘어서는 변형과 보수가 있어야 문학이 되는 것이다. 조형성, 함축성, 탄력성이 통일성을 기반으로 문장 속에서 구축되어야 한다. 감각을 그대로 묘사한 것은 깊은 의미에서 문학은 아니다. 그것은 풍경의 재생이다. 있었던 것이다. 있어야할 일은 아니다. 수필은 'fact'가 아니라 'reality'를 추구하는 글이다. 또한 수필의 글이 감성과 지성이 조화된 세련된 묘사일 때, 우리는 아름다움을 볼 수 있게 될 것이다. 수필은 녹차의 다도와 같다. 생잎을 따 아무리 다려도 차의 색, 향, 미는 음미할 수 없다. 붓 가는 대로 써대는 글이 수필이라면 누군들 못 쓰겠는가. 차잎을 채취하여 덖거나 볶고 펄펄 끓는 물을 식혀가면서 관조와 여유로 다려낼 때, 두 번 세 번 우려내도 그 색향미가 남아있는 것이다. 수필은 묘사로 된 체험의 문장인 것이다.

비평가인 루카치는 수필을 일러 "좀처럼 붙잡기 힘든 인간 영혼의 가장 은밀한 곳에 자리 잡은 마음의 미세한 풍경"을 그리는 양식이라고 했는데, 이러한 은밀하고 신비로운 운명의 영역에 비춰보면, 수필은 시적 분위기의 산문이다. 말을 놓을 자리에 놓은 것이 시창작의 첫 걸음이요, 인물을 놓을 자리에 놓은 것이 소설 창작의 첫째 구상이라면, 마음을 놓을 자리에 놓는 것이 수필 창작의 요체다. 수필은 사상과 감정의 체험적 기록이다. 감동스런 체험에서 마음은 꽃이 된다. 자아와 세계의 만남이라는 차원에서 수필은 두 가지의 낯을 가지고 있다. 수필은 이미지를 의미하는 '상'과, 인정을 의미하는 '정'이란 두 축으로 짜여진다. '상'이 머리로부터 오는 학술적, 철학적 느낌이라면, '정'은 가슴으로부터 오는 심정적, 정서적 감정이다. 수필은 문학이기 위해서 문학적이어야 하고, 예술에 속하기 때문에 예술이어야 한다.

수필은 지성에 바탕을 둔 상을 그린다든지, 감정이나 정서에 바탕을 둔 시적 분위기의 글을 썼건 그것이 문제가 아니다. 문장은 때로는 머리로도 쓰고 때로는 가슴으로도 쓴다. 우리가 지향하는 예술 수필은 정신적 감동을 위주로 하는 시적 분위기의 수필이다. '감성'은 수동성을 내포한다는 점에서 인간의 유한성을 나타내는 반면, 인간과 세계를 잇는 원초적 유대의 고리 역할을 한다. 즉 이론적 인식에서는 이성적 사고를 위한 감각적 소재를 제공하고, 실천적·도덕적 생활에서는 이성의 지배와 통솔을 받을 소지를 마련하며, 미적인식에서는 자신의 순수한 모습을 나타냄으로써 인간적 생의 상징적 징표가 된다. 따라서 감성적 세계인식은 매우 소중한 감각적·도덕적·미적 계기를 우리 인간에게 부여한다. 우리 수필문학이 이러한 감성에 토대를 여전히 두고 있다는 것은, 그 점에서 필연적이고 장려할 만한 것이다. 그러나 문제는 감성 편향이 될 때인데, 그 편향을 수정하고 보완하는 기능은 인간의 합리성에 바탕을 둔 지성이라고 할 수 있다.

좋은 수필을 쓰려면 참신한 소재를 찾아야 하고, 그 소재를 참신하게 해석해야 하며, 그 소재를 참신하게 표현해야 한다. 신문사 신춘문예 당선수필을 읽어 보면 이 말에 수긍할 수 있을 것이다. 수필은 체험의 문학이다. 수필가의 다양한 체험은 다채로운 수필을 빚을 수 있는 원천이 된다. 수필이란 평범한 일상에 새로운 의미의 옷을 입히는 문학이라고 하지 않았던가? 모름지기 수필가라면 육안으로 본 것만을 전부인 양 생각해서는 안 된다. 심안으로 볼 줄 아는 현미경의 눈을 가져야 한다. 좋은 수필을 쓰려면 구경꾼이 되라고 하는 이유도 여기에 있다. 체험의 중요성을 이르는 말이다.

## 48_ 글쓰기 기법 - 맥주 세병 안주 하나 😊

# 인식이 출발이다

글쓰기의 출발점은 '인식'에 있다. '인식'은 철학자들만 하는 게 아니다. 좋은 수필의 출발점은 '인식하기'다. 올바른 인식이란 상식을 뛰어넘는 것이다. 상식이란 많은 사람들이 보편적으로 당연히 옳다고 여기는 생각을 말한다. 우리는 상식적으로 생각하고 상식적으로 말하고 상식적으로 글을 쓴다. 우리는 이런 생활을 자연스럽고 당연한 것으로 여기며 산다.

그러나 조금만 깊이 생각해 보면 상식적이지 않은 '현실'과 마주치게 된다. 상식을 넘어선다는 것은 주위의 현상에 대한 세심한 관찰과 선입견에 대한 의심이 필요할 뿐이다. 좋은 수필은 '발견'에서 나온다. 남들과 다른 자신만의 독창적인 '관'이 없다면, 좋은 글이 나올 수가 없다. 작가는 수필쓰기의 출발점을 현실인식에 두어야 한다. 지금 우리가 살고 있는 시대와 현실을 인식하고 그 토대 위에서 어떻게 살 것이며, 무엇을 할 것인가를 문제 삼는 것이 중요하다.

다음에는 인식의 본질이다. 우리가 살고 있는 세계는 인관과 사회와 자연으로 구성되어 있다. 인간은 사회와 자연의 영향을 받으며 그 속에서 살고 있고, 또한 자연과 사회를 변화시키면서 생활한다. 이 세 영역의 긴밀한 연관을 파악하는 것이 인식의 본질이다. 즉 자연의 법칙과 사회 구성 원리와 인간 본질을 탐구하면서 이 세 영역이 서로 영향을 주고받는 원리를 이해하는 것이 인식이다. 그리고 무질서하게 보이는 세계의 질서를 찾아내는 것이 인간의 인식 능력이다. 참된 인식은 현상 뒤에 숨은 본질을 찾는 데로 나아갈 때 얻어진다. 사물의 연관성을 이해할 때 가장 중요한 것은 사물들 사이의 인과성을 올바르게 파악하는 것이다. 원인과 결과의 관계는 시간의 선후관계와 다르다. 인과관계는 사물의 내적인 연관을 통해 이해해야 한다.

이처럼 인식은 감나무 밑에서 입을 벌리고 누워 있는 태도로는 얻어지지 않는다. 감나무에 올라가서 장대를 휘두르는 방법을 알아야 한다. 인식은 비교와 분석 그리고 종합의 끊임없는 연쇄로 이루어진다. 인식은 곧 철학이다. 철학의 목적은 '다움'에 둔다. 공자가 말하는 '인'은 '사람다움'으로 풀어야 하는데, '사람다운 사람'은 과연 어떤 사람일까. 공자는 논어 '이인'편에서 오직 사람다운 사람만이 정말 남을 좋아할 수도 있고 남을 미워할 수도 있다고 했다. 이 말은 예수가 "너희들 중에 죄 없는 자, 이 여인을 돌로 쳐라"고 한 말과 비슷하다. 정말 사람다운 사람은 자신의 사리사욕이 없다. 그렇기 때문에 남을 좋아하거나 미워하더라도 치우치지 않을 수 있는 것이다. 공자는 또 사람다운 사람은 반드시 용기가 있지만, 용기 있는 사람이 반드시 사람다운 것은 아니라고 했다. 사람다운 사람의 용기는 참용기다.

'진정한 용기란 아니라고 말해야 할 때 아니라고 말하는 것'이라는 서양 속담이 있다. 사람다운 사람은 정말 어떤 일로 해서 피해를 입거나 또는 죽을 수밖에 없는 상황에 처하더라도, 아니라고 해야 할 자리이면 아니라고 하는 사람이다. 이처럼 참다운 용기를 갖고 있기 때문에 '사람다운 사람은 맞설 자가 없다(인자무적)'고 한 것이다. 사람이 사람답지 못하면 아무리 아름다운 예술작품을 만들거나 훌륭한 글을 쓴다고 해도 기교에 지나지 않는다. 일제시대, 훌륭한 글을 쓴 사람들이 한편으로 정신대나 학도병에 지원하라고 열심히 외치고 다녔던 사실이 있다. 그렇게 좋은 일이고 옳은 일이라며, 남에게 권하기에 앞서 자신이 먼저 했어야 할 것이다. 그렇지 않다면 그것은 거짓임이 분명하고 또한 사람다운 행동일 수가 없다.

　철학의 생명은 '비판'에 있다. 수필에서의 비판적 사고는 지적 작용의 밑거름이 되어 정서와 신비의 이미지를 자아낸다. 그러면서 수필의 고상성과 고결성을 불러일으킨다. 그래서 비판정신이 깔려있지 않는 수필은 신변잡사나 사색의 부질없는 유희에 끝나기 쉽다. 또 한낱 생활의 보고가 아니면 넋두리에 떨어질 위험성 또한 없지 않다. 수필에서 비판하는 대상은 작게는 낱말에서부터 크게는 사회 전체 현상에 이르기까지 다양하다. 대상이 다양한 만큼 비판의 정도나 근거 제시도 천차만별이다. 그러나 올바르게 비판하는 수필에서 늘 발견할 수 있는 것은 정확하고 풍부한 근거이다.

　비판은 비판받는 사람을 반성하게 하는 기능을 갖고 있다. 아무리 좋은 논리도 비판을 받지 않으면 더 이상 발전하기 어렵다. 우리 주변에는 문제 있는 상식들이 많다. 속담에 '오르지 못할 나무는 쳐다보지도 말라'고 했고, '뱁새가 황새 쫓아가다 가랑이 찢어진다'고도 했다. 이러한 상식들은 본질적으로 지배 계급의 이익을 지키기 위한 신화일 수 있다. 오히려 반대로 '오르지 못할 나무는 자꾸 쳐다보아야 한다'라든가 '가랑이가 찢어지는 한이 있더라도 뱁새는 부지런히 황새 쫓아가는 연습을 해야 한다'고 바꾸면 어떨까. 아마 상식과 맞지 않기 때문에 이런 주장은 오랫동안 비판을 받게 될 것이다. 그러나 수필가는 이런 과감한 전환이 더 많은 발전을 가져올 수 있다는 사실에 유념해야 한다.

　수필은 자기가 체험한 리얼한 기록을 토대로 씌어지는 글이다. 그 창작의 시작은 '상식'이 아니라 상식을 넘어서는 '인식'에 있다. 수필은 표현 기술의 습득에서가 아니라 소재를 보는 특별한 '관'으로부터 시작되어야 한다. 가을의 소리 앞에서 낙엽의 겸손을 배우고, 수필가가 되는 것도 중요한 것이 아니라 수필다운 수필을 쓰는 법을 배워야 한다. 산과 들에는 수 만, 수 억의 꽃들이 피었다 열매를 맺고 떨어지는 것을 보고도 달은 한번도 웃지 않았다. 아침마다 저녁마다 뜨락을 불고 지나가는 바람이 한번도 노래를 부르지 않았다. 꽃은 혼자서 웃고, 바람은 혼자서 춤춘다. 그것이 꽃의 존재성이고, 바람의 존재성이다. 달을 내 방에 끌어들여 대화를 하는 것도 바람을 내 뜰 안에 이끌어 들여 같이 춤추는 것도 다 나에게 맡겨진 과제다. 형이하학적 제재를 통해서 형이상학적인 우주의 본질을 추적해 나갈 때 좋은 수필이 탄생하는 것이다. 따라서 수필에 있어서 인생을 그리는 문과 창은 올바른 '인식'이다. 이 인식에 의해 '미'가 보여진다고 하겠다.

　수필의 독자는 지적 정신의 소유자들이다. 따라서 수필은 교양인의 글이요, 지성인의 글이다. 심미적 취향을 가진 사람들은 진짜 고상한 것, 진짜 훌륭한 것, 진정으로 아름다운 것을 이해하는 사람들이다. 이런 관점에서 수필은 고상하고 세련된 지적 성찰을 요한다. "학교에 갔다와서 종일 놀다가 돌아와서 밥 먹고 잤다."는 식의 글은 살아있는 사실에 대한 일반적 취미 속에 대치된 기록이다. 이런 글은 사실일 수는 있지만 문학은 아니다. 문학이나 예술은 감동의 창출에 목적이 있다. 수필은 시적 분위기의 산문이다. 그 방법은 '상'과 '정'의 조화에 있다.

　수필은 따뜻한 마음이 그려낸, 심오한 발견에 실은 감동이다. 한 여인의 영상이 꽃 위에 머물게 됨으로써 탄생한 '국화꽃 옆에서'의 형상화 과정을 보면 인간의 정신세계를 쉽게 이해할 수 있다. '정'이 시적으로 변용되어 '상'이란 찬란한 의상을 갈아 입게 된 것이다. 수필문학은 사물의 본질에 대한 천착이나 사회현상에 대한 날카로운 지성적 성찰을 동반해나가야 한다. 미학이란 누구나가 구축할 수 있는 것이 아니라 수필을 아는 누군가에 의해 세워질 것이다.

49_ 글쓰기 기법 - 맥주 세병 안주 하나 ☺

## 작필은 유법하다

　중국에는 시법이 있어, 모든 문필가들이 창작에 앞서, 이 시법을 읽는다고 한다. 문학 창작에 어떤 틀이 있다면, 그 하부 구조에 속하는 수필의 장르에도 무슨 법이 있음직하다. 필자는 수필을 쓰면서 '수필다운 수필이 되려면 어떤 조건을 충족시켜야 하는가' '수필의 문학성은 무엇인가'하는 문제에 골몰하게 되었다. '이것이 수필이다'했을 때, 적용될 수 있는 기준이나 요건이 이론적으로 뒷받침되어야 우리 수필이 문학의 자리에 당당히 설 수 있다는 것은 자명한 이치다. 본고는 수필의 주제가 간접화되는 과정을 지라르의 욕망이론으로 설명하는 데 그 목적이 있다.
　수필은 내용을 독자에게 직접 전달하는 주제와 제재 중심의 문학이다. 내용은 직접화하되, 주제는 간접화하는 게 본격수필의 구성 전략이다. 결국 수필의 문학성은 제재와 주제의 상관화에 이르러 완성된다. 상관화란 제재를 의미화하여 주제를 간접적으로 구현하는 단계를 말한다. 독창적으로 대상을 분석하고 해석하려는 노력이 필요한 이때 착상과 상상 그리고 연상의 기법이 요구된다. 수필 창작의 구성적 틀과 품격을 나타내 보여주는 상관화의 과정을 "지라르의 욕망의 삼각도"에 비추어 설명해 보겠다.

욕망의 삼각도란 무엇인지 먼저 살펴보자. 다음 이어지는 글은 〈103인의 현대사상〉 중 '르네 지라르' 편에서 인용한 관련 문구이다. "그러므로 지라르가 밝혀낸 욕망의 구조는 삼각형을 닮을 수밖에 없다. 주체는 대상을 직접 욕망하는 것이 아니라 타자가 욕망한 것을 통해서만 욕망할 수 있으며, 욕망의 기본구조는 욕망 주체와 욕망 대상 사이에 욕망의 중개자가 존재하는 삼각형 모양이 되기 때문이다. 따라서 욕망이란 늘 모방된 욕망이며, 타자의 욕망을 모방하려는 욕망 모방의 결과물이다." 수필의 주제가 간접화되어야만 문학성을 가지게 된다는 것을 이 욕망이론에 견주어 설명하면, 욕망의 주체가 주제의식이라면, 주제의식을 함축하는 것은 대상이 아니라 욕망의 중개자 즉 제재라는 것이다.

르네 지라르는 프랑스에서 태어났지만 미국에서 주로 활약한 철학가이자 문학평론가다. 지라르는 고전 문학작품에 대한 해설을 통해 우리가 익히 아는 프로이드의 심리학을 변형시킨 심리학을 펼쳤다. 욕망은 주체가 욕망하는 것이 아니라 타자의 욕망을 발견하고 이를 모방하는 것이라는 것이 지라르의 심리론이다. 즉, 내가 무언가를 욕망하는 것은 내 욕망 때문이 아니라 누군가가 욕망하는 것을 보고 따라서 욕망하는 것이라는 것으로 설명된다. 이 이론을 수필의 창작 과정에 적용시키면, 욕망을 중개하는 중개자가 수필의 제재가 된다는 것을 알 수 있다.

얼핏 궤변으로 들릴 수도 있지만 우리 주변에서 이런 욕망이 간접화되어 나타나는 경우를 쉽게 발견할 수 있다. 대표적인 것이 팬덤 문화다. 소녀들이 팬클럽을 결성해 연예인을 좋아하는 현상 이면에는 일종의 거울효과가 숨어있다. 누군가를 열렬히 열망하는 타인의 모습에서 자신이 깨닫지 못하던 욕망을 발견하고, 경쟁적으로 자신도 타인이 욕망하는 것을 열망하기 시작하는 것이다. 학창 시절 몰랐던 음악이나 소설을 좋아하게 되는 데는 꼭 중간에서 이를 소개한 친구가 숨어있다. 그 친구가 욕망 주체인 나와 욕망 대상인 음악 또는 소설을 중개하는 욕망의 중개자인 셈이다.

지라르는 이 욕망의 중개자가 나와 매우 근접한 위치에 있는 사람일 경우 은연중 경쟁관계가 생겨난다고 설명한다. 질투와 원한, 부러움과 같은 감정을 일으키는 이런 욕망의 중재자를 지라르는 '짝패'라고 불렀다. 짝패는 나의 욕망을 촉발시키는 동력인 동시에 그 실현을 가로채는 경쟁자 또는 방해자다. 소설에서는 중개자를 이용해서 주제를 드러내지만, 수필에서는 주체가 짝패를 활용해서, 대상을 간접화하여 주제를 의미화하는 것이다.

이 이론을 강숙련의 '본격수필'「나비」에 적용시켜 볼 수 있다. 이 수필에서 욕망의 대상은 이승희다. 작가 강숙련은 이승희를 통해 여성의 신분 상승에 대한 남성 사회의 지나친 여성 폄하를 비판하고 여성의 신분 상승을 위한 다양한 노력을 긍정적으로 평가하려 한다. 나비는 서로 욕망의 주체를 중개하는 짝패다. 짝패는 욕망의 주체가 전달하려는 주제를 함축하고 있는 중개자로서 수필의 제재다. 주체는 모두 욕망인 주제에 큰 상관이 없는 듯 보인다. 그러다 수필에 애정이 싹트기 시작한 것은 작가가 이승희와 나비의 상관성을 발견하면서부터다. 이승희와 나비는 이미 비슷한 욕망의 대결을 펼친 바 있다. 작가가 평소 관심이 없던 이승희에게 관심을 기울이게 된 것은 나비라는 짝패를 발견하면서부터다. 작가가 이승희에게 눈길을 준 것도 나비와 이승희의 관련성을 의식하면서다.

작가의 욕망은 주제 자체에 대한 순수한 욕망보다는 대상과 중개자 서로간의 상관 관계에서 촉발되는 측면이 크다. 중개자는 작가가 무엇을 욕망하고 있는가를 알기 때문에 더욱 주제를 간접화한다. 이 수필의 결말은 나비의 '허물 벗는다'를 통해 욕망의 대상 즉 이승희의 신분 상승을 위한 '누드화'를 옹호하는 주제를 '의미화'하고 있다. 지라르가 말했던 중개자의 역할을 '상관화'를 통해 여실히 보여준 셈이다. 이 수필의 제목이 '나비'란 점은 그래서 의미심장하다. 나비는 곧 작가가 드러내고자하는 의도를 숨기고 있는 제재이기 때문이다. 이 수필의 제재이자 제목인 '나비'는 이 수필의 주제를 함축하면서, 작가가 그리고자하는 대상인 이승희를 이미지화해서 예술의 목적인 사물의 감각을 알려진 것으로서가 아니라 감지되는 것으로 전달한다. 이런 과정에서 상상과 연상이 일으켜 바슐라르의 이야기처럼 독자의 가슴에 감동을 생겨나게 한다.

이 이론으로 분석 가능한 작품을 생각나는 대로 예를 들어 보면, 안명수의 「돌담」, 정경의 「킬리만자로의 눈」, 박윤희의 「합죽선」, 성낙구의 「내 밭 만다라」, 정성화의 「가오리 연」, 「버드나무」, 윤자명의 「남포로 건너기」, 「띠」, 「개구리 울음소리」, 김종희의 「쌈」, 「정자」, 노현희의 「인큐베이터」, 강숙련의 「참빗」, 「빈 집」, 박영선의 「등대」, 「현무암」, 「못」, 서채영의 「서비스 공간」, 「에스카르고」, 송명화의 「야인시대」, 「여인의 날개」, 「밤」, 장미의 「영점사격」, 「보자기」, 「항아리 비우기」, 최순덕의 「누워있는 옷」, 「캡슐」, 홍영순의 「날개」, 「레미제라블」, 「지하철 풍경」, 오귀옥의 「보약론」, 「사인」, 「거미여인」, 김경숙의 「서 있는 사람들」, 석명희의 「광」, 「늪」, 손수영의 「빨간 구두」, 송연희의 「아들의 방」, 「물독」, 안귀순의 「라스베가스」, 「은자의 연인」, 김임선의 「빈 자아」, 「느티나무」, 정선모의 「거리의 악사」, 정태귀의 「그믐달」, 「맛」, 우희정의 「자라지 않는 아이들」, 박성숙의 「빈 들」, 윤희아의 「무언 부르스」, 정일야의 「뜨게질하는 여인」, 남지은의 「흑자」, 「탁족」, 진정미의 「거품」, 「번개」, 최향란의 「군소」, 「선녀탕」, 박능숙의 「보」, 장광자의 「제기를 닦으며」, 홍화자의 「무녀리」 등 많다.

무엇인가를 욕망하고 있다면, 즉 주제로 나타내보고 싶다면 우선 대상의 주위를 한번 둘러봐야 한다. 작가가 무엇으로 인해 그 욕망에 눈 뜨게 됐는가를 아는 게 중요하다. 내 마음 속의 경험 즉 대상은 주제보다는 대상과 상관화된 중개자를 노리고 있을지도 모르는 것이다. 결국 수필의 구성 전략에서 가장 중요한 개념은 중개자로서의 제재라고 할 수 있다. 본격수필의 창작 과정에서 중개자는 제목으로 나타나고, 제목은 주제를 함축하고 있어야 하며, 그것이 수필의 제재가 되어야만 정확히 '제재와 주제 중심의 문학'이라는 수필의 개념에 맞아떨어진다는 것으로 볼 때 자라르의 욕망이론은 수필 이론의 구성

전략과 정확히 맞아떨어진다.

50_ 글쓰기 기법 - 맥주 세병 안주 하나 ☺

## 사상은 정서화로

　바슐라르에 의하면, 상상력은 자발적인 존재 생성의 동력으로서, 본래부터 인간의 내면에 숨어 있다가 대상과 문학작품을 인식할 때마다 이미지의 형태로 촉발되어 존재의 전환을 이루게 하는 힘이다. 문학적 상상력의 작동체계에서 제일 출발점은 물질적 이미지다. 물질적 상상력은 만물에 내재된 물질성으로부터 고유한 실체의 이미지를 환기해내는 힘이다.
　(유사) 달을 보고 동전을 연상하거나, (접근) 고향과 어머니를 떠올리며, (대립) 해와 대낮의 관념으로 옮아가는 일이나, (유사) 흰눈 덮인 들판에서 하얗게 핀 메밀꽃에 비친 달빛의 숨소리를 들으며,(접근) 겨울밤 도란도란 나눈 정담을 떠올리기도 하고, (대립) 또 여름 바닷가의 낭만을 떠올리는 것도 모두 물질적 이미지에 의해 촉발되는 물질적 이미지에 의해 설명할 수 있다. 이런 과정을 우리는 관념적 연상이라 한다. 이렇게 상상에 의한 심상은 현재의 지적세계와 과거의 체험세계를 연결하기 때문에 예시한 바와 같이 관념은 정서화하게 되고 또 정서에 깊은 내폭을 더해 주게 된다.
　이런 정서와 사상의 결합은 문학에 나타나는 상상의 한 특징으로 원래 순전한 지적 활동이었던 관념(지각)이 유사, 접근, 대립, 모순

사상은 정서화로·201

등의 연상작용에 의해서 세포분열처럼 세력을 얻어 정서는 사상과 대등한 위치에서 자유롭게 결합하게 된다. 이런 과정을 바슐라르의 이론에 대입하면, 미와 상상력은 밀접한 상관성을 가지고 있으며 미는 곧 상상력 그 자체라는 결론에 도달한다. 상상력에 의해 문학적 이미지가 촉발되어 발전할 때마다 작가나 독자의 미의식 또한 유기적으로 생성 발전된다. 소재 발견의 차원에서 생성되는 작가의 미의식은 질료미. 이것이 바로 '사상의 정서화'라는 것으로 엘리어트의 '사상의 정서적 등가물$^{objective\ correlative}$'의 원리라 하겠다. 사상의 정서화 이를테면, 신경림의 『목계장터』에서 볼 수 있듯이, 하늘은 날더러 구름이 되라 하고/ 땅은 날더러 바람이 되라 하네./라는 표현은 '현실에서 누리지 못하는 자유를 누리라는 얘기'로 '사상이 정서화'된 것이라 할 수 있다.

   작가가 조국, 민족, 이웃, 농민, 노동자, 연인, 친구, 부모 산, 강, 꽃 등 다양한 관심들을 주제로 하여 표현하고자 하더라도 주제를 문학적인 미학으로 표현해야 한다는 데 근본적인 문학의 존재 의의가 있다. 발레리는 문학 속에서 사상이란 과일 속에 묻혀 있는 영양소와 같이 숨겨져 있어야 한다고 했다. 엘리어트는 문학은 사상을 장미꽃 향기와 같이 감각화하는 것이라고 하였다. 따라서 문학의 내용에 어떤 사상이나 이념을 시도할지라도 그것이 문학이 되기 위해서는 '사상의 정서화', 이념의 감각화, 내용의 형상화가 철저히 이루어져야 한다. 시적 표현에 충실한 사상 감정의 정서화는, 신선한 상징적 메타포들이 신선한 미적 감각을 우려내어 감동을 전해준다고 하겠다. 물론 상상도 관념연상을 일으키지만 진폭이 다양하고 깊기 때문에 작가로서 소홀히 할 수 없는 일이라 하겠다.

   그리고 심상은 유사, 접근, 대립 등의 연상 작용에 의해 확대된 감각이기 때문에 수필창작의 실제에 있어서 체험의 심상 제시(표현)는 시각, 미각, 후각, 촉각 등의 감각 유형에 따르거나 묘사적 심상, 비유적 심상의 기법에 의존할 수밖에 없다. 그런데도 시와는 달리 수필은 비유에 의한 심상 제시를 기피하는 경향이 있는 듯하다. 문학이 독자의 감동을 목적으로 한다는 본질을 생각할 때 사상의 정서화는 필수적이며 또 연상에 의한 복잡한 내면의 심상을 표현하기 위해서는 감각적 접근과 함께 직유, 은유, 풍유, 환유 등의 다양한 비유의 구사도 필요할 것이다. 특히 공감각적인 심상에 의한 참신한 기법 같은 것도 시도해 볼 필요가 있겠다. 예를 들면,

    그의 몸에서는 늘 비누 냄새가 난다. (후각)
    구름에 달 가듯이 가는 나그네(직유와 시각)
    분수처럼 흩어지는 푸른 종소리(직유, 은유와 공감각)
    바람이 불어 거스러진 샛대 지붕은 고요한 달밤에 박 하나 낳았다.(활유와 시각)

    상상력은 창조의 원동력이자 해석과 공감의 원천이다. 그만큼 모든 문학작품의 창조와 향수 과정에서 상상력이 차지하는 바는 절대적이다. 따라서 상상력과 미의식의 관계 연구는 수필을 예술적 차원으로 끌어 올리는 데 필수적이라 할 수 있다. 따라서 수필가는 바슐라르가 제시하고 있는 상상력이 문학적으로 변용되는 과정을 수필 창작 이전에 인식해야 한다. 본고는 물질적 상상력에서, 역동적 상상력으로, 역동적 상상력에서 원형적 상상력 순서로 촉발되는 상상력의 위계 속에서 미의식이 싹튼다는 보여준다.
    이 같은 심상의 제시는 인상적이며 참신하고 정서 환기의 효과를 갖게 된다. 수필이 진정한 예술로서 문학이 되기 위해서는 이런 시도가 필요할 것이다. 사랑이라는 이 단순한 정서 속에 문학이 존재한다는 사실은 누구나 경험해 본 일이다. 그래서 사랑을 분석하면 그 속에 문학이 있다. 사랑하는 그 사람의 모습이 문학적 용어로는 '형상성'이다. 사랑에 빠져서 정신을 차릴 수 없는 시기에는 눈길 닿는 곳마다 그 사람의 모습이 있다. 내 의지와는 관계없이 그 사람의 모습이 도처에 나타난다. 그래서 눈을 감고 걷거나 눈을 뜨고 걸어도 보이는 건 그 한 사람뿐이다.

문학도 그렇다. 대상을 충만한 애정으로 바라보면, 그것이 또렷한 형상으로 다가선다. 그것을 어떻게 형상화하는가는 기교의 문제이나 대상에 대한 충만한 애정이, 그리고 그 애정이 성숙하여 열정의 단계에 이르는 그 상태에 바로 문학의 본질이 있다. 그래서 진정한 문학은 기교가 대상에 침잠된 상태에서 만들어지는 것이다. 작가란 바로 자연 현상 속에 매몰돼 있는 진리와 미(美), 힘을 새롭게 발견해 독자에게 전달하려고 노력하는 사람이다. 때문에 그 스스로 먼저 열정을 가져야 한다. 인간에 대해 열정을 가진 사람이야말로 작가 중의 작가이다.

51_ 글쓰기 기법 - 맥주 세병 안주 하나 :)

## 문학은 형상이다

예술의 목적은 보이지 않는 관념이나 추상의 세계를 보여주는 데 그 목적이 있다. 수필의 예술성도 이러한 보여주기를 통해 이룰 수 있는 것이다. 쉽게 말하면 언어는 구체성을 띄어야 한다. 구체성이 결여된 글은 얼핏 읽어서는 많은 것을 포괄적으로 광범위하게 전달하는 것 같지만 읽고 나면 남는 것이 없다. 막연하고 모호한 글은 독자의 공감을 받을 수 없다. 수필은 어디까지나 문학이고, 예술이다. 아름다운 문장을 통해 사상이 구체적으로 형상화되어야 하고, 구조화되어야 한다.

여기서 주목되는 것은 '미적 경로'다. 현상이나 사물에 반응하는 작가의 심정이 언어로 기술될 때, 그 느낌이나 감정이 미적 정서로 나타나야 문학성을 띤다는 것이다. 어떤 경험에서 얻은 기억의 잔상들을 사진 찍듯 그대로 복사하거나 재생해 내는 그대로 기록하는 것으로는 문학이 될 수 없고, 체험에서 얻은 당시의 감흥을 망각했다가 그것을 상상의 힘을 통하여 생산적으로 재구성, 재창조하게 될 때 비로소 하나의 수필이라는 생명체가 탄생하게 된다는 것이다.

윤재근은 『말하는 에세이』에서, "문학의 수필은 수필가에게 형식의 창조를 요구한다. 그러나 비문학의 수필은 그것을 요구하지 않는다."

라고 하였다. 여기서 형식의 창조란 의미의 간접적 전달 수단인 이미지 혹은 상징에 해당하는 즉, 비유의 창조로 볼 수 있을 것이다. 수필이 비유 즉, 수필어를 통하며 문학적 형상화를 이루지 못한다면 수필로서의 묘미를 잃고 만다. '붓 가는 대로 쓰는 글'이라 하여 아무렇게나 써도 되는 글은 아니다. 직접적으로 독자의 감정에 호소하는 것도 좋겠지만 반면에 은은한 향취를 풍겨주는 것이 더 수필로서의 묘미를 느끼게 한다. 본격수필 창작에서 형상화를 기할 수 있는 방법으로서 동화$^{assimilation}$와 투사$^{projection}$를 들 수 있다.

동화란 자아의 내면으로 끌어들여 합일을 이루는 것이고, 투사는 세계 속에 자아를 투입하여 동일 존재로서 화합을 모색하는 것이다.

유성에서 조치원으로 가는 어느 벌판에 우두커니 서 있는, 한 그루 늙은 나무를 만났다. 수도승일까. 묵중하게 서 있었다. 다음날 조치원에서 공주로 가는 어느 가난한 마을 어구에 그들은 떼를 지어 몰려 있었다. 멍청하게 몰려 있는 그들은 어설픈 과객일까. 몹시 추워 보였다. 공주에서 온양으로 우회하는 뒷길 어느 산마루에 그들은 멀리 서 있었다. 하늘문을 지키는 파수병일까. 외로워 보였다. 온양에서 서울로 돌아오자 놀랍게도 그들은 이미 내 안에 뿌리를 펴고 있었다. 묵중한 그들의, 침울한 그들의, 아아 고독한 그 모습. 그 후로 나는 뽑아낼 수 없는 몇 그루의 나무를 기르게 되었다.

- 박목월의 「나무」에서

위 글은 여정에서 차창을 통해 만나게 되는 나무를 단순한 나무로 보지 않고, '수도승'이나 '과객', '파수병'으로 이미지화시켜 순간의 처지와 자신의 심정을 그들과 연결해가는, 일종의 자기 응시적인 작품이다. 작가가 제시한 '수도승'이나 '과객', '파수병'은 persona 자신의 초상이다. 이는 자아의 내면으로 세계를 끌어들여 합일을 이루는 동화의 미적 체험을 형상화한 작품으로 객아합일 - 인간과 자연의 화해를 통해 서로가 보유하고 있던 개체적 특성을 버리고, 어느 순간 새로운 세계에서 동일한 존재로 다시 태어나는 신선한 감동을 창조하고 있다. 객관적 상관물을 통한 간접적 표출은 정서의 지적 처리를 통해 감정의 보편화를 이루기 위한 방편으로 표현의 정통 기법이다.

다음으로 들 수 있는 형상화 방법은 실감의 유리와 실감의 보수다. 실감유리란 실감보수, 실감회상과 함께 널리 쓰이는 말로 이 말은 직정과 대응되는 말로서 실제적 정서 체험과 거리를 유지한다는 뜻이다. 달리 풀이하면 느꼈던 것을 그대로 형상화하는 것이 아니라 일단 이를 미리 떼어놓고 객관화한다는 뜻이다. 전자보다 후자가 한결 구상화되어 있다. 이는 정서의 객관화를 통해 정서를 물화하는 과정으로 수정하고 있기 때문이다. 물화는 이미지화를 의미한다. 이는 곧 정서의 객관화란 뜻인데 일종의 과학적 시각을 뜻한다. 과학적 시각은 비형상성의 것을 형상화로 포착한다는 관념의 실념으로서 존재론적 의미를 지닌다. 존재는 곧 물화로서 이때의 물화란 정서로 드러낼 것을 사물로 드러낸다는 이치를 성립시킨다.

시나브로 낙엽이 지고 있었다. → 노란 발자국으로 앞서간 가을을 앞세우고 나는 따라가고 있었다. 낙엽길에 들어선 나를 코스모스가 배웅하고 억새풀은 흰 손을 저어 보내고 있었다. → **억새풀은 바람을 쓸어 돌아가는 먼 길을 내주고 있었다. 나도 말라버린 한잎 낙엽으로 돌아가고 있었다.** → 한 잎 낙엽을 싣고도 힘겨워하는 한 대의 쌍두마차가 갈갈 소리를 내며 지나가고 있었다. 그대 그리워하며 뜬 눈으로 보내는 밤이 있어 사랑을 아픔이라 부릅니다. → **그리움을 꼬아 아픈 사랑을 동여맨다.**

전자가 그리움이 아픔으로 제기되었다면 후자는 그리움이 사랑을 동여매는 새끼줄이란 사물로 구체화되었다. 전자가 순수 서정의 정서에 의탁되고 있다면 후자는 정서를 사물로 구체화하는 물화의 이미지로 형상화하고 있음을 알 수 있다.

말은 자신의 생각이나 느낌을 전달하는 데 목적이 있지만 글은 생각이나 느낌을 세련되게 표현하는 데 그 목적이 있다. 문학 작품일 경우는 작자의 생각이나 느낌이 깊고 독창적이어야 할 것이다. 수필은 아름다움이 나타나야 한다. 수필의 아름다움은 내용의 진실에서 나오기도 하고, 구성의 탄탄함에서 나오기도 하며, 그 표현의 아름다움에서 나오기도 한다. 전체 글의 아름다움은 이들이 합해져서 풍기는 것이다. 수사법은 글을 아름답게 표현하는 기능과 동시에 작가가 글을 써나가는 과정에서 봉착한 문제를 해결해주는 기능을 동시에 한다.

작가는 감정이나 기분 같이 객관화되기 어려운 마음의 상태를 독자에게 눈에 보이듯이, 손에 잡히듯이 느끼게 하고 싶을 때 비유라는 표현의 기교가 사용된다. 예를 들어 '외로움'이란 객관화되기 어려운 마음의 상태로서 이를 글로 표현할 때에는 이 말만을 쓰면 그 뜻이 선명히 잡히지 않는다. 이 경우 '외로움은 석양을 등지고 서 있는 산마루의 전신주'와 같이 다른 구체적인 정경을 끌어다가 이 말을 도와주면 우리는 '외로움'을 확실히 바라보거나 느낄 수 있다. 여기서 사용된 수사법은 사용된 언어를 문학 언어답게 한다. 문학 언어로 쓰여질 때, 문학다운 글이 되는 것은 자명한 이치다. 관념화된 것을 구체적으로 형상화하는 것이 문학적 수법이기 때문이다.

수사법의 요체는 비유다. 문학은 곧 비유다. 비유를 구사하지 못하는 사람은 문학가가 될 수가 없을 것이다. 수필의 문장이 '전달'보다 '표현'에 그 목적이 있다는 사실과 수필 문장의 본질이 직접화법보다 간접화법에 있다는 사실에서 볼 때 수필은 곧 비유라는 의미로 해석해도 무방할 정도다. 비유는 단순히 문장을 아름답게 꾸미거나 수사적 기교를 부리는 것으로 그치는 것이 아니다. 비유를 통해서 언어에 새로운 생명을 공급한다는 사실을 잊어서는 안 된다. 분명히 좋은 비유는 창조적인 힘을 가지고 있다. 대부분의 일상적 언어는 이미 알고 있는 것을 전달하는 데 그치지만 비유는 새로운 세계를 창조하는 것이다.

비유란 미지의 것을 이해하기 위해 미지의 것을 기지의 것으로 바꾸어 부르는 양식이다. 잘 알려져 있는 것처럼 미지는 주지이고, 기지는 매체로, 이 둘의 결합 구조가 바로 비유다. 문학의 비유는 일상적 비유를 뛰어넘는 참신성이 있어야 한다. 즉 창조적 비유여야 할 것이다. '내 마음은 호수요'보다는 '내 마음은 낙엽이요'가 더 참신한 비유다. 마음과 호수는 유사성이 강해서 그렇게 참신한 비유로 보기는 힘들다. 그러나 마음이 낙엽으로 전이되어 잠깐 그대의 뜰에 머물다 바람이 일면 떠나가야 하는 운명으로 제시된 '내 마음은 낙엽이요'가 두 대상 사이에 개입된 상상력의 진폭이 더 크게 작용하기 때문에 더 참신하다고 하겠다.

　비유는 수사적 기능을 넘어서 보이지 않는 세계, 진리의 세계를 선명하게 조명해 주는 힘이 있다. 유독 종교 경전들이 비유로 가득한 것은 우연이 아니다. 비유는 존재의 이동으로 새로운 의미, 정서적 충격, 새로운 이미지 등 다양한 효과를 드러낼 수 있는 것이다. 다시 말해 비유의 효과는 다층적이다. 결국 비유는 직유든 은유든 언어의 이동 양식인 셈이다. 즉 언어의 이동에 매개어를 사용하면 직유고, 그렇지 않으면 은유가 된다. 비유는 어떤 내용을 더 분명히, 더 멋지게, 더 감동적으로 표현하기 위해 사용하는 수사법의 일종이다. 그러나 너무 상투적인 비유를 쓰면 오히려 글의 효과를 떨어뜨릴 수도 있음을 명심해야 하겠다.

　수사란, 한 문장 내에서 단어들을 특수하게 사용하거나 특수하게 연결함으로써 표현상의 효과를 얻는 기법을 말한다. 그리하여 그 단어들이 여러 가지 의미를 동시에 함축하게 만들기도 하고, 다른 단어를 대신 사용하여 표현하기도 하며, 사실을 지나치게 과장하여 표현하는가 하면 불쾌한 느낌을 주는 요소를 배제하여 완곡하게 표현하기도 한다. 이러한 개별 문장 내에서의 수사로는 비유법, 대용법, 과장법, 빗대기법, 완곡어법, 세묘법, 속담인용법, 상징법 등이 있다.

⟨예문1⟩
　별은 떠나보낸 내 이십대다. 크리스탈 샹들리에처럼 흩뿌리는 빛줄기 속에 <u>발랄한 웃음소리가 통통 튀어나와서 어울리고 부딪히며 생동하고</u> 있다. 양치기 소년과 스테파니 아가씨가 함께 바라보던 그 별들이다. 밤늦게 책을 읽다 문득 창을 열었을 때 순수한 가슴에 보석처럼 빛 뿌리던 바로 그 별들이다.

- 송명화, 「별」

　밑줄 친 표현은 작가의 정서적인 태도를 감각적이고 복합적으로 드러내는 미적인 효과를 발휘하고 있고, 이럴 경우에는 친숙하게 보이던 것이 갑자기 낯설게 느껴질 정도의 독창적인 보조관념을 사용하는 편이 좋다. 왜냐 하면 문학적인 글은 대상에 대한 상투적인 인식, 곧 자동화된 인식을 깨트리고 그것을 새로운 방식으로 표현하는 특징을 지니고 있기 때문이다. 예문1은 정서적인 결합을 하고 있고, 이럴 때는 낯설고 돌발적인 것이 좋다. 정서적 결합의 직유는 독자의 잠재의식 속에 내재해 있던 독자의 상상력을 왕성하게 작동시키고, 섬세한 감각을 일깨우는 역할을 한다.

⟨예문2⟩
　축복처럼 휘날리는 눈송이들이 불러대는 찬란한 축가 속에 그 사소한 설치미술은 빛을 발하고 있다. 절망과 고독에 절여진 한 남자가 눈천사의 품에서 환하게 웃고 있다. 그 남자는 <u>누군가 효과가 영험한 내용물만 마시고 내버린</u> 박카스 병이었다. 며칠 전 그는 지금 설치미술이 자리한 바로 그곳 지하철 난간에 위태롭게 걸터앉아 있었다. 꼬질한 옷차림을 하고 술에 절은 듯 목을 떨어뜨린 채 상체를 흔들며 자리를 뜰 줄 몰랐다.

- 송명화, 「설이」

위의 글은 실직자의 구체적인 삶의 현실에 밀착된 글이다. 이 글은 구체적인 실직자들의 삶 내부에서만 발견 가능한 보조관념이 사용됨으로써, 경험을 하지 않은 다른 이가 어떤 상황에 대해 관념적으로 쓴 글에 비해 깊은 진실성을 드러내고 있다. 여기에 사용된 '절망과 고독에 절여진'이라는 보조관념이나 "누군가 효과가 영험한 내용물만 마시고 내버린"과 같은 보조 관념은 눈 속에 쌓여있는 박카스 병이 실직자의 삶을 내면으로 보이게 하는 당위성을 설득력 있게 제시하는 역할을 한다. 이러한 표현에는 졸지에 설치미술가가 되어버린 실직자의 삶이 위협당하고 있다는 구체적인 현실인식이 깃들어 있다. 자연처럼 우리도 깊은 상처로 인해 끙끙대는 이들의 불행을 두텁게 감싸 조금씩 아물 수 있도록 용기를 주는 게 그의 힘겨운 삶도 제자리를 찾게 할 수 있는 유일한 길이라는 작가의 인간애가 직유의 도움을 받아 '그의 삶이 다시 물꼬를 터서 흘렀으면'하는 작가의 소망에 설득력을 부여하였다. 위의 글은 논리적인 결합을 하고 있다. 이럴 때는 친숙하고 평범한 것이 좋다. 논리적 결합의 비유는 설득력을 발휘하는 역할을 한다.

〈예문3〉
밤은 우물 속이다. 시간과 일들이 혼란스럽기만 하던 사춘기 때였다. 온 몸이 매달려서 눌러야 물이 조로록 나오던 거칠게 생긴 펌프를 설치한 우물 뚜껑을 열고 아래를 내려다보았을 때, 수면이 나에게 말을 걸었다. 그 흔들림 없는 비장한 몸짓이라니. 시집가는 고모의 빌로오드 치맛자락처럼 매끄럽던 물의 정지된 고요함에 이끌려 몇 번이고 우물 곁에 섰지만 다시는 그 뚜껑을 열어보지 못하였다. 그것은 <u>도망이라도 갈까봐 자물쇠를 꼭꼭 채운 성장기의 기록처럼</u> 은밀하였다. 그저 무의식에 깃든 꿈이 되었다.

- 송명화, 「밤」

밑줄 친 글은 직유가 이해를 돕기 위해서 사용되었다. 이 수필은 밤의 속성을 묘사하는 글인데, 여기서 '우물 속'은 직유에 의하여 '자물쇠를 꼭꼭 채운 성장기의 기록'과 연결되고 있다. 그럼으로써 우물 속이 독자로 하여금 상상적으로나마 은밀한 것을 체험케 하는 공간임을 독자들이 쉽게 이해하게끔 해 주고 있다. 위에서 본 바와 같이 직유법의 기능 및 효과는 세 가지 정도를 들 수 있다. 첫째 기능은 글쓴이의 정서적 태도를 복합적으로 표현하는 미적 기능이고, 둘째는 주장하는 바의 설득력을 높이는 기능이며, 셋째는 전달하고자 하는 내용을 좀 더 쉽게 이해시키는 기능이다. 예문2는 논리적 결합을 하고 있다. 이해를 돕는 역할을 할 경우에는 평범한 것이 좋다.

〈예문4〉
보는 어머니의 비밀일기장이요, 사진첩이다. 공중에서 살짝 털어 앞쪽 양끝을 잡고 놓으면 살포시 자리 잡는 정사각형의 넓이 속에 온갖 이야기들이 피어난다. 꽃 다져 손가락마다 동여매던 댕기머리 시절의 친구들 얼굴, 혼인날 새벽 삽창을 열고 앞산을 대면한 채 남몰래 한 자신과의 맹세, 층층시하 매운 시집살이 견디던 눈물받이 행주치마, 무디기 그지없던 지아비가 남 말하듯 툭 던진 한 마디 정담, 사랑스런 내 자식 첫 월급 정표인 이중직 내의, 아들이 머리에 씌워준 사각모의 기억까지 차곡차곡 내려앉는다.

- 송명화, 「보」

누구나 '보자기'에서 향토적 서정을 느낀다. 그러나 누구나 송명화처럼 '보'를 "어머니의 비밀일기장이요, 사진첩"이라고 인식하지는 않는다. 그녀는 누구나 범상하게 표현하기 쉬운 '보자기'를 의도적으로 낯설게 표현하고 있다. 그럼으로써 보자기라는 대상이 비로소 생동감을 지니게 된다. 이에 따라 읽는 이도 이러한 은유적 표현을 통해서 보자기의 신선함과 소중함을 새삼 새롭게 느끼게 된다. 정서적 결합인 경우 미적인 기능 강화한다.

그런데 비유에 있어서 원관념과 보조 관념이 논리적으로 연결되는 경우에는 두 가지가 유사성으로 맺어지지만, 그것이 정서적으로 연결되는 경우에는 그에 못지않게 이질성이 양자에 끼어들게 되어 미적인 긴장감이 감돌게 된다. 윗글의 경우에도 보자기와 비밀일기장, 사진첩 사이의 유사성은 분명하지 않다. 그러면서도 하나의 유사성이 아닌 여러 가지 유사성이 양자를 이어주고 있는 듯하기도 하고, 유사성과 이질성이 역방향으로 서로 팽팽하게 줄다리기하는 듯도 하여 그 긴장감이 배가되고 있다.

〈예문5〉
만학의 한 대학생이 죽었다. 한 줌 흙으로 돌아가는 수순을 자연스레 밟지 못하고 5개월이나 혼자서 방 안에 누워 환골 탈태하고 있었다. 부모를 떠나 자취를 하고, 학비를 벌기 위해 노동을 하고, 허리를 다쳐 복대를 한 채 영양실조의 상태로 유명을 달리하였다. 그가 찬 방바닥에 마지막 숨을 몰아쉰다. 점점 힘이 빠지고 고향에 계신 부모님과 형제들, 친구들, 그리고 사랑하는 사람의 얼굴이 파노라마처럼 떠오르는데 그 이름을 부를 힘이 없다. 옆방의 학우들에게 연락하고 싶어도 손가락 하나 까딱할 수 없다. 주위 사람들과 소통하는 것을 삶의 군더더기로 여겼던 탓에 이 시간에 자신을 찾아줄 이가 아무도 없다는 사실이 한스러워 한 줄기 눈물이 바닥을 적신다. 그리고 눈을 감는다.

- 송명화, 「고도」

현대 사회의 단절 속에서 출구를 찾지 못한 채 몸부림치는 작중 인물의 절망적 처지를 바다 한 가운데 외롭게 떠 있는 섬, '고도'에 비유하고 있는 수필이다. 이러한 비유는 거대한 사회조직이나 제도의 틀 속에 얽매인 현대인의 소외된 상태를 표현하는 데 적절한 것이라

할 수 있다. 작중 인물이 주위 사람들과 소통하는 것을 삶의 군더더기로 여겼던 탓에 이 시간에 자신을 찾아줄 이가 아무도 없다는 사실이 한스러워 흘리는 눈물로 적셔진 방바닥이 '바다'에 비유되고, 주검이 망망대해에 외롭게 앉은 '섬'에 비유되고 있는데, 이 비유는 '바다'와 '섬'이라는 감각적이고 구체적인 자연물의 속성과 관계를 통해서 외부와 단절된 절망적 소외 상황을 적절히 암시하는 효과를 거두고 있다. 논리적 결합인 경우 설득력을 높이는 기능을 한다.

  수필가가 창작을 한다는 것은 곧 좋은 주제를 찾아내어 이를 구체적으로 형상화시킨다는 말인 만큼 주제는 작가에 의해서 선택된 제재에 대한 나름대로의 이해이며, 가치 평가이며, 제재에 대한 작가로서의 의미 부여라 할 수 있다. 구조화는 주제 단일화를 통해 제재를 긴밀하게 유기적으로 연결시켜 줄 뿐만 아니라, 문장을 조화롭게 구성시키는 데 이바지한다. 문장의 통일성 있는 구조화는 주제 중심의 문학이라는 수필의 개념을 바로 세워주는 건축 기사라 하겠다.

52_ 글쓰기 기법 - 맥주 세병 안주 하나 ☺

## 구체와 보편으로

이 글의 의도는 수필의 문학성 문제에 대해 같이 생각해 보자는 것이다. 그래서 문학성이 지니는 이른바 '구체성과 보편성'에 대해 먼저 살펴보겠다. 구체성과 보편성은 문학 고유의 특성이다. 그것으로 문학은, 여타의 인간 정신활동들과 뚜렷이 구별된다. 일찍이 아리스토텔레스가 문학의 독자성을 옹호한 이래로, 문학작품들이 영속적으로 자신의 생명력을 유지해 올 수 있었던 것도, 결국은 바로 감각적 구체성과 보편성 때문이었다. 구체성과 보편성에 입각하여, 서로 다른 시대와 문화의 배경을 가진 다양한 독자들이 텍스트의 객관성에 그들 나름의 주관성을 가미해서, 보충적으로 문학성을 구현시킬 수 없었다면, 시대와 공간을 초월한 보편적 인류유산으로서의 문학작품은 존재하기 어려웠을 것입니다. 문학가에게 중요한 것은 문학이 어떤 방식으로 생성되는가 하는 문학성이다.

수필의 문학성 문제는 두 가지를 구제하는 데에 귀착된다고 볼 수 있다. 하나는 "구체성"의 확보인데, 이는 작가가 전달하고자 하는 교훈이나 사상을 어떻게 구체성으로 구제하느냐 하는 것이다. 좀더 쉽게 말하면 사상이나 교훈은 추상인데, 이 추상적이고 관념적인 것을 어떻게 형상미학으로 구체화해내느냐에 문학성이 달려 있다. 다른 하나는 "보편성" 확보인데, 이는 잡다한 이야깃거리 즉 정보나 소재를 어떻게 문학적을 변용하는가의 문제다. 다양한 소재들이 문학적으로 구제되기 위해서는 작가의 개성적이고 일관된 관점 아래 그것들이 내적 통일을 이루어야 하고, 그 통일성이 인생과 세계에 대한 어떤 해석을 드러내어야 하는데, 보편성은 그 해석이 온당할 때 얻어지는 것이다.

수필이란 반드시 필자의 목소리가 강하고 필력이 있어야 호소력을 주는 것이 아니다. 평범하지만 진실된 목소리를 통해 어떤 이야기를 전달할 때 힘을 지니는 것이다. 수필은 이러한 구체성을 특성으로 창작된다고 할 수 있다. 법정 스님의 『무소유』란 수필을 예로 들어 보자. 이 수필은 주제와 작가의 종교가 갖는 상관성 때문에 주제가 매우 형이상학적이고 일반인들이 쉽게 받아들일 수 없다고 판단되는 이치를 다루고 있음에도 불구하고 설득력 있게 받아들여지게 되는 특징을 지니고 있다. 바로 이 수필이 '구체성'과 '보편성'의 요소를 충족하고 있기 때문이다.

사실 평범한 인간들에게는 자기가 가진 것을 버린다는 것은 그것의 필요성의 정도에 관계없이 매우 어려운 일이다. 작가의 표현대로 인간의 역사는 소유사처럼 보이기 때문이요, 끊임없이 무엇인가를 소유하고 싶어 하는 것이 인간의 성정이기 때문이다. 이런 상황에서 인간에게 소유욕을 버리라는 권유가 설득을 얻을 수 없다. 그러나 법정의 이런 논리는 쉽게 공감을 획득한다. 그것은 작가가 삶의 과정에서 얻은 깨달음을 체험적인 구체성으로 제시하거나 그것을 논리적인 문장으로 우리에게 제시했기에 가능한 것이었다.

작가는 자신의 무소유 철학이 과연 설득력을 가질 수 있을까 하는 의문을 소유욕에서 비롯되는 폐해를 구체적으로 적시함으로써 간접적으로 풀어보고자 한다. 불도에 정진하는 승려인 자신조차도 무엇인가를 가짐으로써 저절로 그것에 지나치게 집착하게 되는 과정을 겪음으로써 얻은 결론은 무엇인가를 소유한다는 것은 곧 그것에 의해 자신이 얽매임을 당한다는 사실이다. 작가는 '난'을 예로 들며, 그것이 자신의 구도적인 삶에 방해요소로 작용한다면 그것은 있어서 도움이 되기보다는 없어서 도움이 되는 것이다. 이러한 깨달음에서 나아가 작가는 우리 모두가 지녀야 할 소유에 관한 자세를 제시하고 있다.

이러한 논리 하에서 법정은 인간의 역사가 소유가 아닌 무소유의 세계를 지향한다면 끊임없이 인간을 불행 속으로 몰아넣은 전쟁과 같은 현상은 사라지게 될 것으로 보고 있다. 전쟁이란 이해관계의 소산이고, 이해관계는 바로 소유욕과 불과분의 관계를 지니고 있기 때문이다. 작은 것을 취하기 위해 큰 것을 희생하는 전형적인 예가 전쟁임을 상기하면서 독자는 법정의 논리를 이해하게 되는 것이다. 깨달음의 한 과정으로서 무소유 사상을 얻게 된 이치를 담담하게 서술하고 있는 이 수필은 작가 자신이 가고 있는 구도의 길이 주는 경건함과 구체성을 바탕으로 하고 있어 감동을 준다.

삶의 현실에는 끝없는 소유욕의 굴레가 씌어져 잇다. 그 욕망은 인간의 원초적인 것이라기보다는 현대 사회의 물질문명의 홍수 속에서 배태된 물질적 욕망이기 때문에, 자연스럽고 자유로운 삶을 구속한다. 인간이 가진 것이 없이 태어나 가진 것이 없이 죽는다는 말은 유한자로서의 인간을 인식하는 허무주의의 소산은 아니다. 억지로 무언가 더 소유하려는 의도가 삶의 균형을 파괴한다면, 오히려 가난한 마음 속에 평정을 지니는 편이 더 나은 것이 아닌가.

불승의 입장인 작가가 깨달음의 편린으로써 서술하고 있는 이 수필은 삶에 있어서 소유의 의미를 성찰하고, 자신이 겪은 경험으로써 난초로 인한 집착의 피해를 '구체성'의 일환으로 제시함으로써, 소유욕의 허망함을 잘 드러내었다. 이러한 경험으로부터의 깨달음은 다시 사회와 역사로 시선을 확대하여 문명비판의 성찰로까지 전개된다. 성찰의 소산으로서, 이 수필은 사색적이며 담담한 필치가 전체 사상을 일관되게 나타내고 있어 '보편성'을 띤다. 평범한 삶 속에서 삶의 깊이 있는 진리를 스스로 터득하는 모습이 잘 드러내 감동을 준다.

그래서 문학을 정의해서 "형상과 인식의 복합체"라고 한다. 문학의 개념을 바로 아는 것은 아주 중요하다. 문학은 형상과 인식의 복합체라는 것, 형상은 구체성과, 그리고 인식은 보편성과 연결된다. 결론적으로 첫째, "구체성"의 결여는 미적 쾌락의 결여로 이어져, 심미성을 주지 못해 미적 구조로서의 문학적 가치를 지니지 못한다. 둘째, "보편성"의 결여는 교훈성의 결여, 즉 인식의 결여로 이어져, 소재 제시나 나열에 불과한 단편적 잡문으로 전락하고 만다. 오늘날 수필들이 구체성과 보편성의 문제에서 자유롭지 못하는 것은 결국 작가들이 문학의 개념을 제대로 모르고 창작을 하고 있다는 증거다.

## 53_ 글쓰기 기법 - 맥주 세병 안주 하나 ☺

# 구조를 파악하라

각 문학장르는 구조에 있어서도 다른 경향의 구조적 기초를 가지고 있다. 시는 톤이며, 소설은 의식의 흐름이며, 희곡은 플롯이며, 수필은 테마다. 수필이 타 장르와 어떻게 구별되는가를 밝히기 위하여, 내용면에서는 인식과 상상의 구조를, 형식면에서는 언어표현 구조에 대해 살펴보자.

이현복은 인식과 상상의 구조에서 수필의 장르적 독자성을 내용과 형식의 측면에서 잘 고찰하였다.

1) 수필은 내용면에서 '대우성'이라는 인식과 상상의 구조를 가진다는 것이다. 월폴리는 '대화적인 것이 에세이적인 것과 그렇지 못한 것을 구별짓는 시금석'이라 할 정도로 수필문학에서 대화적인 성격을 강조하고 있다. 그러나 여기서 말하는 '대화성'은 수필문장의 본질은 아니다. 내용적으로 대화적 성질을 띤다는 의미로 받아들이면 좋겠다. 수필문학은 '대우성'으로 해서, 좋은 수필을 읽고 있으면 존경하는 사람과 마주 앉아서 진리를 배우고 교훈을 듣는 분위기에서 삶의 예지와 보람을 찾을 수 있게 된다.

2) '사고의 진행성'적 특성을 지닌다. 몽테뉴는 '나의 에세이는 나의 사상이 진행적인 구성으로 변해가는 것을 종이 위에 옮기었다'고 하였다. 이처럼 수필은 최종적인 인식의 결과를 나타내는 것이 아니고 시험적 사고의 과정을 드러내는 것이다. 수필을 무종결의 문학이니 이유도 수필의 이런 특성을 반영하는 말이다.

3) '사고의 개방성'적 특성을 가지고 있다. 하스는 이 개방성으로 인하여 수필이 논설문이나, 논문과 구별된다고 하였다. 사고의 개방성은 인식의 미해결성을 의미한다. 이 미해결성으로 해서 작품은 독자에게 창조적 반응이나 지속적인 사색을 유발시킨다. 인간 생활에서 삶의 실체란 모순 대립적 작용이라는 근본사상에서 현실적인 상황과 역설적인 상황까지도 숨김없이 드러내고 인정하는 솔직한 태도가 수필의 개방성이다. 수필의 묘미는 경직된 윤리성, 도덕성보다는 사고의 자유성, 역행성 등에서 나오는 법이다. 열린 가슴으로 자신의 속마음을 드러내어 보여주겠다는 '벗는' 자세가 중요하다고 하겠다.

4) '유희적 비판성'이다. 수필문학은 산문문학이요, 산문정신의 문학으로서, 리얼리티를 추구하는 비판정신에서 비롯된다. 여기에서 비판정신이란 준엄하고 냉혹한 것이 아니라, 따뜻한 인간미를 지닌 것이다. 그 비판은 자유로운 유희의 자세와 분위기에서 이루어진다. 또한 그 비판의 기준은 율법이나 윤리적 목적을 벗어나는, 오로지 변화하고 있는 그대로의 생활을 사랑하고, 생의 기쁨을 누리고자 하는 충동에서 비롯되는 비판이다. 수필은 삶과 인간의 문제를 다루는 만큼 인간다운 삶을 조장하는 데 기여해야 한다. 따라서 수필은 모든 억압기제로부터 자유로워야 할 것이다.

5) 반규범성 등의 성격을 가진다. 수필은 어떤 사상에 대한 모순 대립을 조정하여 판단하는 것이 아니라, 오히려 그것을 극명히 드러내면서 풍부하게 하자는 노력에서 출발한 것이다. 이 반규범성으로

인하여 '자유연상'이 이루어지며 수필이 여행에 비유되는 것이다. 다시 말하거니와 수필은 윤리나 도덕 교과서가 아니다. 문학이 자유로운 정신세계를 추구하는 만큼 수필 역시 그 목적이 도덕적 우월성이나 교훈성에 기여하는 데 있지 않다. 오히려 습관화된 관습과 보편화된 지식을 재해석하여 새로운 인식의 세계를 보여주는 데 진정한 수필의 맛이 있다.

언어표현구조의 측면에서 수필은 장르적 독자성을 확보한다.

1) 문장과 문장의 모순 대립성을 한 특징으로 한다. 수필은 인간성에 바탕을 둔 보편적 진리를 추구하면서도 끝내는 미해결로 남겨두는 시험적인 글이다. 이러한 수필의 속성으로 인하여 동일한 문장 내에서도 서로 모순 대립적인 내용을 접속사로 연결짓기도 하며, 연결되지 않는 내용을 담기도 한다. 이러한 모순, 대립, 비약으로 하여 수필은 때로 신선한 충격을 준다.

2) 가정체의 미래 지향성적 특성을 지닌다. 수필은 사고의 진행성과 개방성의 구조로 인하여 사고가 어느 한 쪽에 고정되어 있지 않고 가능성의 영역으로 확대되기 마련이다. 이에 대하여 하스는 '에세이는 항상 가능성의 표현이다'라고 하였다. 이 가능의 지평을 열어주는 종결어미로 가정법과 가정법의 기능을 지닌 '~을 하고 싶다', '~인 듯싶다', '~이 되고 싶다'와 같은 미래형 동사가 많이 쓰인다.

3) 변증법적 역설성 등을 들 수 있다. 수필은 유희적 비판성 내지 반규범성의 문학이므로 상반되는 두 가능성을 동시에 수용할 수 있는 문학이다. 즉 생의 변증법을 표현할 수 있는 것이 수필이다.

## 54_ 글쓰기 기법 - 맥주 세병 안주 하나 ☺

# 수필은 발견이다

    수필의 글감 찾기는 동심원이 번져가듯 가까운데서 먼 곳으로 범위가 넓혀지기 마련이다. 그러니 수필의 소재는 무궁무진할 수밖에 없다. 우주만물과 삼라만상이 전부 수필의 소재다. 또 누군가는 우수마발, 즉 소 오줌 말똥 같은 하찮은 것도 다 수필의 소재라고 했다. 시각, 청각, 후각, 미각, 촉각 등 인체의 오감이란 안테나를 높이높이 세우고 수필 소재를 찾으면 글감은 쉽게 붙잡을 수 있다. 수필가는 모름지기 소재 속에 들어있는 수필을 찾아낼 줄 알아야 할 것이다. 그런 지혜가 있어야 독자의 사랑을 받는 멋진 수필을 낳을 수 있을 것이다. 모범적인 수필가는 구경꾼이요, 방랑자란 말에 유의하자.
    수필가라면 참신한 소재를 찾고, 그 참신한 소재를 남과 달리 참신하게 해석하고, 그 참신한 해석을 참신한 문장으로 표현할 줄 알아야 한다. 그래야 순도 높은 수필을 빚게 될 것이며, 그런 수준이 되어야 진정한 수필가의 반열에 오를 수 있을 것이다. 어찌 소 오줌이나 말똥만 수필의 소재가 되겠는가? 풀 한 포기, 나무 한 그루, 제비나 다람쥐, 피라미 한 마리 그리고 심지어 빗방울 한 개까지도 좋은 수필의 소재가 된다. 하물며 만물의 영장인 사람은 얼마나 많은 수필 소재를 제공해 줄 것인가.

수필소재는 수필가의 직접체험에서만 나오는 게 아니다. 간접체험 역시 많은 수필소재를 제공해 준다. 독서나 영화감상뿐만 아니라 신문이나 잡지, 라디오나 텔레비전 그리고 인터넷을 통한 간접체험에서도 얼마든지 좋은 소재를 찾을 수 있다. 또 지인들이 보내 준 갖가지 이메일 역시 꼼꼼히 읽어 보고 조금만 가공하면 멋진 소재가 될 수도 있다. 어떤 소재든 역지사지와 상상력으로 버무리면 맛깔스러운 수필이 된다. 어느 여름날 친구와 함께 점심식사를 하려고 식당에 들렀다가 수필소재를 찾을 수도 있다. 끼니때마다 이용하는 숟가락을 의인화하여 상상력을 발휘하면 유머러스한 수필을 빚을 수도 있다.

수필가는 과학자들처럼 늘 물음표를 갖고 살아야 한다. 무슨 일이든지 '왜 그럴까?' 깊이 생각해 보아야 한다. 생선요리법을 한 번 생각해 보자. 고등어나 꽁치는 토막을 내지 않고 통째로 굽거나 졸여도 된다. 그러나 갈치는 토막을 내지 않으면 요리를 할 수가 없다. 그런 차이점을 찾아낼 줄 알아야 한다. 소크라테스의 아버지는 석공이었고 어머니는 산파였다고 한다. 산파는 임산부의 뱃속에 들어있는 아기를 안전하게 받아내는 사람이다. 임산부는 소재요, 아기는 수필이며, 산파는 수필가와 같다. 보통사람들은 석공이 큰 바위를 쪼아서 불상을 조각한다고 생각한다. 그런데 석공이 바위 속에 들어있는 불상을 찾아낸 것이라고 한다. 이 말에서도 바위는 소재요, 불상은 수필이며, 석공은 수필가라 하겠다.

수필이 발상에서부터 창작의 완성에 이르는 과정을 살펴보면, 어떤 룰이 존재함을 볼 수 있는데, 그 과정이 다섯 단계를 거친다는 사실이다. (1) 발견의 원리 (2) 상관화의 원리 (3) 동화의 원리 (4) 성찰의 원리 (5) 결속성의 원리다. 수필의 씨앗을 얻는 과정은 수필 창작에서 가장 중요하다. 왜냐하면, 수필 쓰기의 출발점은 '인식'에 있고, 수필가가 수필을 어떻게 보느냐 하는 것이 수필의 질을 가늠하기 때문이다. 우리가 사물을 인식하는 방법에는 두 가지가 있는데, 하나는 '~을 보는 것$^{seeing\ that}$'이고, 다른 하나는 '~으로 보는 것$^{seeing\ as}$'다. 본격수필가는 사물을 볼 때 항상 후자의 눈을 견지한다. 이름 하여

'발견의 원리'다.
   수필을 창작한다는 것은 단순히 경험을 '쓴다$^{to\ write}$'는 것이 아니라 경험 가운데서 무엇인가를 '발견한다$^{to\ discover}$'는 의미다. 수필창작은 경험 속에서 문제를 찾고 의미를 부여하는 일이다. 따라서 수필 창작에 있어서는 글감을 얻는 정도, 경험의 기록은 '발견'이라고 할 수가 없다. 일부 문학론자들은 이해하기 쉽도록 '관찰'이란 용어를 쓰기도 한다. 인식이란 개념은 이해되기 어렵고, 그 의미 또한 다양해서 다른 의미로 오용할 수가 있기에 쉬운 말로 '관찰'이라고 해도 좋겠다. 관찰이란 일상적인 삶 속에서 무엇인가를 발견함을 뜻하기 때문이다. 그러나 '관찰'이란 용어로 수필의 출발점을 설명하기엔 용어 자체가 너무 평범한 게 흠이다. 오히려 '인식'이 더욱 의미심장한 느낌을 주고 의미도 분명하다. 인식은 두 가지 의미를 지닌다. 하나는 '신발견'으로서, 모르고 있다가 새로운 진리나 진실을 찾아내는 것이고, 다른 하나는 '신개념'으로 기존에 알고 있던 지식이나 관념을 재해석하는 행위다. 전자가 의미 발견이라면, 후자는 의미 부여다. 적어도 수필을 쓴다는 것은 의미를 발견하는 행위이거나 의미를 부여하는 행위여야 한다.
   수필가는 일상에서 많은 것을 경험한다. 경험에서 수필 창작의 작업이 시작하는 것은 사실이지만, 경험을 원고지에 수필 형식으로 옮겨 놓는다고 그것이 수필이 되는 것은 아니다. 물론 경험 자체가 그대로 옮겨져서 좋은 수필이 될 수 있을 정도로 문학적 사건이 된다면 그 이상 좋은 재료가 어디 있겠는가. 경험의 내용이 문학이 되려면 경험을 자기의 것으로 육화해야 한다. 육화된 경험에서 무엇인가를 발견할 수 있다면 그것은 체험이다. 문학의 재료가 되고 안 되고는 '발견'에 달려 있다. 아무리 엄청난 진실이 숨어 있는 일이라도 자신이 모르고 지나면 하찮게 되고, 아주 사소한 일이라도 자신이 거기에서 큰 의미를 발견할 수 있으면 소중한 것이 되는 법이다. 따라서 경험 자체가 중요하다거나 하찮다는 것이 아니라 그 경험에서 무엇을 발견했느냐에 따라 경험의 가치가 달라진다. 이렇게 경험에서 무엇인가 의미 있는 것을 발견하는 것이 바로 인식이다.

문학을 형상과 인식의 복합체라고 했을 때, 발견의 원리는 '인식'의 차원에 근접한다. 일차적으로 수필가가 무엇을 발견했느냐에 따라 수필의 성패가 결정된다. 본격수필의 창작에 있어서는 발견된 것을 제시하면서도 독자가 그것 이상의 것을 상상할 수 있도록 문학적으로 잘 형상화하는 것이 중요하다. 문학의 언어가 목적하는 것은 전달의 차단이고, 차단된 언어가 요구하는 것은 감동이기 때문이다. 감동이란 것이 어떻게 생겨나는가. 문학에서 감동이란 연상과 상상이란 요로를 통하지 않으면 안 된다. 따라서 수필가는 자신이 발견한 글감으로 바로 수필을 써서는 안 된다. 그것과 가장 유사하되 참신한 다른 재료로 글감을 다시 봐서 미적 정서가 생겨나도록 변형하고 보수해야 하는 것이다.

수필 한 편을 통해서 '발견'의 원리를 살펴보자. 최시병은 「진열장 속의 왕세자」란 작품을 썼다. 우연히 길을 걷다가 이 사진관, 저 사진관에 진열된 아이들의 돌 사진 속에서 임금님의 용포를 입고 있는 아이를 보았다. 여기서 그는 남들이 보지 못한 어떤 것을 알아내었다. 용포를 입고 있는 돌 사진에는 우리 한국 어머니들의 자식에 대한 지나친 기대심리가 숨어 있었던 것이다. 그러면 최시병은 어떻게 이 수필의 씨앗을 얻었을까? 그는 관심을 가지고 집요하게 숨겨진 의미를 찾아내려고 노력했던 것이다. 이렇듯 수필의 씨앗은 우리가 실제적으로 체험한 데서 얻을 수 있긴 하지만, 저절로 얻어지는 것은 아니다. 본격수필은 붓 가는 대로 쓰여지는 글이 아니기 때문에, 좀 더 의도적이며 집중적인 태도로 씨앗을 얻기 위해 노력해야 창작할 수 있는 글이다.

아무리 특별하고 큰 경험이라도 거기에서 어떤 의미를 발견하지 못하면 수필의 재료가 되지 못한다. 반대로 사소한 것에서도 무엇인가 특별한 것을 발견하면 그 자체가 훌륭한 문학적 사건 즉 체험으로 승화한다. 송명화의 「고도」라는 작품은 발견의 원리가 돋보이는 수필이다. 그녀는 단 한 줄짜리 대학생이 굶어 죽은 사건에 관한 신문기사를 놓치지 않고 거기에서 작품에 대한 착상을 얻게 된다. 작품 속의 인물인 대학생은 움직일 수 없는 몸이 된다. 아무에게도 요청할 수 없는 자신의 처지를 비관하다가 눈물만 흘린다. 이런 상상의 결과로 방 안은 작가에게 물이 흥건한 바다가 되고 죽어버린 시신은 움직일 수 없는 섬으로 현시된다. 그녀가 '고도'를 통해서 이웃과 단절된 현대 사회의 모순과 비정함을 잘 형상화한 배경에는 '발견하기'의 원리가 착상의 과정에서 적용되었기 때문이다. 결국 어떤 일을 경험하느냐가 중요한 것이 아니라 무엇을 발견하느냐가 창작의 출발선이 된다는 것이다.

늘 강조하지만 훌륭한 수필가는 구경꾼이요, 방랑자요, 게으름뱅이다. '인식'을 잘 하는 방법은 경험이 생길 때 일어난 일을 문제의식을 가지고 '있는 그대로, 세밀하게, 끝까지' 보았다가 나중에 당시 느꼈던 실감을 미적 정서로 표현해야 한다. 뉴턴이 일상의 관찰에서 중요한 자연의 법칙을 발견한 것은 작은 일에 문제의식을 부여하여 거기서 무엇인가를 '발견'하려고 했기 때문이다. 수필의 씨앗이 툭 튀어나오면 바로 적어놓으라는 것이다. 여기서 주의할 것은 수필가는 그 즉시 실감을 일상의 언어로 서술해서는 안 된다는 것이다. 처음에 느꼈던 것을 변형시키고 보수해서 연상과 상상을 불러일으킬 수 있는 적확한 언어로 표현해야 하는 것이 중요하다. 그 즉시 수필을 쓰기 시작하면 좋은 글이 나올 것 같지만 본격수필은 실감으로부터 유리된 정서로 쓰여 지지 않으면 좋은 글이 안 된다. 따라서 중요한 것은 메모해 놓는 것이다.

'발견의 원리'에서 중요한 것은 그 발견이 단순한 의미를 알아내거나 남들이 알고 있는 사실을 알아낸 것이 아닌 자기만의 참신한 발견이어야 한다는 것이다. 발견의 첫 단계가 관찰인데, 관찰을 잘 하려면 무엇에 관심을 두는 게 중요하다. 무엇이나 문제의식을 갖고 세밀하게 사물을 보는 습관을 가짐과 동시에 그것 자체로 보지만$^{seeing\ that}$ 말고 본 것을 '~으로 보는 법$^{seeing\ as}$'을 익혀야 할 것이다. 수필의 출발점이 인식에 있다는 차원에서 보면, 수필 창작에서 '발견하기'는 옷의 첫 단추에 비유될 수 있겠다. 지상에 존재하는 사물은 늘 보는 것일지라도 애정을 갖고 보느냐, 그렇지 않느냐에 따라 달리 보이기 마련이다. 이러한 소재에 대한 애정 부여가 스파크를 일으키게 되면 이것이 글감이 되고, 여기서 수필가가 글감을 제재화하면 본격수필의 씨앗이 싹트게 된다. 발견의 원리가 수필 쓰기의 스타트인 만큼 수필가가 선입견이나 고정관념을 깨고 사물에 대한 집요한 관심을 기울인다면, 좋은 수필은 수필가의 가슴 속에서 이미 싹을 틔우고 있을 것이다.

　수필의 초보자는 관찰을 통해 무엇을 발견하는 것으로도 충분히 수필을 쓸 수 있다 생각할지도 모른다. 그것으로도 일반 사람들이 얻을 수 없는 자기만의 세계를 만날 수 있기 때문이다. 그러나 고급수필인 본격수필은 더 깊은 자기 초월을 꿈꾼다. 그러기 위해서는 다음 단계로 넘어갈 수 있어야 한다. '발견'을 하고 나서 수필가는 발견한 것에 대해 이해하고 판단하기 위한 논리를 찾아나가야 한다. 생각을 통해 경험에서 발견한 것을 자기 삶에 비추어 보고 삶에 도움이 될 무엇인가를 찾아야 한다. 바로 사물과 나의 '인과관계'를 파악하는 일이다. 2단계는 '상관화의 원리'다.

55_ 글쓰기 기법 - 맥주 세병 만족 하나 ^^

# 감흥은 상관화다

미적 감흥을 불러일으키는 것이 본격수필의 생명이다. 수필은 자기 응시와 표현의 성향이 강한 문학이다 보니 시나 소설에 비해 근원적으로 창작 과정에 난점이 많다. 그래서 예술적 형상화의 중요성이 크게 부각된다. 언어를 매체로 구체적인 체험 행위를 문학적 행위로 변용할 수 있어야만 독자를 감동이라는 고지로 안내할 수 있다. 따라서 다시 쓰는 수필창작 기술론에서는 선택된 소재에 대해 독자적인 형식을 부여하여 미적인 구조를 생성할 수 있는 방법론이 제시되어야 할 것이다. 수필가는 '무엇을 쓸 것인가'의 편협된 주관에 머물지 않고, '어떻게 볼 것인가', '어떻게 표현할 것인가'하는 보편적인 문학적 가치에까지 고민을 끌어가야 된다.

무엇보다도 수필은 단순한 체험의 나열이나 기록이 아니라 체험의 문학적 형상화로 승화된 글이어야 한다. 이제 더 이상 형식이 자유롭다고 백인백색의 수필이론이 난무해서는 안 된다. 창작 방법론이 무한하다는 것은 수필론의 강점일 수 없다. 그것은 수필의 외연을 확대할지는 모르나 수필을 고급문학의 위치로 끌어올리는 데 전혀 도움이 되지 않는다. 문학의 서자 취급을 당하는 데서 벗어나려면 하루 빨리 창작이론을 객관화해야 할 것이다. 다시 쓰는 본격수필 기술론 두 번째 원고는 독자의 상상력이 추상적 개념을 극대화하여 공감의 폭을 넓히기 위한 작품의 숙성 과정에 있어서 수필가가 취해야 할 인식과 관조 방법에 대한 설명이 될 것이다.

수필은 언어로써 일상적인 체험 활동을 보여준다. 사실을 토대로 하다 보니 의도적인 의사가 지나치게 반영되어 저급한 속성이 드러나기 쉽다. 수필의 생명은 감동이다. 진솔한 감정의 효과적 표현만이 독자를 관조의 세계에 머무르게 하여 감동으로 이끌 수 있는 법이다. 본 것을 실감의 유리 없이 그대로 널어놓으면 독자에게 미적 정서를 주지 않을 뿐만 아니라 연상과 상상으로 미의식에 접근하려는 독자의 영역을 침범하게 된다. 독자의 상상력과 연상력을 자극시키는 것은 엄밀하게 정의된 개념이 아니라 자기 자신을 토대로 한 구체적인 현상과 사상의 형상화다. 연상과 상상은 다양하고 광범위한 활동의 자유와 변통성을 가지고 있기 때문에 독자로 하여금 내용을 미적으로 음미하게 할 뿐만 아니라 공감에 박차를 가하게 해서 추상적 개념일 수밖에 없는 주제의식을 이미지화 하는 데 기여한다.

제재와 주제의 상관성이란 사물을 바라보는 주체적 수필가가 나타내려는 주제의식과 대상 사이에 얼마나 참신한 유사성이 있느냐를 말한다. 한마디로 제재는 주제가 요구하는 적재여야 한다는 것이다. 이것은 유추 능력과 관련이 있는데, 주제의식을 나타내는 데 관련된 재료와 유사한 재료를 선택해서 독자들로 하여금 주제를 미루어 헤아리게 하는 것이다. 주제의식을 유사성에 근거한 재료를 통해 말하지 않고, 직접적으로 나타내면 작문이 되고 말기 때문이다. 보고 느낀 그대로의 이야기가 수필가의 렌즈를 통하여 투시되고 각색되고 문학적으로 변용될 때, 일상의 단순한 기록이 아닌 문학으로의 승화가 가능한 것이다.

이 과정은 부단히 인식적 사고를 가짐으로서 쉽게 해결할 수가 있다. 중국의 시법에 '이단불심'이란 게 있다. 제재와 주제의식의 관계를 연상 관계로 이어가기 위해서는 깊이 있는 사고가 필요하다. 좋은 글을 쓰는 데 삼다를 주장했던 구양수는 다독, 다작보다 다상량을 가장 중요하다고 하였는데, 다상량은 생각을 깊고 풍부하게 많이 하라. 즉 사유를 많이 하라는 것이다. 그 당시의 젊은 학생들이 구양수에게 묻기를 나랏일에 그렇게 바쁜데 무슨 틈을 타서 그렇게 훌륭한 글을 줄줄 써느냐 하니, "나는 정말 시간이 없다. 나의 시간은 전부 억지로 짜낸 시간이다"라고 대답했다고 한다. 이어 "어떻게 시간을 짜내는가"하고 묻는 학생들에게 아주 솔직히 대답하였다. 첫째는 말을 탈 때, 둘째는 잠 잘 때, 셋째는 화장실에서 일 볼 때 시간을 짜낸다는 것입니다. 이른 바 삼상三上이다.

그는 자기 업무외의 시간은 모두 체험과 사물을 연관지우는 데 썼다. 수필을 쓰는 데 따로 조용히 눈을 감고 기다리는 것이나 책상 앞에 백지를 펴놓고 시험 보는 듯하는 것은 오히려 생각을 막는 일이다. 정말 시간과 장소를 가리지 않고 수필을 생각해야 한다. 필자도 어딜 가나 메모지를 들고 다니며, 다른 사람들이 흥을 보던, 손가락질을 하던 일일이 메모하곤 한다. 자다가도 발상이 떠오르면 얼른 일어나서 단 한 줄의 아이디어라도 적어놓고 잠을 잔다. 그래서 아침에 일어나 그 아이디어의 연상 작용으로 수필평론을 쓰곤 하였다.

평론에는 관점이 중요하다. 제목이 대충 관점을 내포하고 있는 것이 좋다. 이를테면 엉터리 수필을 '벼'와 같은 '피'로 의미화하기도 하고, 명수필과 맹수필을 대비시킨다든지, 누구나의 문학에 누군가의 문학으로 대비시킨다든지 하는 건 꾸준한 사물의 연상 작용의 결과다. 이런 상관적 사고는 무수한 체험들과 상상력이 가장 큰 힘으로 활발하게 활동하는 부분이다. 조태일은 "과거의 체험들이나 또는 앞으로 겪게 될 체험들이 적당한 햇빛과 물, 바람이 되어 문학의 씨앗들에 싹을 틔우게 하고 성장하게 하며, 상상력은 여러 체험들을 유기적으로 조직하면서 질서를 부여하고 구체적인 이미지들을 만들게 한다."고 하였다.

여성의 정절과 참빗을 절묘하게 상관화시킨 강숙련의 「참빗」, 정이 필요한 인간 세계를 인큐베이터에 비유한 노현희의 「인큐베이터」, 인간불가지론의 비애와 안타까움을 최후의 순간에도 기록을 남기는 비행기의 '블랙박스'에 결부시킨 박영란의 「블랙박스」, 딸의 부모 걱정이 큰 힘이 되는데 착안하여 그것을 '부적'으로 연결시킨 정성화의 「부적」, 자신의 것이긴 하나 마음대로 움직여주지 않는 다리 때문에 절망하는 사람들의 비애를 소금쟁이에 비유시킨 정성화의 「소금쟁이」와 장인정신의 가치와 긍정적 측면을 야인정신과 매치시킨 송명화의 「야인시대」는 주제의식과 대상 그리고 제재가 절묘하게 상관화된 작품이라고 하겠다.

일상적인 소재라도 그것이 제재로 변용되지 않으면 본격수필로 태어나지 않는다. 수필이 본격수필의 자격을 갖기 위해서는 대상을 유사한 다른 매체와 상관화시키는 작업을 통해 수필이 탄생되어야 한다. 수필가에게는 주제를 상징하는 매개로서 소재를 변용하고 말겠다는 의지가 필요하다. 이와 함께 필요한 것이 작가만의 렌즈다. 사물을 참신한 눈으로 봄이 중요하다. 모든 선입견을 배제하고 주관과 객관을 재구성하기 위해 필요한 것이 소재에 대한 해체작업이다. 이미 존재하는 것은 변용을 거치지 않고는 창작이라고 말할 수 없기 때문이다. 문학적 감동은 상상과 연상으로 창출되기 때문이다.

56_ 글쓰기 기법 - 맥주 쎄병 만족 하나 ☺

## 자세는 동일하게

문학 장르론적으로 보면, 수필은 '교술'에 속한다. 교술 문학이란 조동일의 문학 장르 분류법에 의해 나누는 문학의 4대 장르 중 하나로 실제로 존재하는 사물을 서술하거나 전달하는 것을 특징으로 하는 문학 장르다. 흔히 그 특징을 '자아의 세계화'라고 설명할 수 있다. 수필이 가장 대표적이다. '교술敎述'에서 '교敎'는 알려주며 주장한다는 뜻이고, '술述'은 어떤 사실이나 경험을 서술한다는 뜻이다. 여기서 자세는 자아와 세계를 가리킨다. 자아는 문학작품에서 인식과 행동의 주체를 가리키고, 세계는 그 대상을 가리킨다. 따라서 교술이란 작품 밖에 실제로 존재하는 사물과 사건을 작품에 나타내며, 교훈적·이념적인 성격이 강하다.

달리 말하면, 교술 장르는 작품외적 세계의 개입으로 이루어지는 '자아의 세계화'를 추구한다. 즉 화자는 현실의 작자이며 청자도 현실의 인간이다. 이러한 비허구적이고 토의적 성격은 청자 지향의 교술적 태도인데 교술 장르는 청자를 반드시 전제로 한다. 수필 창작에서 '동화의 원리'가 적용되어야 하는 이유는 수필가가 대상을 교술적 태도로만 볼 수가 없다는 데 있다. 수필도 문학성을 확보하려면 시와 마찬가지로 서정의 세계를 가져야 한다. 따라서 수필은 '자아를 세계화'하면서 동시에 '세계의 자아화'도 추구해야 한다. 수필가는 작품 외적 화자만 조우하는 게 아니라 작품 외적 세계와도 만난다. 이 만남에서 자아와 세계가 동일화되는 것이다. 서정은 모든 문학 작품이 견주어야 할 과녁이다.

외부 세계의 충격에 대한 유기체의 반응이 인간의 존재 양식이라고 할 때, 세계에 대한 수필가의 반응은 일반적으로 두 가지로 나온다. 하나는 세계를 객관적으로 인식하는 수동적인 반응이고, 다른 하나는 외부 세계를 자신이 인식하는 세계로 변용시키고자 하는 주관적인 반응이다. 이처럼 수필가는 세계와의 만남에서 수동적 기록자인 동시에 능동적 참여자인 것이다. 이는 수필은 장르적 분류에 의해 '자아의 세계화'를 지향하는 '교술'에 해당하지만, 세계와의 만남에서 '세계의 자아화'를 추구하기도 한다는 의미다. 수필가는 때로 역사적 자아로 세계를 객관적으로 응시할 뿐 더러, 때로는 서정적 자아로서 세계를 극히 주관적으로 능동적으로 변용시키기도 한다.

수필가도 제대로 된 작품을 창작하여 문학의 보편성을 확보하기 위해서는 시학뿐만 아니라 시법에도 관심을 가져야 한다. 문학의 근원은 인간의 성정에 있고, 성정에 바탕을 두고 있는 감정적 속성이 문학적 동인으로 작용하고 있기 때문이다. 자연에 대한 깊은 관조나, 그러한 자연현상을 맞아서 고무되어진 감정상태를 흥취라고 한다면, 이것은 자연에 대한 깊은 관조와 직관력 없이는 올바로 포착할 수 없어서, 동화는 학문에서보다는 자연 속에서 얻기가 더 쉽다. 수필은 '교술'이라는 장르의 산문에 속하기 때문에 '발견'과 '상관화'를 이룬 후에 다시 그것과 하나 되기 위한 몰입이 필요하다. '바다가 제재라면 '바다'를 보면서 자신의 메시지를 닮은 바다의 속성을 살핀다든지 물 속에 들어가 그것이 어떠한 몸짓과 호흡을 가지는지 수필가도 바다의 몸짓과 호흡을 따라 갈 수 있는 시간을 가져야 한다. 좋은 수필은 수필가와 제재가 하나 되는 '물아일체'적 태도가 어느 시점에서 나타나야 한다.

윤오영은 시를 알지 못하고는 수필을 쓸 수 없다고 하였다. 이 말은 서정시와 서정수필이 매우 가까운 거리에 있는 문학이라는 사실이다. 서정시와 서성수필은 그 외형적 양식은 분명하게 다르지만, 내용면으로는 거의 같다는 점이다. 서정시가 "정으로 표현한 시"라고 한다면, 그 '정'의 실체는 무엇일까? 김준오 교수는 그의 〈시론〉에서 "시 정신은 단적으로 말해서 자아와 세계의 동일성에 있다. 여기서의 동일성이란 자아와 세계의 일체감이다."라고 말하고 있다. 자아와 세계의 일체감이란 인간과 사물 사이에 간격이 없는 '서정적 결핍'으로 이것이 '서정시의 본질'이라고 지적하고 있다. 그렇다면, 서정수필은 서정시의 형식적인 차이를 가지지마는 내용적으로는 동일할 수밖에 없다. 김준오의 '자아와 세계의 일체감'이야 말로 서정수필의 문학적 실체를 밝혀주는 결정적 실마리라 하겠다. 수필을 일러 고백의 문학이라 하는데, 그 고백의 문학 이론적 실체가 다름 아닌 '자아와 세계의 일체감' 즉 '동일성'이었기 때문인 것이다.

　사물이 자아를 촉발하여 감흥을 일으키게 하기 위해서 수필가는 본 것에 생명과 인정을 불어넣어야 한다. 수필을 '정'의 문학이라고 하는 이유도 여기에 있다. 무심한 것도 수필가의 애정을 받으면 피가 돌고, 호흡을 하게 되는 것이다. 사물을 인간화하고, 사물에 동화하여야만 독자에게 진정성을 심어줄 수가 있다. 나도향이 「그믐달」에서 "내가 여자로 태어난다면 '그믐달 같은 여자로 태어나고 싶다'고 한 문장도 바로 사물과의 동화라는 측면에서 이해해야 할 것이다. 사물과의 동화는 사물에 몰입할 때만 가능하다. 몰입은 대상과 자아의 거리를 무화시키며, 대상을 주관화시키게 된다. 이렇게 사물에 대한 정교한 관찰은 바로 예리한 감각을 작용시켜서 선명한 회화적 이미지를 창안해 내게 된다. 대상에 대한 수필가의 심도 있는 관찰만이 뛰어난 이미지를 낳을 수 있다.

　윤오영의 「까치」란 수필은 지은이가 까치에 대해서 가지고 있는 애정을 중심으로, 까치소리의 특징에서 시작하여 자신이 까치에 대해서 각별한 사랑을 가지고 있음을 평범하면서도 부드러운 문체로 서술하고 있는 글이다. 이 수필은 크게 두 개의 내용 단락으로 나눌 수 있다. 기교 없이 가볍고 솔직한 까치 소리를 들으면 기분이 좋아진다는 내용으로 시작되는 첫 번째 부분은 까치의 특징을 들고 있는데, 물론 그것은 지은이의 까치에 대한 애정으로 바뀌어 서술되고 있다. 까치 소리며 까치집에 대한 서술도 같은 맥락이다. 까치집은 엉성하게 얽어 놓은 것처럼 보이지만 비도 새지 않고 소쇄한 맛이 난다는 것이다. 더불어 다른 새들의 집은 '둥지'나 '둥우리'라는 말을 쓰면서 유독 까치와 제비의 경우엔 '집'이라는 표현을 쓴다는 점을 강조하고 있다.

두 번째 부분은 아침 여덟 시에 정릉 안 어느 숲속에서 느낀 지은이의 감상을 표현한 부분이다. 사람 없고 고요한 숲속에서 까치들이 자신의 발 밑을 깡충깡충 뛰어 다니는 모습을 보면서 '물아일체'의 교감을 느끼는 것이다. 그러나 지은이는 그 교감을 야단스럽게 설명하기보다는 민화나 시의 예를 통하여 간접적으로 표현한다. 바로 그 점에 이 수필이 주는 묘미가 있다. 까치에 대한 사랑도, 까치와의 교감도, 화려한 수사와 장황한 설명이 아니라 그저 부드럽고 평범한 표현 속에 담아내고 있는 것이다. 예로부터 우리 문학은 자연과의 교감을 내용으로 한 경우가 많다. 조선 시대 가사 작품인 정극인의 「상춘곡」, 시조 작품인 윤선도의 「어부사시사」가 그러하다. 「상춘곡」은 속세와 인연을 끊고 자연에 귀의해 봄을 맞는 감상을 노래한 것으로 '물아일체'의 경지를 잘 보여주고 있다. 윤선도의 「어부사시사」는 바다에서 고기를 낚는 어부의 관점에서 자연과의 일체감을 노래한 연시조이다.

수필 창작에 있어서 적용되는 '동화적 원리'는 독립적으로 쓰인다기보다 단계적 원리로 적용되는데, 이양하의 「신록예찬」을 그 예로 들 수가 있다. 여기에서 자연과의 교감이 서술된 부분을 찾아볼 수가 있다. 이렇게 우리 조상들은 자연 속에서 진정한 맛을 발견하였던 것이다. 그러나 이 글에 제시된 민화에서처럼 사람의 배 위에 앉아 있는 까치의 모습은 상상조차 할 수 없는 지경이 되고 말았기에 지은이는 은연중 지금의 현실을 안타까워하는 심정을 나타내고 있다. 이 글을 읽으면서 자연에 대한 애정 회복을 생각해보게 되는 것은 현실에 대한 지은이의 안타까움에 공감하기 때문이다. 환경오염이 날로 심각해지는 오늘 이 수필이 보여주는 자연과의 교감은 우리의 모습을 진지하게 돌이켜 보게 한다.

수필적 자아는 세계와 만나면서 서정의 꽃을 피우는 법이다. 그 만남은 아주 특별한 만남이 아닐 수 없다. 동화란 물아일체의 동질화 현상이다. 즉 사물을 바라보는 수필가와 사물 사이의 교감이 있어야 함을 말한다. 달리 말하면, 주체와 대상 사이에 동질의 요소가 내재되어 있어서 상호교호 작용이 전개된다고 하는 상사성의 법칙이다. 물아일체를 노리는 수법은 원래 시적 법칙이다. 그러나 수필이라고 해서 시적 기법이 안 쓰이는 건 아니다. 서사와 서정의 세계를 동시에 다루는 수필문학은 주제를 내면화하고, 인간화하는 데 있어서 세계의 자아화가 필수적이다. 그 만남의 반응이 문학적 접근이요, 언어화되면 문학적 표현이 된다. 수필을 잘 쓰려면 반은 소설가가 되어야 하고, 반은 시인이 되어야 한다는 말은 수필 쓰기에서 동화의 원리가 적용되기 때문에 그럴 것이다.

수필의 문장에서, "나는 죽어서 나무가 되고 싶다. 무슨 나무가 될까? 이미 나무를 뜻하였으니 진달래가 될까. 소나무가 될까는 가리지 않는다"고 한 이양하의 「나무」나, "시간을 잘게 채 썰어놓고, 채 한 조각에 자장면을 비벼 넣고, 또 한 조각엔 저녁밥을 짓고, 또 다른 몇 조각에다는 파트타임 일을 하는 이런 숨찬 생활에서 벗어나고자 할 때, 나는 가오리연이 되고 싶다"는 정성화의 「가오리연」 등의 작품에서 인용된 부분은 사상과 감정이 동화된 문장이라고 할 수 있다. 이는 감정과 사상의 동질화 현상이다. 이처럼 외부 세계에 반응하는 유기체의 반응이 단순한 수동적 반응이 아니라 그 외부 세계를 자기가 갖고 싶어 하는 세계로 변용시켜 자아와 세계가 동일성을 이루게 할 때, 수필에서 동화가 일어났다고 한다.

서정적 비전은 자아와 세계의 특별한 만남이고, 그것은 곧 자아와 세계가 하나가 되는 것을 의미한다. 수필적 자아가 세계와 만나는 태도와 논술적 자아가 세계를 만나는 태도는 다르다. 논술적 자아는 세계를 있는 그대로 응시하며 객관적으로 반응할 뿐이다. 그 결과 최대한 객관적으로 세계를 있는 그대로 기술하는 것이다. 그러나 수필적 자아는 세계를 극히 주관적으로 반응하며 만난다. 나아가서 세계는 수필가와 영적 교감을 나누는데, 이때 제재적인 재료들이 수필가의 생활 속에 여과되어 사람의 냄새를 풍겨야 한다는 것이다. 수필가의 체취랄까 내면 풍경이 드러나야 한다. 자기 노출의 진솔성이 중요하다는 것이다. 물상을 사랑하는 데까지 이르러야 하는데, 그러기 위해서는 어디까지나 객체를 긍정적으로 받아들이는 자세가 되어야 한다. 수필가는 '동화의 원리'를 통해 삶에 대한 자유로운 사유, 내밀하고도 다채로운 정신의 정경을 독자들로 하여금 흠뻑 맛보게 해주는 것이 중요하다.

  서정시가 '동일성의 문학'이듯, 서정수필 또한 '동일성의 문학'이라는 사실은 위의 작품 예에서 분명한 사실로 밝혀졌다. 그러나 시는 분명 수필이 아니고, 수필 또한 분명 시가 아니다. 시는 운문양식이고, 수필은 산문양식이다. 그럼에도 서정시와 서정수필이 가까운 이웃인 까닭은 수필이 '산문의 시'이기 때문이다.

## 57_ 글쓰기 기법 - 맥주 세병 만족 하나 :)

# 성찰은 공감이다

　수필이 과연 밥을 먹여 줄까? 수필이 사는 데 무슨 도움이 될까? 흔히 이런 질문을 한다. 필자가 수필론을 강의할 때마다 하는 말이지만, 수필이 우리에게 밥을 먹여 주지는 않지만 분명한 것은 사는 데 도움을 준다. 수필은 가치 있는 삶을 추구하는 언어활동이자 삶의 모습 그 자체이기 때문에 사람이 사람답게 살기 위해서는 반드시 '성찰의 단계'를 거쳐야 한다. 자기 삶을 조명하게 자신을 거울에 비추어 보는 것이 바로 '성찰의 삶'이다. 수필가는 창작 과정에서 변증법적인 상상력을 경험하게 된다.
　수필을 쓰는 사람마다 수필 창작 과정이나 그 기술 방법이 다르다. 문제는 각인각색의 수법이 모두 '수필은 붓 가는 대로 쓰는 것'이란 전통적 수필론을 변형하거나 또는 모방하고 있다는 것이다. 따라서 필자는 이런 문제점으로부터 수필이 갖추어야 할 내적 요건들이 단계적으로 결속성을 가지도록 함으로써 본격 수필로서의 특성을 유지하게 된다는 전제를 세울 수 있었고, 이로부터 수필창작의 5단계 결속원리를 이끌어내었다. 제1단계인 '발견의 원리'와 2단계 '상관화의 원리', 3단계 '동화의 원리' 다음에 이어지는 것은 '성찰의 원리'다.
　문학적 상상력의 발전 단계마다 호응적으로 미의식이 촉발되게 되어 있다. 물질적 상상력의 작동단계에서 획득된 기본 이미지가 발견, 상관화, 동화 과정을 거쳐 변증법적인 상상력을 만나면서 작가에게 과거의 삶에 대한 성찰 욕구를 불러일으키고, 구체적인 반추의 시간을 경험하게 이끈다. 이 과정에서 수필가의 반추와 성찰행위는 바람직한 삶, 바람직한 인간상을 잉태하기 위한 필연적인 갈등과정으로서 자기의 과거 체험에 대한 고백과 비판적 인식을 지향한다. 이러한 인식행위를 통해서 획득되는 반추와 성찰은 작가에게 역동적인 상상력을 촉발시키는 핵심적인 동력으로 작용한다.

사람은 누구나 더 나은 삶을 살기 원하며, 그러기 위해서 끊임없이 자신의 삶을 돌아보며 성찰한다. 이러한 성찰이 문학적 방식으로 변용되어 표현되면 감동과 공명이 더욱 깊어지게 된다. 문학적 표현이란 가치 있는 삶을 추구하는 모습을 구체적으로 형상화하는 것이기 때문이다. '성찰'은 경험을 위주로 하는 수필가들에게는 필수적인 일이요, 더 나은 삶을 영위하고자 하는 사람이면 누구나 해야 되는 일이다. 세 번째 단계를 거쳐 네 번째 단계에서 자기 삶을 주제와 관련하여 되돌아보고, 자신의 체험을 감동적이고 구체적으로 표현하는 것이 중요한 까닭은 무엇보다도 수필을 읽는 독자들의 기대가 작가의 체취와 내면 풍경에 맞닿아 있기 때문이다.

수필의 구상에서부터 창작 단계에 이르는 과정을 살펴보면, 어떤 유기적인 프로세스가 존재함을 볼 수 있는데, 그 과정 중에서도 전개부 말미쯤에서 다룰 '성찰의 원리'는 네 번째 순서에 해당한다. '발견'을 거쳐 '상관화 작업'을 마치면 '동화'의 단계에 접어들고 난 다음 수필가는 자기 삶을 반성적으로 '성찰'하는 시간을 갖게 된다. 이 단계는 수필문학의 장르적 특성인 진솔함으로 독자와 공감대를 형성하는 데 필수적인 과정으로써 수필 창작 과정에서 매우 중요하다. 왜냐하면, 수필 쓰기의 본질적 특성이 삶의 성찰적 반영에 있기 때문이다. 수필은 삶의 가치를 추구하는 일이므로 그러기 위해 끊임없이 삶을 돌아보고 내다보게 된다. 삶을 돌아보는 일은 자기 성찰이며, 삶을 내다보는 일은 인간다움의 모색이다. 그러하기에 수필은 가치 있는 삶에 대한 모색과 성찰을 주 내용으로 하는 것이다.

우리는 때로 기뻐하고, 슬퍼도 하고, 감동하고, 좌절도 하는 등의 삶을 산다. 이러는 사이에 가치 있는 삶은 무엇인가도 생각하게 되고, 그러자면 어떻게 해야 할까를 생각하게 된다. 이것이 자기 삶의 성찰이다. 수필은 삶의 구체적인 모습을 그대로 그리는 것이다. 그리고 여기에 그려진 삶 그 자체는 그것이 비참함이든 화려함이든 상관없이 궁극적으로 삶의 가치가 어디에 있는가 하는 문제로 이어진다. 이처럼 삶의 구체적 모습을 형상화하는 것이 수필의 주요한 특성이 된다. 수필가가 형상화하는 모습은 삶 그 자체이면서 가치 있는 삶을 위한 성찰에 목적으로 두기 때문에 사람과 사람이 부딪치고 어우러져 살아가는 세상의 모습이 수필 작품에 반영된다. 다만 삶의 모든 것이 다 반영되는 것이 아니고, 가치 있고 의미 있는 것만이 수필에 반영된다는 점이 중요하다.

수필은 삶에 지친 현대인들에게 안식을 줄 수 있는 문학으로서의 특성을 갖고 있다. 감동을 생명으로 삼고 있는 수필이 작가의 인품과 융화되어 문학성을 가질 때 한 편의 시보다 한 권의 소설보다 더 진한 감동을 독자에게 안겨줄 수 있다는 말이다. 이것은 수필만이 갖는 매력이다. 수필은 허구 세계를 다루는 것이 아니라 진실의 세계를 다룬다는 측면에서 어느 문학보다 감동의 전달력이 강한 문학이라는 데 이견을 낼 사람은 아무도 없을 것이다. 인간이 인간답다는 것은 무엇을 의미하는 것일까? 그 답은 반성과 뉘우침에서 찾아야 할 것이다. 자신을 낮추고, 자신의 과오를 인정할 수 있는 자세와 태도야말로 인간다움을 보여주는 행위임을 우리는 잘 안다. 반성은 그 강도가 강하면 강할수록 자기 경험의 가치를 높여준다.

삶을 뒤돌아보는 성찰에는 시간과 거리가 요구된다. 그러나 요즘의 현대생활에는 이런 것들이 스며들 틈이 없다. 너무 세상이 빠르게 변한다. 속도는 능률이고 능률은 경쟁의 미덕이 되는 사회에서 시간을 갖고 성찰한다는 것은 그만큼 지체되고 낙오되는 결과라고 생각되기 때문이다. 그러나 과속으로 달리는 자동차에서는 밖의 풍경을 감상하거나 옆 자동차와의 질서를 고려할 겨를이 없다. 오히려 자칫 과속은 사고로 연결되기 일쑤다. 수필은 이처럼 무엇보다 속도에 저항한다. 체코의 저명한 작가 밀란 쿤데라는 '느림'이라는 소설을 냈다. 그는 수필은 속도가 아닌 느림의 산물이며, 느림은 곧 삶을 찬찬히 성찰하는 일임을 밝히고 있다.

삶을 성찰한다는 것은 한편으로 반성을 의미하지만, 다른 한편으로는 음미, 즉 천천히 맛을 본다는 의미다. 수필가는 삶을 살아가지만 대체 삶이 무엇인지 맛보며 살아야 할 것이다. 그래야 제대로 된 삶을 살아갈 수 있다. 많은 사람들이 목적 없는 인생을 살면서 그 생을 마치는 순간 당혹과 회한에 빠지게 된다. 자신의 소화능력과는 무관하게 주어진 정형화된 틀 속에 자신을 맞추며 힘겨워하며 한 세상을 살다가기도 한다. 자신을 바르게 살피지 못하고 앞만 보고 간다. 수필은 죽음에 이르기 전의 삶을 맛보는 것이다, 아니 나아가 죽음을 넘어선 세계까지도 상상력의 힘으로 그 맛을 보는, 느리게 인생 살기다. 느리게 거닐다 보면 보이는 것들이 많다.

무엇보다 사랑이 보인다. 마음의 여유가 생긴다. 이성 간의 사랑은 물론 부모 형제 사이, 친구 사이, 이웃 사이, 신과 피조물 사이의 갖가지 사랑의 모습들이 흥미롭게 눈에 들어온다. 사랑만이 아니다. 사랑은 어느새 증오가 되고, 다시 화해를 이루고 울고 웃는 우리 스스로의 모습이 발견된다. 거기에 또 이별이 있고 만남이 있다. 도덕과 이념, 욕망을 둘러싼 인간들의 갈등과 다툼들도 있다. 이것들이 곧 삶의 내용이다. 여기에 가장 중요한 것이 등장하는데, 그것은 곧 반성이다. 앞서 말한 모든 문제들은 결국 반성이 없는 삶에서 나타나는 것이다. 반성은 사실 인간을 인간되게 하는 가장 결정적인 요건이다. 어쩌면 인간은 곧 성찰의 존재라고 말해도 무방할 정도로, 반성의 자세는 인간다움의 본질을 형성하는 그 개념 자체다. 흔히 인간을 생각하는 동물이라고 해서, 사유의 능력을 지적하기도 하지만, 그 사유가 바로 반성인 것이다. 곧 반성적 성찰이 진정한 의미의 사유이며 수필은 그 반성적 삶을 표현하는 것이다.

수필이 무엇인지 간략하게 정의하여 보면 첫째, 수필은 삶에 대한 진지한 성찰이고 둘째, 수필은 언어로 그 삶을 표현한 것이다. 이처럼 성찰한 내용을 수필로 표현하는 수필 창작 과정은 자기다운 삶, 가치 있는 삶을 위해 필수적이다. 수필은 자기가 겪은 일을 표현함으로써, 자기의 삶을 되돌아보게 하고, 나아가 더 나은 삶을 살기 위한 발전의 계기가 되게 하기 때문이다. 인간은 자기를 표현함으로써 자기를 발견한다. 수필은 '진실'을 추구하는 문학이다. 그러므로 수필가는 진실하게 표현해야 한다.

반성의 성찰을 글로 쓴다는 것은 진실을 드러내는 행위다. 수필을 잘 쓴다는 사람들은 창작 과정에서 자기 성찰의 단계를 모두 거쳤으며, 이러한 문학적 방식의 수필 쓰기를 통해 공감과 감동을 불러일으켰다는 점을 수필가는 명심할 필요가 있다. 일상의 생활 속에서 얻은 감동의 끝에 반성의 시간을 얹어 그것을 구체적 형상으로 제시하여 독자의 공감을 받아내는 것은 수필 창작에서 매우 중요하다. 성찰의 원리는 독자로부터 진실성과 공감을 얻기 위한 수단인 만큼 수필가가 권위나 가식을 깨고 진실에 대한 진정성에 관심을 기울이는 것은 대단히 중요한 작업이라 하겠다.

미국의 수필가 E. B 화이트는 일찍이 수필은 인간에 대해 쓰지 말고 한 사람에 대해 써야한다고 했다. 수필은 작가의 체험이 사유와 관조와 통찰을 통해 문장이라는 옷으로 형상화되는 것이기 때문이다. 한마디로 말해서 수필은 자기를 찾는 작업이라 할 수 있다. 자기 마음의 무늬를 문자로 그려내는 문자예술이 수필이기 때문이다. 따라서 나무는 클수록 그 나이테가 많고 멋지듯, 인생의 연륜이 많이 쌓일수록 깊이가 있는 글, 공감대가 넓은 글이 나올 수 있을 것이다.

문학의 길은 끝없는 수도의 길이다. 수필은 성찰의 문학, 반성의 문학으로 불린다. 눈을 감을 때까지 구도의 길을 걷는 성직자처럼 수필가도 끝없이 자기 성찰을 게을리 하지 말아야 할 것이다. 수필은 겸손이란 바탕에 쌓아올린 자기 성찰의 탑이어야 한다.

## 58_ 글쓰기 기법 - 맥주 세병 안주 하나 ☺

# 착상은 기발하게

　여기에 한 가지 더 첨가하고 싶은 것이 있다면 그것은 전술한 바 참신하고도 독창적인 주제를 찾아내야 한다는 점이다. 그렇다고 하여 주제 설정은 이것만으로써 전부 끝나는 것은 아니다. 훌륭한 수필가가 되려면 일차적으로 풍부한 인생 경험과 폭넓은 독서를 통해 다양한 교양 체험을 쌓아야 하는 것이 필수불가결한 조건이다. 그리고 이런 바탕 위에 상상력, 연상력, 직감력, 분석력, 추리력, 창조력, 유머 감각 등 일곱 가지의 자질도 겸비해야 할 것이다. 이런 바탕과 자질이 겸비되어 있는 다음, 다음과 같은 스무 가지 착상법을 적재적소에 능수 능란하게 운용할 수만 있다면, 주제 찾기의 고민은 어느 정도 해결되리라 본다.

### 1) 가설 추리
　가령 석굴암을 둘러 볼 때 동해를 바라보고 있는 대불의 모습을 보고 다음과 같은 가설을 세워 볼 수 있다. 왜 대불의 체형이 정신형의 가냘픈 심성질이 아니고 비만현의 비만형의 영양질일까? 만약 심성질이라면? 이런 가설에 우리는 상상력을 최대로 발휘해 볼 수 있다. 첫째, 그 당시의 유행적이고 전형적인 불상의 체형이 비만형이라고 한다면, 인자한 모습을 보여주기 위함에서인가? 둘째, 그것을 조각한 석공의 모습도 상상해 볼 수 있다. 천민 계급이었던 석공이 가령 못 먹어서 빼빼했다고 가정해 보자. 그렇다면 평소에 자기 체형이 비만형이었으면 하는 바람도 있을 수 있다면 그 욕구 충족의 투영 현성이 그 조각에 형상화되었다고도 볼 수 있다. 바꾸어 말해 이런 가설을 세워 상상과 추리를 해나가다 보면 거기에 걸 맞는 참신한 주제를 얻을 수도 있을 것이다.

### 2) 유사 현상

이른바 아날로지에 의한 착상법인데, 자연계를 잘 살펴보면 그럴듯한 풍부한 사례가 얼마든지 있다. 그리고 자연계 이외에도 습관이나 사고방식이 다른 유럽의 예 또는 다른 소재에서 유사성을 발견해 낼 수도 있다. 가령 공작과 노고지리의 대비를 통해 인간의 어떤 특성을 유추에 낼 수도 있다. 공작은 깃털은 아름답지만 날 수도 없고 노래도 할 수 없는 반면 노고지리는 깃털을 볼품없지만 하늘을 자유로이 날면서 멋진 노래를 한다는 사실을 통해 사람도 신이 부여한 각자 나름의 능력의 한계와 그 장점이 한 가지씩 있다는 점을 유추해 볼 수 있다 하겠다. 가령 문명의 한 현상을 맥루한이 '인체확장설'로 설명하면서 눈-망원경, 다리-비행기, 귀-음파탐지기 등으로 확장되었다고 했는데, 이 설도 결국은 유추발상에서 나온 아이디어라 하겠다.

### 3) 대비 현상

가령 세계의 4대 성인들의 공통점을 비교법을 통해 찾아보아도 흥미로운 수필적 접근이 가능할 수도 있을 것이고 반대로 대조법을 통해서 얻을 수도 있을 것이다. 또 아시아에서는 톱을 당기면서 자르는데 미국에서는 톱니가 밭대 발향으로 되어 있어 밀어내면서 자른다는 사실과 더불어 스푼 사용에 있어서도 미국에서는 밀어내면서 떠올리는데 우리는 앞으로 당기면서 떠먹는다는 사실을 통해 어떤 이치나 사고방식의 차이점을 도출해 낼 수도 있을 것이다.

### 4) 의문 현상

어떤 사실이나 현상에 대해 의문을 품어보는 것이다. 가령 예수의 제자는 12명이라는데 대해 의문을 가져 볼 수도 있다. 상식적으로 유대 민족의 12지파의 대표로 한정시켰기 때문이라고 생각할 수도 있지만 만약 정과 부대표를 두었다면 24명이 될 수도 있지 않겠는가. 뿐만 아니라 왜 여자는 한 사람도 없는가라는 의문을 품어 본다면 그런 착상에서 한 편의 흥미로운 수필을 지을 수도 있을 것이다.

### 5) 역설 착상

기존의 개념이나 가치를 정반대로 생각해 보는 착상이다. 수필의 묘미가 역설에도 있는 만큼 이런 착상법의 훈련도 게을리 해서는 안 될 것이다. 가령 자가용의 편리성 때문에 요즘은 자가용 홍수 시대가 되어 있다. 그러나 역사고로 자가용의 불편성이나 위험성에다 초점을 맞추다 보면 〈무자가용이 상팔자〉라는 수필이 있을 수 있을 것이고 또 '돈이 많으면 좋다'라는 물질만능시대의 병폐를 꼬집고 한편 떼강도들의 침입불안에서 해방될 수 있다는 역 사고에서 〈돈 없음의 행복〉이란 글을 쓸 수도 있을 것이다. 그런가 하면 이런 역사고법에 착안하여 흥부와 놀부를 두고 이미 흥부격하론이나 놀부변호론이 나왔으며 나아가 소크라테스의 처였기 때문에 세계적인 악처로 소문나게 된 크산티페를 위해 역사고로 〈크산티페 변호론〉이 나왔던 것이다.

### 6) 역상 착상

상식을 뒤엎어서 생각해 보는 착상이다. 이는 역사고의 착상과 비슷하다 하겠는데 상식선에서 노상 사물이나 어떤 현상을 바라다보면 신선한 착상은 절대 떠오르지 않는 법인만큼 상식을 뒤엎어서 다시 생각해 보는 노력도 열심히 해 보아야 한다.

### 7) 고정 관념

가령 가을에 관한 수필을 쓴다고 하자. 고정관념에 매달려 있다 보면 '슬픈 계절', '천고마비의 계절', '결실의 계절', '독서의 계절' 중 어느 하나를 택하기 마련이고 그러면 진부해지기 마련이다. 그러나 반대로 '기쁨과 희망의 계절'에 초점을 맞추어 보면 그런 대로나마 참신한 착상이라는 평을 들을 수 있을 것이다.

### 8) 시점 변화

사물을 관찰할 때 정면 관찰도 있고, 측면, 후면, 수직, 입체 관찰이 있을 수 있듯이 어떤 소재를 택하여 합당한 주제를 도출해내기 위해서는 관점을 바꾸어 다각적이고 다양한 관찰이 필요하다. 어쩌면 이런 착상법은 한 우물을 계속 파고들어 가는 '수직적 사고'가 아니라 여러 개의 우물을 동시에 파보는 것이 물을 얻을 수 있는 확률이 높다는 이른 바 수평적 사고와도 통한다 하겠다.

### 9) 풍속 착상

낡은 지식이나 낡았다고 생각되는 사고나 사상 그리고 낡았다싶은 민속이나 풍속에서 새로운 면을 발견할 수도 있다. 가령 분만 시 총각의 붉은 머리 댕기를 복부에 얹어 놓으면 순산한다는 것을 속신으로만 생각할 것이 아니라 심리적 무통분만설과도 관계가 있다고 보는 해석이 그 예일 수도 있다.

### 10) 결합 착상

이 사고법은 이것저것 서로 다른 이질의 것들을 서로 결합시켜 보는 사고법을 말한다. 발상의 전환을 위해서는 자기가 생각하고 있는 것에다 전혀 관계가 없거나 혹은 인연이 먼 서로 다른 것들을 끌어들여 들러 맞추다 보면 새로운 착상이 떠오를 수 있는 것이다.

### 11) 테마 수필

현대는 전문성, 독자성, 개성이 요구되는 시대다. 테마의 개척이다. 수필가 은옥진은 '나무'를 테마로 수필을 썼고, 이정원은 '꽃'을 테마로 10년 동안 100여 편의 수필을 썼다. 한계성과 단조로움이 있긴 하지만 작가의 독자성과 개성을 높여주는 데 크게 기여할 것이다.

### 12) 자기 노출

다음으로 자기 노출을 시도해 볼 수 있다. 수필은 작가의 인생 모습을 투영시킨 글이다. 주변 인물이 아닌 작가의 심경, 체험, 이상과 철학, 인생관, 교양, 취미까지도 드러낼 수 있다. '나의 필적' 또는 '나와 우정' 등의 제목으로 수필을 쓸 수 있을 것이다.

### 13) 인물 수필

다른 한편으로 인물수필을 고려해 볼 수도 있다. 우스운 외양이나 우스운 행동에서 소재를 구하는 것이다. 자기의 성격상 결점, 무지나 오만에서 오는 실수담 등을 제재로 하는 수필은 읽는 재미를 줄 것이다.

### 14) 사회 수필

또 대항 이데올로기 기능의 심화 확산하는 글을 써 보는 것도 유익하다. 수필은 붓 가는 대로 가는 글이 아니라 사회 공동체로 향해 가는 글이다. 붓 가는 대로 쓰는 그이긴 하지만 그 가는 방향은 어디까지나 개인이 아니라 사회공동체다. 이런 수필은 기존의 질서나 가치를 재발견하여 그 허위의식을 폭로, 비판하는 글이 된다.

### 15) 한국적 수필

한국적인 것의 발견에도 시선을 두어야 할 것이다. 우리 민족의 얼이 담긴 물건, 선조의 손때가 묻은 도구나 한국의 전통적 소재를 찾아 수필을 써보는 것도 잃어버린 우리 것을 찾는다는 차원에서 바람직할 것이다.

### 16) 미학 수필

'한'이나 '정' 등은 우리 민족의 독특한 정서다. 정서적 환기력이 있는 소재나 주제를 선택하여 수필을 써 볼 일이다. 예술 활동은 미를 탐구하는 작업이다. 미술관 관람이나 예술품의 감상을 통해서 미학성을 찾아내는 지적 작업도 좋을 것이다.

### 17) 휴머니즘 수필

가슴 서늘하거나 후끈한 인간미가 배어 나오지 않는 글은 작품이 될 수가 없다는 차원에서 삶을 가꾸는 수필 쓰기도 중요하다 하겠다. '화초풍월'보다는 인정을 찾아내는 일도 의미 있다고 하겠다.

### 18) 바다 수필

우리나라는 삼면이 바다로 둘러 싸여 있지만, 쉽게 바다를 접할 수 있는 것은 아니다. 따라서 누구나 바다를 동경하며 사는 것이다. '바다' 소재를 외적 공간이나 내적 공간, 또는 상상적 공간으로 설정할 수 잇을 것이다.

### 19) 공동제 수필

지금까지 수필은 전부 일인칭의 글로 인식되어왔다. 실험적인 발상으로 수필의 외연을 새롭게 확장하는 방법의 하나로 하나의 테마를 가지고 두 명이나 세 명이 번갈아 가며 글을 전개시키는 수필도 실험적인 차원에서 고려해 볼 수 있겠다.

### 20) 여행 수필

웰빙 등 삶의 질을 추구하는 경향으로 사람들의 생각이 바뀌면서 여유가 있는 사람이든 없는 사람이든 예전보다는 훨씬 해외여행을 나가는 횟수가 늘어난 건 사실이다. 견문을 통해 아주 인상적으로 느꼈던 것과 자기 체험의 교훈을 제재와 결부시키면 좋은 기행수필이 될 수 있을 것이다.

끝으로 위에서 열거해 본 스물 가지의 착상법으로 비록 참신한 주제가 설정되었다 하더라도 그것은 너무 기발하거나 괴벽스러워 보편타당성을 얻지 못한다면 주제로서의 가치성이 없다 하겠다. 참신한 주제일수록 가치성, 시대적인 필요성, 보편타당성, 독창성, 개성미가 있어야 할 것이다. 명작은 어딘가 모르게 남달라야 한다는 얘기는 수필이 어떤 주제로 씌어져야 한다는 것을 잘 말해준다고 하겠다.

고정관념에 사로 잡혀 있다 보면 새로운 것을 창안해 낼 수가 없다. 주제를 놓고 주제문을 작성해 보는 일이 또한 중요하다. 예를 들면 〈오늘의 물가고〉라는 주제에는 '요즈음, 물가는 천장 높은 줄 모르게 껑충 껑충 뛰기만 한다. 그렇다고 울며 겨자 먹기로 생활필수품은 안 살 수도 없는 형편이다.'라는 주제문이 나올 수도 있으니 작가가 수필을 쓰고자 하는 의도에 따라 주제문을 한 번 작성해 보는 것이 중요한 작업의 하나가 아닐 수 없다. 이 주제문이 구체화되었을 때 수필을 쓰고자 하는 의욕이 일어남은 물론, 주제 제시가 뚜렷한 수필을 쓸 수가 있는 것이다.

## 59_ 글쓰기 기법 - 맥주 세병 안주 하나 ☺

# 댓구로 문학성을

'특수한 문장 결합 방식에 의한 수사'는 문장과 문장을 특수한 방식으로 결합함으로써 일정한 효과가 나타나도록 하는 수사법을 말한다. 서로 반복되는 뜻을 지닌 문장을 나란히 배열함으로써 차이점을 강조하는 대조법, 내용상 일정한 유사성을 지닌 문장들을 열거하는 열거법, 똑 같은 문장이나 어구를 반복하는 반복법, 정도를 점차 강화시켜 가며 문장을 배열하는 점층법, 같은 구조의 문장을 운율적으로 서로 대응시키는 대구법, 어조를 급격하게 바꾸는 억양법, 앞 문장의 끝과 뒷 문장의 머리 부분이 꼬리를 물고 이어지는 연쇄법, 물어 보고 대답하는 형식의 문답법, 문장 성분의 배열 순서나 문장 자체를 뒤바꾸는 도치법, 문장의 어느 한 성분을 생략하여 여운을 남기는 생략법 등이 이에 속한다.

수필은 비교와 대조 기법만으로도 멋진 수필을 쓸 수 있다. 비교와 대조만 가지고도 수필의 전개는 절반의 성공을 거둔 셈이다. 우리가 살고 있는 현실은 쉽게 한 곳으로 결론이 나지 않는 쟁점으로 점철되어 있다. 세상의 모든 가치나 현상은 대립항을 가지고 존재한다. 이런 사실을 인식하고 상호 비교하는 가운데 자신이 담고자 하는 뜻을 함축하면 주제의식을 인상적으로 제시할 수 있다. 비교와 대조는 인식의 어머니다. 수필의 전개는 현상을 상호 대비하는 가운데 나의 사상이 독자들에게 전달되는 논리적인 사고의 과정이다. 수필은 그 이상도 그 이하도 아니다. 따라서 수필은 두 가지 사실의 비교와 대조만 가지고도 훌륭한 주제의식을 구체화할 수 있다.

 '뷰티풀 마인드'의 마지막 장면이 아름다운 울림으로 남는다. 영화관 밖으로 나오자, 흠뻑 젖었던 눈시울이 햇살에 부셨다. 가늘게 뜬 눈에는 광고 문안 그대로 영화의 바다에 빠진 인파로 PIF광장이 넘칠 지경이다. 그 물결에 휩쓸려 가다 멈춰서고 보니 남포로 건널목이다. 떠밀리듯 횡단보도를 건너자, 짙은 비린내가 바로 자갈치 시장이라고 알린다. 비린내뿐만 아니라 부산의 정서까지 배어 있는 자갈치만의 냄새가 싫지 않다.

- 윤자명, 「남포로 건너기」

 남포로를 사이에 두고 대비를 이루고 있는 극장가와 자갈치 시장을 대비시키고 있다. 한 공간의 극명한 대비를 통해 작가는 정신 영역과 물질 영역, 문화와 생존의 영역이라는 상반된 속성을 대조하여 서술하고 있는 글이다.
 대조법이란 서로 모순되는 사물이나 같은 사물의 모순되는 측면을 대비하여 묘사하고 설명하는 수사법을 말한다. 비교법이 두 대상 사이의 공통점을 드러내는 것이라면 대조법은 두 대상 사이의 대립 또는 모순 관계를 밝혀냄으로써 현상의 본질을 보다 명확히 드러내려는 수사법이라 할 수 있다.

60_ 글쓰기 기법 - 맥주 세병 안주 하나 ☺

# 지성은 비판으로

    수필은 비판적인 사고가 잘 드러나는 글의 부류다. 흔히 수필을 붓 가는 대로 쓰는 것이라 하는데, 이는 수필의 특성이 특정한 형식에 얽매이지 않는다는 이야기일 뿐 그 내용이 개인의 감정을 주로 한다는 이야기는 아니다. 아래 글에서 볼 수 있는 바, 이 같은 수필들은 개인의 감상을 적은 것이 아니라 주장을 담은 글이다. 그 소재가 낱말이거나 사회 현상이거나 우리의 인식이라는 차이는 있지만, 그 글들 가운데 글쓴이의 주장이 담기지 않은 글은 없다. 이처럼 주장을 담은 수필은 자연히 기존의 잘못된 것들을 비판하는 것이 많다. 이때 그 글이 읽는이의 공감을 얻기 위해서는 다양한 근거, 정확한 근거가 제시되어야 한다. 이런 비판적인 글에서는 문제점을 더욱 선명히 부각시킬 필요가 있다. 그러기 위해서는 필자는 논의의 초점을 일관되게 통일시켜야 한다는 것을 잊어서는 안 된다.

    날로 산적되어 엄청난 쓰레기로 변하는 생명체는 땅의 숨통을 막아가는 것이다. 땅은 신음하며 쓰레기를 감당하고 인간은 그 쓰레기 위에 좌정해 있다면 전율을 느낄 것이다. 부패되지 않는 것은 도깨비 방망이 같이 견고하고 편리하기만 한 것인가. 한 사람 한 사람이 거시적으로 현실을 보지 않는다면 우리는 우리 주변에서 하나씩 하나씩 사라져 가는 생명, 그 대열에서 인간만 제외된다고 단언할 수 없을 것이다.

- 박경리의 「풍요한 잔해로 신음하는 대지」

이 수필은 생명존중 사상에서 나온 글이다. 환경오염으로 인하여 우리나라 뿐 아니라 이 지구촌 전체 인류가 죽어 간다고 아우성치는 요즘에 특히 각성을 촉구하는 글이다. 여기에는 '나'가 들어 있기는 해도 개인적인 신변잡사가 주제가 아니고 사회문제, 더 나아가서는 지구촌 인류의 생존에 관심하여 쓴 글이기 때문에 포멀 에세이에 속한다.

그러므로 비판적인 글은 첫째 초점이 분명해야 하며, 둘째 설의법 반어법 등을 동원하여 자신의 태도와 입장을 좀더 분명하게 표현하되, 글쓴이 자신은 냉정한 자세를 유지해야 하고, 셋째 비유와 대조, 유추 등을 효과적으로 사용함으로써 비판의 효과를 높이며, 넷째 현상과 본질이 변증법적으로 조응되면서 양자가 유기적인 관계가 선명히 드러나도록 하고, 마지막으로 비판이 비판만으로 끝나지 않도록, 새로운 대안을 제시할 수 있어야 한다.

61_ 글쓰기 기법 - 맥주 세병 만족 하나 ☺

## 풍자를 양념으로

    풍자란 부정한 세태의 가장 정점에 있는 인물과 환경을 선택하여 그 부정적 속성을 근대화시켜 드러내는 방법을 말한다. 따라서 풍자는 과장적인 묘사를 통하여 추악한 모습이나 결함 부분을 확대시켜 보여 주거나, 아니면 대상을 희화화시킴으로써 우회적인 공격을 고하는 양상을 띤다.
    이러한 풍자적 수법은 대체적으로 소설이나 꽁트에 많이 사용되지만 간혹 칼럼과 같은 비판적인 글이나 수필에도 많이 사용된다. 그러나 앞에서 살펴본 비판적인 글이 대상의 부정적 속성을 정면에서 직접적으로 비판하는데 비해 풍자적인 글은 대개 자유가 극도로 억압된 시대에 많이 사용된다. 곧 필자의 이상과 현실의 괴리가 너무 크거나, 또는 부정적 대상이 너무 막강한 세력을 지님으로 인하여 대상을 정면으로 공격하거나 비판하기 어려운 경우에 많이 사용되는 것이다. 우리 나라의 경우, 신분 계급이 아직 잔존하던 조선 후기의 예술인 판소리, 탈춤, 사설시조 등에 풍자적인 수법이 많이 사용되고, 또 일제의 강압 통치가 절정으로 치닫던 1930년대 말에 이 수법이 많이 사용되었다.

작년 늦은 가을 이래로 새로운 기도터가 생겼었다. 층암이 병풍처럼 둘러싸이고 가느다란 폭포 밑에 작은 못을 형성한 곳에 평탄한 반석 하나 담 속에 솟아나서 한 사람이 꿇어앉아서 기도하기에는 천성의 성전이었다.
　이 반석 위에서 혹은 가늘게 혹은 크게 기구하며 또는 찬송하고 보면, 전후 좌우로 엉금엉금 기어오는 것은 못 속에서 암색에 적응하여 보호색을 이룬 개구리들이다. 산중에 큰 변사나 생겼다는 표정으로 신래의 객에 전근하는 친구 와군들, 때로는 5, 6마리 때로는 7, 8마리 늦은 가을도 지나서 담상에 엷은 얼음이 붙기 시작함에 따라서 와군들의 기동이 일부일 완만하여지다가, 나중에 두꺼운 얼음이 투명을 가리운 후로는 기도 찬송의 음파가 저들의 이막에 닿는지 안 닿는지 알 길이 없었다. 이렇게 격조하기 무릇 수개월여! 봄비 쏟아지던 날 새벽, 이 바위틈의 빙괴도 드디어 풀리는 날이 왔다. 오래간만에 친구 와군들이 안부를 살피고자 담 속을 꾸부려 찾았더니, 오호라, 개구리의 시체 두세 마리가 담 꼬리에 부유하고 있지 아니한다!
　짐작컨대 지난 겨울 혹한에 작은 담수가 밑바닥까지 얼어서 이 참사가 생긴 모양이다. 예년에는 얼지 않았던 데까지 얼어붙은 까닭인 듯 동사한 개구리 시체를 모아 매장하여 주고 보니 담적에 아직 두어 마리가 기어다닌다. 아! 전멸은 면했나 보다.

- 김교신의 「조와」

　위 수필은 죽은 개구리를 조상한다는 글이다. 글 전체가 일제의 침략성을 상징적 표현으로 고발하고 있다. 상징적 표현의 예를 보면, '층암이 병풍처럼 둘러싸이고'는 조국의 암울한 상황을 말하는 것이고, '평탄한 반석, 천성의 성선'은 유구한 역사의 조국을 뜻한다. '엉금엉금 기어나오는 암벽의 보호색 개구리'는 억압과 착취에 시달려온 민족을 말한 것이고, '산중의 큰 변사'는 조국에 위기가 닥쳤음을,

'엷은 얼음 두꺼운 얼음'은, 저들의 가혹한 침략 행위가 날로 심해져 간다는 것을 암시한다. '기도와 찬송소리가 이마에 닿는지'에서는 비탄과 절망을 읽게 하며, '바위틈의 빙괴도 드디어 풀리는 날'은 머잖아 저들이 패망한다는 것을 표현한 것이다.

이와 같이 민족의 고통과 희생을 말하지 않을 수 없었던 것이 '개구리 시체 두세 마리'로 표현되어, 일제에 대한 항거를 드러냈다. '지난 겨울 혹한에 밑바닥까지 얼어서'의 대목은 극한 상황에 이른 것을 뜻하지만, 작가는 그래도 희망을 버릴 수 없다는 것을 나타낸다. '아직 두 마리가 기어 다닌다. 절멸은 면했나보다'로 앞을 애다 보았다. 풍자적인 수필은 문장의 한 부분으로 드러낼 수 있으나, 이와 같이 작품 전체를 상징법에 의해 쓰기도 한다.

따라서 풍자적인 글은 문체적으로 이중적 성격을 띠게 된다. 곧 표현적으로는 웃음을 유발하는 과장, 희화, 골계, 폭로적인 표현이 나타나지만 그 이면으로는 대상에 대한 신랄한 비판과 함께 현상과 본질을 변증법적으로 통일하는 총체적인 인식이 가로놓여 있는 것이다. 이와 같은 풍자적인 글은 대상에 대한 직접적인 공격을 가하기 어렵거나 대상이 너무 완고하고 자신에 대하여 무지하기 때문에 개전의 정이 전혀 보이지 않을 경우, 되도록 읽는 이를 자기편으로 가깝게 끌어 들이는 가운데 대상의 부정적인 속성을 과장되고 우스꽝스럽게 표현함으로써 그것을 마음껏 조롱하고 비판하는 문체로서의 특성을 갖는다고 볼 수 있다.

62_ 글쓰기 기법 - 맥주 세병 만족 하나 ☺

## 서정이 풍부하게

　인간은 바깥 세계나 또는 다른 사람들에 대해 논리적이고 지적으로 반응하거나 대처하기도 하지만, 때에 따라서는 감정적으로 반응하기도 하고 또 그것을 글로 표현하기도 한다. 수필은 원래 서정성이 짙고 인간의 감정을 풍부하게 표출하는 문학이기 때문에 수필 작품은 대체적으로 정서 전달이 중심이 된다.
　인간의 정이 움직이면 언어로 표현되고 이 이지가 발달하여 문장으로 나타나는 것이다. 그러나 그 정이 겉으로 드러나면 문장이 유치해지고 정이 허술해지면 내용이 허전해진다. 정으로 가득 채우면 문장에 해가 미치기 쉽고 듬성듬성 서술하면 내용이 헷갈리게 된다. 정서를 전달하는 글의 어려움은 바로 여기에 있다.
　인간은 기쁨을 글로 표현할 수 있다. 이러한 글을 쓸 경우에는 상대방의 장점이나 노고를 집중적으로 부각시키기 위하여 다소 과장적인 표현을 사용하기도 하고, 또는 비유법 등 각종 수사를 동원하여 생동감 넘치는 표현을 시도하기도 한다. 그러나 이때 글쓴이는 글에 너무 상투적인 표현으로 채워지지 않도록 주의해야 한다. 또한 사실 그 자체보다는 그 사실에 대한 자신의 기쁨, 자랑스러운 느낌 등이 강렬하게 전달되게끔 해야 하는 것이다. 수필을 쓰기 전에 글을 통해서 하고 싶은 말, 주장하고 싶은 의견 하나만을 정해야 한다.
 '장미'를 제재로 기쁨을 전달하는 수필을 쓴다고 생각해 보자. 비슷한 것을 여러 개 말하고 싶으면 그것들을 하나로 아우를 수 있는 개념을 생각하면 된다. 장미의 아름다움도 이야기하고 싶고, 장미 기르는 법도 이야기하고 싶고, 장미 기르는 법도 이야기하고 싶다면 아름다움, 효용성, 기르는 법을 아우를 수 있는 개념을 생각하면 된다. '아름다움'과 '효용성'과 '기르기' 사이에는 어떤 관계가 있을까 생각하면 '기르면 아름다움을 감상하고 실질적인 효용성을 얻을 수 있다'고 정리할 수 있고, 이것을 다시 '장미를 기르는 즐거움'으로 통합할 수 잇을 것이다. 그래서 '장미를 기르는 즐거움에 대해서 글을 쓰겠다'고 마음을 정하면 된다. 이렇게 해서 수필의 주제가 먼저 확정되는 것이다.
 '장미를 기르는 즐거움'을 생각해 보니 즐거움이 장미 기르기에만 있는 것이 아니고 난초를 기르는 즐거움도 쏠쏠하다는 생각이 들어 글 속에서 '난초 기르기도 장미 기르기에 못지않게 즐거움을 준다'고 쓰게 되는 경우가 있다. 글쓴이가 장미만 기르고 있는 것이 아니고 난초도 기르고 있음을 은근히 내비치는 효과를 거두기 위한 경우이거나 실제로 난초도 기르고 있기 때문에 자연스럽게 쓴 경우이다. 그러나 어떤 경우이든 이런 것은 주제와 관계없고 오히려 '장미 기르는 즐거움'을 '난초 기르는 즐거움'이 빼앗음으로써 주제를 약화시키는 역효과를 가져온다. 따라서 이런저런 꽃을 기르는 즐거움이 많다 하더라도 '장미를 기르는 즐거움'을 쓰려고 했다면 그것만 쓰면 된다. 글은 주제가 잘 드러나게 쓰는 것이 잘 쓰는 것이므로 장미를 길러서 거기서 즐거움을 느낀 사람이면 누구나 '장미를 기르는 즐거움'이라는 주제로 좋은 글을 쓸 수 있다.
 처음에는 장미가 아름답고 효용성이 크다는 사실을 알리려고 생각했지만 막상 주제를 '장미 기르기의 즐거움'이라고 해 놓고 보니, '장미 기르기의 즐거움'이 장미 기르는 일의 즐거움이나 장미의 아름다움과 효용성에서만 찾을 수 있는 것이 아니고 장미를 통해서 무언가 얻을 수 있는 교훈이 있다는 생각이 든다. 또 생각해 보니 이웃과 장미를 매개로 해서 인간 관계가 가까워진 사건이 생각난다. 그렇다면 이런 모든 것도 장미를 기르면서 얻은 여러 종류의 즐거움을 소주제로 삼는다. '장미 기르기는 이런 점에서 즐겁다', '장미를 기르면 장미의 아름다움을 날마다 볼 수 있다', '장미를 기르면 실제 생활에서도 이런저런 도움을 받을 수 있다', '장미를 기른 덕에 이웃에 사랑을 베풀 수 있었다' 등등의 소주제가 정리되면, 각 소주제를 뒷받침하는 글을 만든다.

'장미 기르기는 이런 점에서 즐겁다'는 '이런 점'이 무엇인지 제시하고 그것이 왜 즐거운 일인지 말하고, 물을 줄 때 느낀 감정, 꽃봉오리가 맺혔을 때 느낀 감상 등, 장미가 자라는 모습에서 무슨 즐거움을 느꼈는지 할 수 있으면 자상하고 실감 있게 적으면 된다. 다음에는 장미를 보면 마음에 어떤 감정의 변화가 생기는지도 이야기하고, 장미꽃이 아름답다는 느낌이 들도록 꽃을 묘사함으로써 그것을 보는 것만으로도 즐거움을 느낄만하다는 생각이 들도록 문장을 만든다. 그리고 나서 아이가 우울할 때면 아이 방에 장미를 꽂아 주어서 아이의 기분을 풀게 한 일이라든지, 때로는 용돈을 벌 수 있다든지, 때로는 꽃을 이용하여 다른 것을 만들 수 있다든지 하는 사례를 들어 장미 기르기의 효용성을 맛볼 수 있어 장미 기르기가 즐겁다는 문장을 구성한다. 그리고 난 다음 장미를 기르다가 얻는 교훈을 말한다. 또한 장미를 기른 덕에 장미를 매개로 해서 이웃에 사랑을 베풀 수 있었던 경험이라든지, 사람들이 자기를 장미 같은 사람이라고 불러준 사례를 통해 장미를 기르면서 얻을 수 있는 기쁨을 묘사한다.

전개 부분이 완성되었다고 생각되면, 발단부와 결말부를 마무리하여 한 편의 글을 완성한다. 첫머리를 장황하게 쓰는 것은 좋지 않다. 가볍게 읽고 전개로 넘어갈 수 있도록 하는 것이 중요하다. 결말은 이런 즐거움 때문에 장미 기르기를 오늘도 계속하고 있다는 내용으로 간단히 구성하면 된다. 수필의 끝을 마무리할 때 새로운 욕심에 현혹되어서는 안 된다. 많은 사람들이 잘못하는 것이 마무리하면서 새로운 것을 집어넣으려는 욕심을 버리지 못하는 점이다. 버릴 것은 버리고 버리지 않으려면 제자리에 갖다 놓아야한다.

## 63_ 글쓰기 기법 – 맥주 세병 안주 하나 :)

# 문장이 생명이다

　문장이 생명이다. 아무리 수필의 주제가 우리 시대가 요구하는 덕목을 가치화하고 그 의미를 고양시켰다 하더라도 그것이 문학이기 위해서는 그것을 이루고 있는 문장이 문학의 기본적인 질서에 어느 정도는 부합해야 하는 것이다. 필자는 수필가가 되기 이전에 문장가가 되어야 한다는 지론을 갖고 있다. 적어도 신춘문예에 도전하려는 작가라면 문단 구성 원리나 전개 요령은 필수로 알아야 한다. 신춘문예에 당선되려는 사람은 수필가가 되기보다 먼저 문장가가 되어야 할 것이다.
　아래 신춘문예 당선작은 온통 이상한 한국어로 차 있다. 〈신춘문예〉의 신뢰성을 여지없이 무너뜨리는 문장으로 가득 차 있다는 느낌을 지울 수 없다. 어법에 맞지 않은 문장, 어휘를 제대로 이해하지 못하고 쓴 문장, 문맥이 서지 않은 문장, 논리적으로 맞지 않은 문장 등이 여기저기 나타나 있다. 이런 문장은 작품 속에 녹아 있는 고귀하고 아름답고 중요한 의미를 훼손시킬 뿐만 아니라 나아가서 독자들을 짜증나게 한다는 것이다. 어문 규정을 몰라서 틀린 문장은 거의 독자의 눈에 띄지 않을 수 있지만, 깊은 생각 없이 어휘를 나열하는 데 급급하거나 말하는 습관대로 쓰면 수많은 비문이 만들어질 가능성이 높다. 문장을 음미하면서 필자는 밥을 먹는 것이 아니라 모래를 씹는 기분이 들었다. 온통 상처투성이인 이 글 속으로 현미경을 들고 들어가 보자.

  (1) 우산 위에 이슬비가 맺힌다. 흘러내리지 못하는 끈적끈적한 마음들. 빗방울들이 내 가슴 속에 남아 있는 미움 같다. 주름진 골 사이마다 숨어 있던 증오들이 비가 오면 되살아나 집착처럼 들러붙는 걸까? 우산을 턴다. 일시에 확 뿌리면 들러붙은 미움들이 한순간 사라진다. (2) 용서는 이렇게 해야 하리. 한 톨의 찌꺼기 남김없이, 천천히 등을 기대어 눈물로 젖었던 마음을 말리며 그렇게.
  '이것 쪼끔 살라고 그 고생을….'
  어머니의 시신 앞에서 아버지가 뱉은 말이다. 그 말을 들은 사람들은 마치 아버지가 자신의 잘못을 다 고백하는 것이라고 믿었다. (3) 죽음 앞에선 대체로 사람들은 진실해지고 진지하게 마련이다.
  (4)그러나 나는 의심이 갔다. 아니 용서가 안 됐다.

  위의 글을 보면 무엇인가 이상한 느낌이 든다. '마음들'은 뒤에 서술격 조사가 생략되었다. 전통적인 문법 이론에 따르면 문장이 성립하지 않는다. 왜냐 하면 술어가 없기 때문이다. 주어가 생략된 문장은 있을 수 있지만 술어가 생략된 문장은 있을 수 없다. 이런 문장 아닌 불구 문장은 작품의 곳곳에 너무 많다. 물론 서술격 조사 '이다'가 없더라도 그것이 생략된 문장임을 알 수 있다. 따라서 문장을 이해하는 데는 큰 어려움이 없다. 다만 이런 표현은 단순히 불구 문장이라는 오명 외에도 읽어 내려가는 과정에서 문장이 마무리되지 않기 때문에 읽는 흐름이 끊기는 약점이 있다. 문맥의 리듬을 끊어 놓는 역할을 하기 때문에 결코 좋지 않다. 정확하고 완전한 문장으로 수필을 쓰는 것이 옳은 일이다. '주름진 골 사이마다'라는 표현은 '주름진 골'이 무엇을 의미하는지 모호하다. 같은 표현을 반복하지 않는 것이 문학 작품의 문장 특성이다. '들러붙는'은 뒤에 다시 '들러붙은'이 나오는 관계로 고급 문장이 아니다. 둘 중 어느 하나를 다른 어구로 대체해야 할 것이다.

(2)는 접근 단계 부분인데, 주제의식이 너무 직설적으로 표현되었고, (1)의 문장과 연결해서 생각한다면, 논리적인 연결에도 문제가 발견된다. 앞부분에 진술된 용서하기와 관련해서 (2)의 '천천히'는 모순적이다. 앞에서는 '일시에' 용서를 해야 한다고 해놓고 뒤에서는 '시간을 두고'한다는 추측을 가능케 하는 어구를 사용하고 있기 때문이다. '믿었다'는 앞에 위치한 '마치'로 말미암아 '믿는 것 같았다'는 추측을 의미하는 서술어로 호응시키는 것이 좋겠다. '진지하게'는 '진지해지기'로 고쳐야 옳다. (4)는 문맥적으로 보면 (3) 앞에 바로 위치해야 연결이 제대로 된다.

(5)어머니는 담낭거미였다. 풀잎 뒤에 고치를 짓고 그 안에 알을 낳은 후, 알에서 깨어난 새끼 거미들에게 몸을 뜯어 먹히는 어미의 몸. 가정을 책임지지 않고 돌아다니기만 했던 아버지 대신 닥치는 대로 행상을 하며 칠남매를 키웠던 어머니. (6)우리 칠남매는 어머니의 몸과 마음을 송두리째 뺏고 기생하며 자랐다.

(7)당신 때문에 반평생 가까이 가슴앓이 하다가 결국 버림받은 어머니. 내가 겪은 설움은 둘째로 치더라도 장삿길에서 죽음을 당하게 한 장본인을 그렇게 쉽게 받아들일 수는 없다는, 내가 그러지 않아야 어머니가 배신감을 느끼지 않을 거라는 생각이 앞섰다. 특히 아버지를 잘 따르는 고향 사람들에게 어머니의 희생을 보여주고 싶었다. 어머니가 고향에 장사하러 갔을 때 몇 사람 빼놓고는 따뜻한 밥 한 번 대접해준 적이 없었다는 걸 나는 잘 안다. 처자식이 혼합곡 한 되로 하루를 살아가고 납부금을 못내 진급이 어려워도, 아버지는 큰 소리를 치며 사람들에게 술과 음식을 외상으로 대접하며 인심을 얻었던 거다.

'어미의 몸' '어머니' 등의 말 뒤에 서술격조사를 쓰지 않은 것은 잘못이다. 단순한 어구의 나열로 보면 그만이지만 위 글에서 두 개의 어구는 그렇게 보아 넘기기에는 좀 미심쩍다. 바로 앞에 문장이 있고, 그 뒤에 문장이 있으며 글은 한 곳으로 계속 흘러가고 있기 때문에 중간에 끼인 '어미의 몸'과 '어머니'는 단순한 어구로 보기 어려운 것이다. 추측하건데 작가는 단순한 "주어 + 서술어"구조에서 벗어나 보고자 한 것 같다. '칠남매'를 연속 두 번이나 쓴 것도 문장을 차분하게 쓰지 않고 머릿속에서 나오는 대로 감각적으로 썼다는 증거다. '뺏고'의 의미상 주어는 있으나 '기생하며 자랐다'는 서술어의 의미상 주어는 없다. 이 문장도 비문이다.

(7)의 '당신은'은 문단의 첫 문장이기 때문에 '아버지'로 바꿔야 된다. '내가~'부터 '앞섰다'까지의 문장은 연결이 매끄럽지 않아 의미가 혼란스럽다. '받아들일 수 없다는' 부정적 어미에 이어지는 부정적 어구 '그러지 않아야'와 마지막의 부정적 의미의 '느끼지 않을 거라는' 말이 한 문장 안에서 같이 병렬로 나열되어 쓰이다 보니, 전체적으로 무슨 뜻인지도 잘 모르겠고 어구간의 논리적 호응도 제대로 되지 않는다. '죽음을 당하게 한'의 주체가 되는 말이 없는 것도 문제되는 부분이다. '장삿길' 앞에는 '어머니를'을 넣어야 제대로 된 문장이 될 수 있다. 문장과 문장 사이에도 논리적 호응이 문제가 될 수 있다. 일정한 흐름과 배치되는 경우에 논리적인 호응이 안 되었다고 할 수 있다. '특히'라는 부사는 문맥상 적절하지 않다. '또한'이 훨씬 잘 어울린다. 어머니가 고향에 장사하러 갔을 때 동네 사람들 중 몇 사람만 밥을 대접한 사실을 두고 작가는 동네 사람들을 원망하고 있는데, 그렇다면 모든 사람들이 다 밥을 해 주어야 한다는 말인지 이해가 안 간다. 여기서는 차라리 '따뜻한 밥'보다는 '따뜻한 말 한마디'가 더 어울릴 것 같다. '얻었던 거다'보다 '얻었다'고 하면 언어가 더 경제적이고, 간결해진다.

(8)상여가 나가던 날은 단오 지난 하루였다. 어머니의 살 썩는 냄새가 났다. 그것은 마치 어머니가 보낸 고통스러운 세월과 한의 냄새 같았다.

(9)'아버지가 미워요, 아버지가 미워요!'

(10)거기 구경 나온 사람들은 '마르메 아제' 막내딸이 왜 그렇게

절규했는지 한 번쯤은 생각했을 게다. 슬픔이 극에 달하면 속으로 운다는 걸 처음 알았다. 떼놓고 가려는 상여를 따라가는 동안 눈물이 말랐다.

(11)똑똑히 보았다. 염을 하기 전 퉁퉁 붓고 일그러진, 시커먼 어머니의 얼굴, 관 위에 한 삽 한 삽 흙이 덮여지는 것을. 관 뚜껑을 덮기 전 금방이라도 반쯤 벌린 입에서는 있는 힘을 다하여 내 이름을 부를 것만 같았는데…. 이승의 고통을 덮어주는 안식의 이불, 흙은 이승의 오물과 흉한 육체를 거리낌없이 받아들여 순결하게 만들 것 같았다. 어쩌면 어머니는 진작에 이 흙냄새가 그리웠을지도 모른다. 남아 있는 자식들이 등짐처럼 무거웠을 때가 한두 번이었을까.

'단오 지난 하루였다'는 말은 문법에 맞지 않는다. '단오가 하루 지난 후였다'로 고치는 것이 좋겠다. '어머니의 살 썩는 냄새가 났다'는 표현은 문장의 동기가 너무 전달에 치중한 것 같아 독자들의 거부감을 일으키기에 충분하다. 표현을 세련되게 했어야 옳았다고 본다. '고통스런 세월과 한'은 문맥적으로 연결이 매끄럽지 못하다. '세월'은 앞의 '보낸'을 받을 수 있지만 '한'은 '보낸'이란 말을 받기가 어색하다. 인용문이라고 해서 모두 줄을 바꿔야 하는 건 아니다. 딸림 문장이 있으면 회화문을 독립시키지 말고 뒤 문장으로 이어주는 게 더 수필적인 분위기를 낸다.

(9)를 인용문으로 처리하면 수필문의 품격이 오히려 떨어진다는 말이다. '생각했을 게다'는 구어체적이다. '생각했을지도 모른다'가 더 어울리지 않을까. '절규'와 그 다음 문장의 '속으로 운다'는 말은 서로 논리에 맞지 않다. '떼놓고 가려는'은 누구를 염두에 둔 것인지 알 수 없다. 모호하게 쓴 문장이다. '입에서는'은 '입으로 어머니는'으로 고치고, '흙 냄새가 그리웠을지도 모른다'는 말은 '흙 냄새를 그리워했을지도 모른다'로 하는 게 더 정확한 표현이다. '같았는데…'로 끝난 앞 문장 다음에 또 '같았다'라는 문장이 이어지게 한 것은 세련된 표현이 아니다. 그것은 어머니가 살아있을 적을 가정해서 말하기 때문이다. '남아있는'도 사실상 불필요한 말이다. 그것은 죽어서 하는

말일 때만 어울린다.

(12)어머니는 죽어서도 너무 쓸쓸했다. 갑자기 마련한 밤밭 아래 무덤자리는 북풍이 불었고 햇볕이 늘 들지 않아 추웠다. 떼는 얼마 되지 않아 씻겨가고 잔디들이 잘 자라지 않아 마음에 걸렸다. 봄이면 진달래꽃들이 피어 핏빛 한을 달래고 여름이면 살모사들이 드나들고 가을이면 투두둑 쥐밤 떨어지는 소리를 벗삼아 지내기를 십년.

(13)제사를 앞두고 드디어 이장을 하던 날.

(14)포클레인으로 봉분을 없애고 삽으로 관을 찾기 시작했다. 아직 많이 썩지 않았다. 작은아버지가 천을 찢고 작은 돌멩이 같은 왼쪽 발가락부터 챙기기 시작했다. 순서가 흐트러지면 안 된다는 것.

(15)인조 마포에 싸인 시신은 박테리아가 쳐놓은 실로 거뭇거뭇했다. 그것들을 걷어내자 파마머리와 뼈만 남았다. 무엇보다 눈에 띈 것은 의치였다. 까만 두개골 사이에서 유난히 벌건 잇몸을 드러내고 있어 어머니가 웃고 있는 것처럼 보였다. 오빠들과 동생이 달려들어 솔잎붓으로 뼈들을 털기 시작했다. 이상하게도 난 펑펑 울음이 쏟아지지 않았다. 그냥 똑똑히 지켜보았다. 십년 전 마른 울음과 함께 어머니를 가슴 깊이 묻었던 그때처럼.

'어머니는 죽어서도 너무 쓸쓸했다'는 표현도 비문이다. '어머니는'은 '어머니의 무덤가는' 또는 '어머니의 무덤은' 등으로 바꾸면 좋겠다. '마음에 걸렸다'는 말은 그 말을 받는 주어가 없다. 이 문장도 비문이다. 문학의 언어는 미적 경로를 거쳐야 한다. '살모사들이 드나들고'라는 어구는 아무리 수필이 사실을 기반으로 하는 문학이지만 지나치게 사실적인 표현이다. 무덤 자리가 안 좋다는 것을 의미하려 했다고 보지만 시신에 인격을 부여하는 한국적 정서로 볼 때, 이는 너무 몰인정스럽고 정제되지 못한 어구라 하겠다. 사실을 그대로 기록한다고 해서 문학적 진실이 전해지는 건 아니다. 문학적인 문장이 되기 위해서는 '사실'은 실감과 유리되고 보수되어야 하는 것이다. '지내기를 십 년'이라고 해서 문장을 제대로 마무리하지 못하고 있는데, 이는 '지낸 지 십 년이나 흘렀다'로 해야만 된다.

(13)은 아마도 작가가 강조하기 위해 문장도 아닌 어구 하나를 한 문단으로 처리했는데, 이는 대단한 잘못이다. 서술격 조사 '-이다'를 붙이고 (14) 문장이 이어지도록 했어야 옳았다. 그리고 (14)의 첫 번째, 두 번째 문장은 주어가 없다. 두 번째 문장의 주어와 첫 번째 문장의 주어가 다른데도 무차별적으로 주어를 생략했다. 문단의 첫 문장은 가능하면 주어를 생략하지 않는 게 좋다. '시작했다'는 어휘가 연속적으로 두 번 나오게 처리한 것도 그렇고, '아직 많이 썩지 않았다'는 문장에도 주어가 없다. '작은아버지가' 뒤에는 '관을 열어'라는 말이 삽입되어야 문장의 흐름이 자연스러워진다. 이 단락의 마지막 문장인 '순서가 흐트러지면 안 된다는 것'이란 표현은 문장도 아닐뿐더러 문맥의 흐름을 끊어놓아 딱딱한 느낌을 준다. 그리고 단락의 완결성에도 문제가 있는 문단이다. '실로'는 '실로 인해서'라고 해야 표현의도가 제대로 전달될 수 있다. '걷어내자' 뒤에 걸리는 서술어는 '남았다'라는 말보다는 '드러났다'가 더 어울린다. '무엇보다'는 '무엇보다도 먼저'가 더 적확한 표현이다. '두개골 사이에서'에서 '사이'라는 말은 불필요하다. 아마도 작가는 두개골을 '두 개의 골'로 착각한 모양이다. '까만~'으로 시작되는 문장은 '까만 두개골에서 모습을 드러낸 벌건 잇몸은 어머니가 웃고 있는 것처럼 보이게 했다.'로 고치면 더 좋은 표현이 된다. '울음이 펑펑 쏟아지지 않았다'는 표현에서 '펑펑'은 불필요한 말이다. 오히려 논리적 모순을 가져온다. 생략되어야 뒤에 나오는 문장의 표현 의도와 매치가 제대로 된다. '펑펑'이 있으면 '전혀 울지 않았다'는 뒷문장의 진술 의도가 희미해진다.

(16)뼈를 모두 꺼내어 어머니의 모습으로 복원하니 희끗희끗한 머리카락만 관에 누워 있었다. 부러진 왼쪽 다리뼈와 13대가 된 왼쪽 갈비뼈가 돌아가실 때의 교통사고를 짐작케 했다. 외부출혈은 하나도 없었는데 말 한마디 남기지 못하고….

(17)그날 제일 바쁜 사람은 아버지였다. 아버지는 처음에 지켜만 보다가 어머니의 뼈를 들어내어 털고 난 후 가지런히 맞추었다. 시종일관 앞에 나서서 일을 지시하고 잔디를 밟아주었다.

(18)어머니에게 아버지의 손길이 닿은 것은 실로 몇 년 만일까. 흐뭇했다. 아버지는 조강지처와 자식을 버린 십자가를 벗고 싶었는지 모른다. 아버지가 자식들에게 조금이나마 인정받고 싶어서 한 위선이라 할지라도 나는 마음 속으로 응원을 보냈다. 아버지도 정말 눈물 흘리며 백배 사죄하고 싶었을 거라 믿고 싶었다.

'누워 있었다'는 서술어보다는 '남아 있었다'는 표현이 더 낫겠다. 왜냐하면 다음 단락의 첫 문장의 서술어도 '누웠다'이기 때문이다. (16)의 밑줄 친 '어머니의 모습으로'는 불필요한 어구다. 굳이 다른 어구로 대체한다면, '원래 모습대로'가 좋겠다. '13대'라는 말은 '열석 대'로 교체하는 게 좋을 듯싶다. 불필요한 숫자는 수필언어로 적합하지 않고 시각적으로도 거슬린 다. '교통사고를 짐작케 했다'는 말은 너무 생략이 심하다. '교통사고가 얼마나 끔찍했는가를'로 고쳐야 제대로 의미가 전달 될 것이다. '외부출혈은……' 문장도 너무 생략이 심해 독자들을 짜증나게 하는 문장이다. 생략할 수 있다는 것과 생략하는 것이 좋다는 것과는 전혀 별개다. 이 글의 작가는 독자와 작가가 기존 정보를 서로 공유할 때에 자연스럽게 생략이 일어나게 해야 하는데 아직 서로 정보를 공유하지 못한 상태에서 일방적으로 생략하는 경향을 보인다. 자세히 설명할 필요는 없지만 대충은 짐작할 수 있게 상황에 대한 생각이나 느낌을 뒷받침 문장으로 보충했어야 했다. 그래야 문단의 완결성 원리에도 맞게 된다.

(17)번 문단은 소주제문을 뒷받침하는 문장들이 충분하지 못했다. '처음에'는 '처음에는'으로 고치는 게 좋을 듯싶고, 그 뒤에다가 '시신을 수습하는 과정을'이란 어구를 '지켜만 보다가' 앞에 넣는 게 좋겠다. '어머니의 뼈를'이란 어구 바로 앞에 '관 뚜껑이 열릴 때부터'라는 어구를 삽입해야 문맥이 원활해진다. 이 문단에서 '시종일관'이란 어구는 전후 문맥상 논리적으로 어폐가 있는 말이다. 단어의 의미에 따라서 다른 어휘나 표현이 어울리지 못하는 경우가 있다. '시종일관'은 한자어의 개념을 정확하게 인식하지 않고 사용하여 의미적으로 모순된 결과를 가져온 예이다. '일을 지시하고 잔디를 밟아주었다'는

말에서 '-고'는 두 동작의 동시성을 나타내지 못한다. 따라서 한 주체가 동시에 두 동작을 하는 경우에는 '-고'를 쓰지 않고 '-며'를 써야 한다.

'조강지처와 자식을 버린 십자가를 벗고'는 '십자가' 앞에 '죄의 대가로 젊어진'이란 수식어가 와야 문맥이 바르게 된다. 그리고 '십자가'는 어깨에 짊어지는 것이므로 이와 친한 동사를 써야 한다. '벗다'라는 말보다 '벗어 던지다'라는 말로 고치는 것이 더 정확하다고 하겠다. '응원을 보냈다'의 '응원'은 적절한 용어라고 볼 수 없다. '이번만은 진심으로 받아주고 싶었다' 정도로 표현했어야 옳았다. '싶었을 거라'는 '싶어하리라' 또는 '싶어한다고'로 고치는 게 더 적절하다고 하겠다. 마지막 문장에서는 '믿고 싶었다'의 주어가 '아버지도'가 되어 버려서 비문이 되었다.

(19)어머니는 이제 양지녘 새 보금자리에 누웠다. 겨울이면 햇살마저 등 돌리고 허연 서릿발이 손톱 세운 듯 붉은 무덤가를 지켰는데 이젠 어머니도 아버지에게 잔뜩 품었던 미움이 녹을 거다. 사실은 아버지에게 품고 있던 내 증오가 녹아내리는 것일지도 모른다. 양달에서 내내 평안할 모습은 바로 우리 자식들이 어머니의 품에서 따스한 사랑을 누리는 것과 같다.

(20)날 선 미움도 세월이 흐르면 녹이 슬고 끝이 무디어져 제 기능을 잃어버리는 걸까? 용서하지 않으려고 미움의 칼끝을 갈았던 것이 엊그제 같은데…. 사실은 나 역시 아버지에게 죄를 물을 수 없는 불효자이기는 마찬가지이다. 어머니를 위해서 아버지가 용서가 안 되는 게 아니라 사실은 사춘기 시절 아버지에게 버림받은 억울함, 그로 인해 겪었던 가난의 고통과 열등감을 어느 것에서도 보상받을 수 없어 용서하지 않으려고 억지로 애를 쓴 건지도 모른다.

(19)의 '이제'와 '누웠다'는 호응이 제대로 안 된다. 행위동사보다는 정태동사를 써서 '누워계신다'로 해야 적당할 것이다. '손톱 세운 듯'이란 어구는 '허연 서릿발' 앞에 와야 맞고, '이젠'은 구태여 필요 없으므로 삭제해야 한다. 불필요한 부사다. 그 뒤에 나오는 주어 '어

머니도'와 서술어 '녹을 거다'는 서로 호응이 되지 않는다. 따라서 이 문장에는 서술어 '녹을 거다'에 호응하는 주제어가 없다. '사실은'이란 부사는 여기서 '아니'로 대체해야 문맥이 제대로 통한다고 하겠다. '모습은'이란 어구는 '누리는 것 같다'와 호응이 잘 되지 않는다. '모습은'은 '누리는 사랑과 같으리라'로 해야 문맥이 통한다고 하겠다.

'미움'이 '제 기능을 잃어버린다'는 표현도 어딘가 어색하다. 칼도 아닌 관념어인 '미움'이 무슨 기능을 하는 건 아닐 것이다. '칼끝을 갈았던 것이'라는 어구는 '엊그제'라는 낱말과 호응이 되지 않는다. '것'을 '때'로 고쳐야 할 것이다. (20) 문단에서도 같은 단어인 '사실은'이 계속 반복된다. '죄를 물을 수 없는 불효자'라고 했는데, 구체적 정황이 없어 독자들은 이 문구를 이해하는 데 혼란을 겪는다. '아버지가 용서가 안 되는'은 구어적 표현이다. '아버지를 용서할 수 없는'으로 고쳐야 하겠다. '억울함, 그로 인해 겪었던 가난의 고통' 운운은 논리적 연결이 되지 않는다. '가난의 고통'이 '억울함' 때문이라고 볼 수 없기 때문이다. '애를 쓴 건지도'보다는 '애를 썼는지도'가 더 적절한 말이다.

(21)때 이르게 누렇게 물들어 떨어지는 나뭇잎을 본다. 아버지를 향한 미움과 원망들이 비로소 빨리 물들어져야 할 때가 된 게 아닐까. 낙엽들이 지는 때를 기다리기에는 너무 초조하다. 명절이나 생신 때조차 안부전화 한 통 하지 않는 야속한 막내딸이 문득 전화하고 싶어진다. 생신날 결혼 후 처음으로 사 보낸 옷을 받고 고맙다고 온 전화를 아주 어색하게 안부나 묻고 끊어버렸던 예전, 그래도 아버지는 기뻐하실 것 같다.

(22)벌레 먹은 잎, 꼬부라진 잎, 구멍 뚫린 잎…. 내 속에 들어앉은 미움의 모습들. 엄마의 무덤을 옮기는 것처럼 내 안의 미움들을 도려내어 허공에 흩뿌린다.

(23)물든 나뭇잎들이 못 참겠다는 듯이 팔랑거린다. 내 몸 깊숙이 우수수 나뭇잎이 진다.

(21)문단에서 '초조하다'를 받는 주어가 없어 세 번째 문장은 비문

이 되었다. 밑줄 친 '생신날'로 시작되는 문장은 대표적인 구어체 문장이다. 글을 쓰고 있는 게 아니라 말을 하고 있다는 느낌이 든다. '그래도'는 문맥상 '오늘만큼은'으로 해야 더 어울리는 말이다. (22)와 (23) 문단은 같이 결합되어 한 문단으로 만들었어야 했다. (23)의 문단이 (22)의 문단에 이어질 수 있는 내용이기 때문이다. 그렇게 하지 않으면 (22)의 문단이 제대로 된 문단이 되지 않을 뿐만 아니라 뒷부분이 산만해지는 느낌을 준다.

'미움'이란 단어가 앞에 나왔으면 다음에는 '미움'이란 단어보다 '증오'라는 동의어로 대체해야 고급 문장이 된다. '못 참겠다는 듯이'는 표현이 모호한 느낌을 준다. '깊숙이'는 '깊숙한 곳에서'로 대체해야 옳을 것이다. 그렇게 하지 않으면, 미움을 도려내는 게 아니라 오히려 미움이 가슴 깊숙한 곳으로 쌓이게 된다는 의미로 바뀐다. '우수수 지는 나뭇잎'이 미움을 상징하고 있는 단어라면, '깊숙히'는 미움이 깊숙한 곳으로 들어간다는 말이 되어 용서나 화해를 하겠다는 것이 아니고, 증오를 묻어두겠다는 뜻으로 이해될 수 있는 것이다.

우리말의 생략 대상은 광범위하고 그 방법도 독특하다. 생략해서 오해할 소지가 있을 경우에는 가능하면 필요한 부분을 모두 이야기해서 인식의 차이를 좁혀 놓아야 낭패를 면할 수 있다. 우리는 언어 생활에서 중요한 것들을 상대가 이미 이해하고 있을 것으로 믿고 생략하는 습관이 있다. 그런 습관은 곧바로 문장의 요소를 생략하는 데까지 미쳐 문장에서 상대가 알고 있는 것으로 믿는 성분까지 미련 없이 생략하는 경우가 있다. 그렇다고 마냥 생략할 수 있는 것은 아니다. 언어의 생략을 즐기다 보면 뜻밖에도 오해가 생길 가능성이 커진다.

이제는 생략이 글을 쓰는 사람 위주에서 글을 읽는 사람 위주로 이루어져야 한다. 글을 읽는 사람이 조금이라도 오해하거나 이해하지 못할 우려가 있으면 생략하지 말아야 한다. 그것은 언어의 본질인 '언어의 사회성'과도 맥을 같이 하는 것이다. 생략과 압축, 즉 언어의 절제를 통해 간결미를 추구하려고 하였지만 너무 과감하게 필요한 어구를 생략해 버리는 바람에 이 작품은 뻐드렁니처럼 교정해야 할 부분이 너무 많아졌다. 그러다 보니 문장의 뜻을 알 수 없는 문장들이 비일비재해서 중요한 뜻이 제대로 전달되지 않았다.

## 64_ 글쓰기 기법

## 품맛은 향기속에

　수필의 '향' 즉 '품맛'은 인물과 사건 차원에서 발견되는 미감이다. 이는 체험의 진실성과 탁월한 상상력 등이 종합적으로 혹은 유기적으로 촉발시킨다. 인격미, 개성미, 문화미, 관조미, 장인미, 순수미 등이 인물의 특성 속에서 촉발된다고 하겠다. 인격미는 인물이 지니고 있는 인간적 품격과 격조의 미를 의미한다. 이는 대체로 바람직하지 않은 체험을 통해서 바람직한 상태로의 인식의 전환이나 깨달음을 수반하는 경우가 많다는 점에서 인간적 격조를 내뿜는다고 하겠다. 개성미나 문화미, 관조미나 장인미, 순수미 등도 인물의 특성과 인식행위 등에서 촉발되는 미감이라 하겠다.

　수필은 향기가 나야 한다. 아무리 아름다운 꽃이라도 향기가 없으면 생명이 없는 조화나 다름없다. 수필의 향은 품맛이다. 수필은 글감의 발견으로부터 시작되는 글이다. 글감의 발견은 작가에게 의미를 부여하고 그 의미로부터 글감은 비로소 나에게 새로운 존재가 된다. 품맛이란 글감 자체에서 나는 맛이다. 수필에 있어서 글감은 수필의 성공 여부를 결정짓는 요소다. 수필의 본질적 요소에서 보면 향기는 제재에 해당한다. 윤오영은 '내가 발견하고 내가 거두지 아니하면 건져 줄 이 없는 가치, 버릴 수 없는 인생의 향기를 풍겨주는 것이면 더욱 좋고, 될 수 있으면 이런 소재를 발견하고, 이런 소재를 찾으면 이미 절반은 성공이다.'라고 하였다. 〈향〉이 있다는 말은 구체적으로 무엇을 함의하는가. 꽃도 향기를 갖고 있고, 사람도 그 나름의 향기를 낸다. 과연 수필의 향기, 아니 수필다운 수필이 내는 향기는 어떤 것일까. 향기는 정서적 감화를 이끄는 모든 문장에 두루 통용될 최대공약수다. 수필에 있어서 문장과 함께 생명적이며 매력적 요소라 할 수 있다.

좋은 글을 잘 익은 포도주에 비유하는 것은 그 숙성 과정에서의 오랜 기다림이 만들어낸 짙은 향기와 그에 따른 고아한 빛깔 때문이다. 이렇게 볼 때 삶은 발효제다. 글감은 누룩이나 술에 담긴 과일과 알곡에 견줄 수 있다. 이는 수필이 어떠하든 궁극적으로 인간의 문제가 담기면서 감동을 주어야 한다는 것이다. 명수필의 향기는, 그래서 일생 동안 가슴의 내부에서 번득이는 영원한 메아리에 있을 것이다. 여자의 향기는 절반이 속임수라고 한 사람이 있다. 이는 외부의 번득임이 내부의 번득임에 미치지 못한 데 대한 실망의 푸념일 것이다.

중요한 것은 삶의 질이다. 술의 질이 과일이나 알곡, 발효제와의 혼합 상태에 따라 결정되듯 삶의 질도 그것을 위한 노력에 따라 결정된다는 것이다. 향기 있는 문장, 향기 있는 수필은 그 무엇보다도 소중한 〈진실〉이 있으면 그만이고, 타고난 〈소박〉이 깃들였으면 그만이고, 독자와 손 마주 잡을 〈눈물〉이 있으면 그만이다. 〈진실〉[1], 〈소박〉, 〈눈물〉이 내는 휴머니즘을 능가할 향기가 어디 있겠는가.

수필의 향기는 인간애를 강조한 말이라 볼 수 있다. 지나친 화장은 오히려 역겨움을 주듯, 수필도 '미감'을 너무 의식한 나머지 주제를

---

[1] "사실"을 쓴다는 것은 사실에 의미를 부여하는 일이다. 우리가 '사실'이라고 생각하는 것 중에는 단순한 물질적 또는 물리적 사실에 들지 않는 '심리적 사실'이라는 것이 있다. 이것은 지각적, 객관적 인식의 대상이 안 된다. 즉 주관적 판단이 개입되고 상상력이 부가되어 작가의 개성적 시각에 따라 새로운 의미를 갖는 것이다. 따라서 '진실'은 반드시 '사실 그대로'란 뜻이 아니다. 어떠한 자기 이야기를 더 효과 있게 표현하기 위하여, 하나의 스토리를 꾸며서 그것으로 자기의 이야기를 할 수 있다. 이런 경우 스토리는 어디까지나 자기의 마음을 표현하기 위한 방법으로써 차용된 것이다. 이는 '사실'은 왜곡될 수 없으나, '진실'은 작품을 위하여, 감동을 위하여 꾸어 올 수 있음을 말하는 것이다.

너무 과장하거나 호들갑을 떠는 기교를 부린다면 품위 없는 문장으로 전락한다. 어디까지나 '진실'과 '소박'과 '눈물'을 바탕으로 해야 할 것이다. '아름다운 조화에는 나비가 안 가도, 쓴 냉이꽃에는 나비가 앉는다'는 말은 향기가 얼마나 중요한가를 말해준다고 하겠다.

 수필은 정의 문학이다. 인간이 소유하고 있는 것 중에서 가장 고귀한 것이 정이다. 이는 생명의 근원인 에너지와 비유될 수 있다. 현대적 특징인 단절과 소외는 바로 정의 목마름 때문이다. 인간의 정은 삶의 향기요, 휴머니티의 다른 말이다. 인간애의 구현은 감동의 가장 빠른 지름길이다. 가슴 찡한 사연, 다시 말해 〈글감〉은 이미 표현 이전에 감동의 씨앗을 잉태에 있다고 할 것이다.〈눈물〉,〈소박〉,〈진실〉이 복합되어 창출할 수 있는 향기로는 1)체험성, 2)서정성) 3)진실성, 4)영원성, 5)인간성이다.

### 가. 체험성 - 고뇌와 환희

 수필 창작에 있어서 무엇보다도 중요시되는 것은 인간의 삶 자체에 초점을 맞추어야 한다는 것이다. 물론 다른 문학에서도 인간의 삶에 대한 모든 것을 다루지만 수필에 있어서는 개인의 체험을 중시한다. 체험은 삶의 길잡이이고, 내일의 새로운 지혜를 여는 열쇠다. 수필의 제재는 가급적 자기 자신의 경험한 사실을 택하는 것이 가장 무난하다. 소설가는 가상을 전제로 한 미지의 이상적인 세계에 몰입하여 허구의 진실을 유추해내는 과정을 거친다. 이때의 진실은 사실적이고 실질적인 인간의 삶 자체가 아닌 여과되고 가공된 인간 삶의 진실이라는 것이다. 그러나 수필에서는 사실적이고 실질적인 진솔한 삶의 체험이 육화되어 서정성으로 승화되어야 한다.

 수필은 생활의 텃밭이 아니면 자랄 수 없는 식물이다. 미국의 윌리엄 테너는 「essay and essay writing」에서 글감 25개를 제시했는데, 전부 인간 생활에 바탕을 둔 경험적 사실이라는 것이다. 어떤 분은 글감은 좋은 글을 쓰는 데 아무 관계가 없다고 말한다. 글감의 종류나 대상이 문제가 아니라 수필로 잘 빚어냈느냐, 못했느냐가 열쇠지 글감 자체는 수필하고 별 관계가 없다고 한다. 그러나 수필감으로 수필을 빚어야 감동을 줄 수 있는 글이 된다. 다시 말해 글감과 주제가 잘 어울리게 만날 때 그 글감은 아주 좋은 작품을 빚게 한다는 것이다. 수필에서 진실은 곧 미다. 수필이 추구하는 진실은 시와 소설의 진실과는 다르다. 말하자면 허구라는 장치를 사용하지 않고 체험적 사실 속에서 진실을 발견하여 그것을 표현하는 것이다.

〈예문 1〉
　세 사람은 묵묵히 가묘가 있는 곳으로 오른다. 무심히 보아오던 바위 하나 풀잎까지 새로운 느낌으로 다가온다. 연분홍 영산홍이 방긋이 반기고, 남천은 하얀 꽃을 달고 그 속에 숨어 있다. 옆에는 산토끼가 새 싹을 뜯어먹는다고 바쁘게 움직인다. 검은 비닐로 씌었던 조그마하던 동백이 번들거리며 제 자리를 차지하고 있어 대견스럽다. 조금 있으면 백일홍이 여기저기서 인사를 할 것이다. 초봄부터 개나리, 진달래, 장미, 영산홍, 석류, 수국, 무궁화가 차례로 꽃을 피울 것이다. 집을 지키는 양옆에 선 노송나무를 비롯하여 향나무, 단풍나무, 느티나무, 은행나무를 보면 선산은 마치 수목원 같다. 얼마 전 어머니가 잡초를 뽑아 잔디는 말갛게 세수를 한 느낌을 준다. 잔디 귀퉁이 솔바람 그늘에 앉으니 앞이 툭 틔어 동네가 한 눈에 보이고 저 멀리 바다도 보인다.

- 정문자, 「상여소리」

　우리네 삶의 가장 큰 부분을 차지하는 것이 '사랑'과 '죽음'이다. 인간이 어느 한 순간 원하든 원하지 않든 주체의 의지에 관계없이 맞아들여야 할 것 중에 하나가 '죽음'이다. 죽음은 삶을 완성하는 한 형태가 될 수도, 모든 것을 허망하게 버리는 삶의 무상일 수도 있다. 죽음을 바라보는 작가의 모습이 감동적으로 다가온다. 자연의 이법에 따라 자신이 묻힐 공간에 서 보는 부녀의 모습이 초봄부터 핀 꽃들의 배경으로 아름답게만 보인다.

그녀의 글을 따라 가면 자연이 평화롭게 수놓아져 있는 모습을 볼 수 있다. 다툼도 시기도 질투도 없다. 그녀가 품어 안는 자연은 연산홍이 반기고, 백일홍이 미소를 보내는 곳이다. 갖가지 화초들과 수목들이 빽빽하고, 나무가 없는 중심자리에는 잔디가 예쁘게 단정되어 있다. 가묘가 놓인 자리는 명당이다. 앞이 툭 틔어 동네가 보이고, 저 멀리 바다도 보인다. 죽음의 그늘이 드리워진 산 능선에 작가가 위치하고 있지만, 작가의 모습은 참 편안하다. 자연과 동화된 모습이 선연하게 보인다. 작가는 체험 그대로를 통해 죽음에 대한 기존의 인식을 새롭게 하면서 진실을 구현해 내는 데 성공하고 있다.

### 나. 서정성 - 순수와 소박

수필은 참을 희구하는 글이다. 삶에서 참이 결여될 때, 일체의 지식과 기능은 도리어 인생의 참을 은폐, 왜곡하는 수단으로 전락한다. 그러기에 우리가 양심적인 경우일 때만 비로소 글감을 진리를 드러낸다. 일체의 참을 파악하기 위해서는 우선 나의 태도부터 참되어야 한다. 솔직하고 순수해야 한다. 중국의 〈시법〉에 "재부 불아"란 말이 있다. 글을 쓸 때, 재주를 부리면 안 된다는 말이다. 수필가가 순수한 의도에서 글을 쓰지 않고 자기를 과시하고자 하는 동기를 따라서 글을 쓸 때, 그 작품은 결정적으로 실패한다는 것이다. 순수한 의도로 은연중에 작가의 인품이 작품에서 풍길 때 독자는 기쁜 공감에 젖게 된다. 솔직함은 그 자체가 미덕일 뿐만 아니라 마음의 여유와 결합하면 해학을 낳기 때문에 수필에 읽는 재미를 준다. 자신의 경험 중에서도 모자라고 부족한 부분을 솔직하고 꾸밈없이 다루면 좋은 작품이 되는 것이다.

수필을 쓰는 과정은 자기 자신과의 진실한 대면을 도모하는 작업이다. 이 작업을 통해 우리는 인간적 향내를 지닌 존재를 다시 태어나야 한다. 아래 예문은 생활인으로서 사색과 관조를 통해 행복을 느끼는 소박한 여인의 모습을 잘 드러내고 있는 글이다.

〈예문 2〉
　머리엔 희끗희끗 백발을 이고 노안엔 굵은 주름살이 살아온 역사를 대변해 주고 있다. 희미한 시력 속에 선명히 돋보이는 것은 기쁨과 슬픔을 함께 나누어 온 해로의 참뜻은 아닐까. 황혼의 저녁노을을 바라보듯이 조금은 처연한 심회로 서로의 마음을 애무하며 흘러가는 물처럼 유장하고, 담담한 부부애의 실상을 보게 되리라. 참으로 멀고도 험한 길을 쓰러지지 않고 용케도 참고 견디어 왔다는 만족감에 스스로 회심의 미소를 지으며 백년 해로의 명세가 헛되지 않음에 감사드릴 테지.

- 오승희, 「부부애」

　오승희의 「부부애」에 실린 한 구절은 객관화된 자기 표백이다. 이렇듯 넘어온 부부고개의 마음 샘에 고인 감사와 충족의 마음은 자아 관조를 통한 사색의 결과라 하겠다. 문학의 행위는 맺힌 삶을 풀어가는 인간의 가장 순수한 모습이다. 가장 순수할 때 가장 아름다운 것이고, 가장 아름다울 때 가장 감동적인 것이다. 문학은 이 땅의 참되고 가치 있고 아름다운 것을 영원하게 하는 예술인 것이다. 이 땅의 여성들은 이름 없는 여인이 되어 그리움과 기다림을 키우면서 자아를 성찰해왔다.

### 다. 진실성 - 고백과 구원

　수필은 개성이 유달리 강한 일종의 고백적 자조문학이다. 그래서 수필은 '자화상 그리기'로 표현되기도 하고 자기를 비추는 거울이라고도 한다. 문학의 어느 장르나 개성을 중요시하지만 수필만큼 노골화하지는 않는다. 그 점에서 수필은 개성의 향취가 물씬하게 풍기는 글이다. 한마디로 요약하면 자기의 체취나 마음을 송두리째 맛보게 하는 글이다. 수필은 미지근해서는 안 된다. 콧등을 시큰하게 하든지 눈시울을 붉게 하든지 둘 중 어느 하나의 특성을 가져야 한다. 수필 속에는 눈물과 고뇌, 아픔과 슬픔과 기쁨이 있어야 한다. 진실한 수필은 삶의 고뇌로부터 열린다. 고뇌가 고뇌로 거쳐서는 안 된다. 그 고뇌의 진통은 삶을 심화시키고 삶의 환희를 불러일으키는 계기가 되어야 한다. 삶 속에서 느낀 감흥을 솔직하게 고백하고, 그 고백이 우리의 가슴을 울려야 하는 것이다.

〈예문 3〉
아무도 거들어 주지 않는 채마밭 들일을 '다음 번 봄비가 내릴 때'로 연기하고 아래층으로 내려오니 이젠 마음까지 텅 빈 듯 좀처럼 봄비조차 내리지 않을 것 같은 불길한 예감에 사로잡힌다. (중략) 지금 형편으로 봐서는 어머니가 소생할 희망은 거의 없다. 정말 어머니마저 먼 길을 떠나시고 나면 봄비가 내린들 그 비를 맞고 상추와 실파가 자란들 무슨 소용이 있으랴. 봄비, 나를 울려주는 봄비.

- 구활, 「나를 울려주는 봄비」

사람에게 가장 소중한 것은 그가 거처했던 일상의 공간과 사라지거나 헤어진 이후에는 다시 만날 수 없는 실체와의 인연이다. 작가는 노모를 모시고 산다. 봄비만 오면 "옥상의 텃밭에 나가 씨를 뿌리며 '애비야, 이것은 이렇게, 저것은 저렇게'라고 작업 지시를 하시며 감사와 흡족으로 충일하셨던 어머니"가 지금은 치매로 '가망없이 누워 계신다.' 이 땅에 부모의 자식이 아닌 자는 아무도 없다. 현대를 살아가면서 부모에게 죄인이 아닌 자가 있을까. 봄비를 맞으며 꺼이꺼이 울고 있을 작가의 그 슬픔에 동감하지 않을 사람은 아무도 없을 것이다.

### 라. 영원성 - 사랑과 죽음

독일의 철학자 피히테는 '사랑은 인간의 주성분'이라고 설파했다. 주성분이 빠진 인간은 껍데기에 불과하다는 역설을 가져다 주는 말이다. 사랑은 인간의 근원이 된다는 의미다. 인간의 행동 중에서 가장 중요한 것은 사랑한다는 것이다. 루소의 말처럼, '산다는 것은 사랑하는 것이다.' 따라서 우리는 사랑이 없는 인생을 생각할 수가 없는 것이다.

인간은 동물에 속하면서도 인간을 보고 동물이라고 부르지 않는 것은 첫째, 인간은 다른 어떤 동물보다 사고력이 뛰어났기 때문이요, 둘째로는 인간들은 서로 모여서 이상적인 사회생활을 하고 있기 때문이라고 한다. 이런 만물의 영장인 우리 인간에게 공통되는 본질이 있다면, 그것은 생生과 사死라는 운명일 것이요, 영혼과 육신를 가지고 있다는 것이다. 인간이 신과 동물과 다른 점은 인간들에게는 자기 생각에서 스스로 만들어 내는 욕망이 있는 것이다. 이 욕망을 선한 의지로 승화시키는 일이 인간다운 삶의 과제가 아니겠는가.

〈예문 4〉
어느 날 장대비가 내리고 있었다. 당직이라 저녁을 먹고 학교에 들렀는데 여 선생이 퇴근을 준비하고 있는 중이었다. 나는 말없이 운동화로 갈아 신고 양동이로 퍼붓듯 하는 비를 맞으며 운동장을 뛰기 시작했다. 여선생은 그 모습을 보면서도 아무 말 없이 운동장을 가로질러 퇴근을 하고 있었다.

마흔 바퀴를 돌았을까? 마침내 지친 나머지 나는 사랑을 고백했던 팽나무 밑에 쓰러지고 말았다. 왜 그렇게 눈물은 흐르는지 이건 빗물인지 눈물인지 구분이 안 되었다. 천둥소리마저 요란하게 밤하늘을 가르고 있었다. 이듬해 여선생은 다른 학교로 전근을 한다.

그런데도 나는 잊을 수가 없었다.

　　세월이 흘러 군대에 가게 되었다. 어쩌다가 보초를 서게 되는 밤, 중천에 있는 달을 쳐다보게 되면서 나는 여 선생을 생각하곤 하였다. 그런 세월이 일고 여덟 해였으니 나의 집념(?)은 어지간한 셈이다. 꼭 십 년 뒤에 나는 그 때의 여선생과 11살이나 차이가 나는, 그러니까 나보다 9살이나 연하인 다른 여선생인 현재의 아내와 결혼을 하게 되었다. 이러니 어찌 사람의 인연을 묘하다 아니할 수 있으랴.

－「첫사랑」

　　첫사랑의 기억은 누구에게나 아름답게 남는다. 수필 「첫사랑」은 자신의 첫사랑에 얽힌 추억담이 질펀하게 녹아 있다. 결혼 초창기 첫사랑 이야기를 수필화했다가 필화사건을 유발한 필자의 경험에 비추어 보면, 생의 동반자가 이 글을 읽을 텐데도 불구하고, 솔직하게 자신의 연애담을 털어놓을 수 있는 작가의 용기에 감복하게 된다.
　　사람들은 살아가는 동안 많은 만남을 이루기도 하고, 그만큼의 이별을 체험하기도 한다. 프랑스의 시인 마리 로랑생은, '죽은 여자보다 좀더 불쌍한 여인은 잊혀진 여인'이라고 했다. 사랑했던 사람으로부터 잊혀진다는 것은 비극이 아닐 수 없다. 이 작품에는 만남과 이별의 인생사에 운명적으로 내재된 비극이 녹아 있다. 인간은 모든 사람들과 헤어질 수밖에 없는 유한적 존재로서의 운명을 타고난다. 그러나 이 작품은 결구 부분을 통해 인간의 모든 만남은 비극을 예고하고 있지만 그 비극은 또 다른 행복의 씨앗이 될 수 있는 가능성을 보여주고 있다.
　　수필 「첫사랑」은 인간의 만남과 사랑 그리고 이별의 아픔이 녹아 있다. 한 남자와 여자가 결혼 전에 겪는 인생의 한 단면이 제시되어 저마다의 가슴에 숨어있는 추억을 환기시킨다. 작가는 첫사랑 그 여인과 헤어지고 난 후, 여덟 해 동안을 그리움에 애타였고, 끝내는 첫사랑 그 연인이 아닌 다른 여인과 결혼하게 되었다고 고백한다. 우리는 진솔한 고백으로부터 촉촉한 감동의 힘을 느끼게 된다. 잊을 수 없는 사랑의 끈을 붙들고 절규해야 했던 한 젊은 초상이 신선하게 그려져 있어 더욱 아름답다.

**마. 인간성 - 자책과 정한**

수필 쓰기를 문장론적인 면에서만 생각하는 것은 적어도 수필의 본질론적 측면에서는 잘못된 것이다. 인생의 경험을 쌓고, 책도 많이 읽고, 풍요로운 마음이 깔려 있지 않으면, 인간을 납득시킬 수 있는 문장을 쓸 수 없는 것이다. 수필은 무엇보다도 작가의 훌륭한 인격을 요구한다고 할 수 있다. 기술로 글을 쓰는 게 아니라 그 인격이 글을 쓴다고 볼 수 있다. '수필이 붓 가는 대로 가는 글'이라 한 의미도 어쩌면 여기에 있을 지도 모른다. 이쯤에서 하버드 대학의 C. T. Copeland 교수의 말을 음미해 볼 수 있겠는데, 그는 모범적인 수필가는 "구경꾼이요, 방랑자요, 빈들거리는 게으름뱅이요, 가장 좋은 의미에서의 '세계시민'이어야 한다."고 했다. 이 말은 수필가는 대상을 예리하게 관찰하는 습관이 있어야 할뿐만 아니라 경험이 풍부하고 여유작작한 멋을 지니고 풍류도 알아야 하며, 풍부한 교양을 갖춘 지식인이어야 함을 뜻한다. 쿠퍼랜드 교수가 말한 모범적인 수필가의 요건을 갖추고 있는 사람이라고 하겠다. 그의 인간적 특성에서 가장 강하게 풍기는 것은 건강한 평민의식이다.

〈예문 5〉
눈물이 볼을 타고 흐른다. 강원도 깊은 골짜기에 살면서도 삭막하지 않고 티없이 맑은 그녀. 병든 시어머니를 모신 처지에 남편은 배를 타고 외국으로 가고 아들 둘은 군에 가 있으니 여간해서 꺾이지 않는 그녀이지만 견디기 힘들 것이다. 나는 누굴 위해 무엇을 했을까. 나만 잘 되려고 남의 아픔쯤은 예사롭게 생각지 않았을까.

교만하고 배타적인 생각과 태도를 버리고 내 이웃을 위해 조금이라도 도움이 되는 일을 해야겠다. 윤이 나는 까만 스웨터를 입어 본다. 그녀의 따스한 마음이 배어 있어 포근하다.

- 「뜨개질하는 여인」

윗글 「뜨개질하는 여인」에는 친구의 인격에서 얻어지는 미감이 잘 나타나 있다. 이러한 인격미는 놀라운 힘으로 작가의 마음을 움직이는 데 성공하고 있다. 뜨개질하는 여인은 달동네인 초장동으로 시집을 오고난 뒤 알게 된 이웃의 친구로서, 많은 사람들에게 배울 점을 남기는 그야말로 한 남편의 아내로서 도리를 다하는, 어머니로서 마음이 착하고, 경우가 바른 그런 친구였다. 배를 타는 남편을 기다리며 싼 털 스웨터로 이웃의 노인들을 보살피는 등 인정이 많은 사람이었다. 강원도로 이사를 간 친구 분이가 보낸 편지를 받고, 작가는 그녀의 인정과 삶에 감동하고 무의미한 일상에 비치는 자아의 투영을 보면서 지금까지의 삶을 자성하며 봉사하는 삶을 살겠다고 마음속으로 다짐한다.

65_ 글쓰기 기법 - 맥주 세병 안주 하나 ☺

## 손맛은 멋을부려

　수필의 '멋' 즉 '손맛'은 대상의 물질적 본질과 본성으로부터 촉발되는 질료미와 배경이나 분위기 차원에서 발견되는 미감이다. 제재 차원에서 감지되는 형태미나 질료미는 상상력의 작동 과정에서 주제를 만들어내기 위한 기본 이미지를 촉발한다는 차원에서 중요한 의미와 가치를 지닌다. 배경이나 분위기 차원에서 발견되는 미의식은 비유라는 수사법적인 활용에서 잘 드러난다. 비유의 힘을 빌려서 주제나 인물의 성격을 유사성이나 동일성 등을 함유한 미의식으로 암시하는 경우, 수필에서 소위 말하는 '멋'을 낼 수 있다.
　수필에 있어서 〈멋〉이란 어떤 것을 의미할까. 바로 손맛이다. 글맛이 향기를 의미한다면 수필의 멋은 빛깔에 해당한다. 문학을 구성하는 본질적 요소로 보면 〈형상〉에 해당된다. 수필에는 〈멋〉이 우러나야 한다. 여기서 멋이란 정서의 문학적 형상화를 의미한다. 이렇듯 같은 이야기라도 그것을 어떻게 형상화시키느냐에 따라 이야기의 의미는 달라진다. 하나의 대상이나 사건은 작가의 손에 의하여 형상화되는 과정에서 내용이 변질된다. 그것은 작가의 세계관에 따라 그 관점이 달라질 수 있지만 그보다는 작가의 기교가 무엇보다도 큰 자리를 차지한다. 이것이 창작의 특수성이다. 수필은 주제 전달의 과정,

즉 형상화에서 문학성이 결정된다고 해도 과언이 아니다. 그래서 마음의 눈이 밝은 정서적인 사람만이 수필가가 될 수 있는 것이다. 정서에서 풍기는 분위기가 바로 "멋"이다. "멋있는 사람"이란 정서가 풍부한 사람을 일컫는다. 언어를 감정 그대로 노골적으로, 직설적으로 표현하는 것이 아니고, 부드럽고 윤택하게 각색해서 함축성 있게 표현하는 데서 풍기는 분위기, 그것이 곧 멋이다.

어떻게 하면 멋진 언어가 저절로 구사되고, 멋진 행동이 저절로 나올까? 마음속에 맑고 깨끗한 거울을 달아 두어서, 언제나 자신의 영혼을 가만히 들여다 볼 수 있어야 한다. 그리고 마음속에 해맑은 옹달샘을 파두어서 넘쳐흐르는 물로 마음에 묻은 얼룩과 때를 말끔히 씻어낼 수 있어야 한다. 또한 깊고 은은한 소릴 내는 종을 달아 두는 것도 잊지 않아야 한다. 양심의 종을 스스로 울릴 줄 아는 사람이라면, 마음의 눈도 밝아질 것이다. 마음속에 작은 꽃씨를 가져서 항상 자신의 주변을 아름답게 가꿀 줄 아는 지혜도 〈멋〉을 내는 데 도움을 줄 것이다. 주제의식의 전달방법, 즉 대상이나 사건의 형상화 기법을 살펴보는 것이 곧 수필의 〈멋〉을 창출하는 일이다. 〈멋〉을 내는 기법에는 네 가지가 있다.

### 가. 주제의식의 의미화

의미화란 주제의식을 구체화하기 위한 가장 효과적인 자기화의 수법이다. 기법이 아니라 어디까지나 작가 자신의 독창적인 수법인 것이다. 때문에 그 의미화 작업은 틀에 매인 방법이나 요령으로서는 절대 불가능한, 작자 나름의 인생관이나 가치관으로 주어진 제재를 분석하는 개성이요, 이해하는 마음인 것이다.

(a) 격정의 밤이 깊어 한 줄기 밧줄 같은 소나기라도 쏟아져 보라. 바람도 자고, 맑게 갠 이튿날 아침, 하얀 모래밭에 흩어진 빨간 꽃잎들이야 말로 임을 그리다 지쳐 병실의 하얀 침대요 위에 쏟아 놓은

30대 여인의 각혈이 아니겠는가.

(a)는 오창익의 〈해당화〉란 수필의 종결구다. 주제는 '열애'다. 바다 건너 멀리 떠나간 임을 그리는 여인을 해당화에 비유하고, 그를 기다리다 지친 여심을 비바람에 진 빨간 꽃잎으로 의미화하여 "30대 여인의 각혈"이라 했다. 이는 수필다운 수필이 되기 위해서는 어떠한 사물이나 사실에서 의미를 캐어내는 의미화를 거쳐야 한다는 점을 잘 보여준다고 하겠다.

### 나. 종결어미의 회화화

문학다운 수필이 되기 위해서는 언어의 구체적인 형상화를 거쳐야 한다. 수필에 있어서 언어는 수필어로 묘사되어야 할 것이다. 정적인 이미지를 동적 이미지로 바꾸어 놓으면 수필어가 된다. 시각어를 통해 종결어미를 설명보다 묘사를 하면, 더욱 효과적이다. 서술어를 회화화한다는 것은 상투적이고 진부하고, 이미 눈과 귀에 익은 표현을 되도록 피하기 위해 설명적인 정적 서술어를 동적으로 영상화한다는 것이다. 글을 쓴다는 것은 언어들이 엮어내는 이미지를 새롭게 창출하는 작업이다. 따라서 서술어에 힘을 실어주면 언어는 활기를 띠게 된다. 이런 표현은 아주 재미있는 특질이 있어 산 언어를 접한 듯한 느낌을 준다.

(b) 요란한 뻐꾸기 소리가 창가에까지 들려왔다. 〈c〉 요란한 뻐꾸기 소리가 창을 흔들고 있었다. (b) 단풍이 온 산에 붉게 타오르고 있기에 발이 절로 멈춰졌다. 〈c〉 붉게 타오르는 단풍이 발을 붙들고 놔 주질 않았다. (b)월남의 더위, 그것은 하늘에 불화로를 달고 지상으로 내쏘는 용광로였다. 〈c〉 월남의 더위, 아스팔트 길에 군화 자국이 5cm나 되게 박혔다.

⟨c⟩는 (b)의 서술어를 동적으로 회화화한 문장이다. (b)보다 훨씬 더 ⟨c⟩가 감각적 구체성을 띠면서 살아있는 듯한 느낌을 준다.

## 다. 수필문장의 함축화

문장이 비유를 만나면 멋을 내면서 더욱 진솔해지고, 참신성을 띠게 된다. 수필 문장은 다른 산문어와는 달리 본질적으로 함축성이 담겨야 하는 것이다. 비유는 필자의 느낌이나 생각을 독자에게 더욱 정확하게, 참신하고 생동감 있게 진실하게 전달하는 구실을 한다. 추상적이고 복잡한 사상을 표현할 때, 비유를 쓰면 구체적이고도 간결하게 나타낼 수 있다. 사람들은 구체적이고 단순화된 것을 더 오래 기억하는 법이다.

(d) 구름에 달 가듯이 가는 나그네/ 세상은 온통 불바다, 거기에 데일세라 몸을 움츠리고/ 아, 그의 정열은 이글거리며 타오르는 불기둥이었다./ 유리컵이 얼음 같다./ 아버지의 노기에 찬 음성이 나무에 얹힌 눈조차 떨어지게 울려왔다.

(e) 산골의 날씨는 무섭게 추워지려는데 짝을 버리고 혼자 남쪽으로 갈 수 없었던 애절한 황새의 정, 조류에 따라서는 암수의 애정이 별스런 놈도 있지만, 그것이 모두 그들의 본능이라 했다. 그러나 어쩐지 그들의 하찮은 본능이 오늘 따라 인간의 종교보다 더 거룩하고, 예술보다 더 아름답게 느껴지는 까닭은 무엇일까.

- 김규련의 『거룩한 본능』, 결말 부분

(d)는 문장을 비유나 상징을 사용하여 문장을 함축적으로 나타낸 것이다. (e)는 작품의 주제를 드러나지 않게 함축해서 문장의 분위기 속에 깔아두었다. 글을 쓴다는 것은 이미지를 창조하는 작업인 것이

다. 수필에 있어서 함축은 문학성과도 밀접히 관계한다.

**라. 중심사상의 상상화**

훌륭한 주제가 중요한 것만이 아니라 그것을 전하는 방법이 더 중요한 경우가 많다. 아무리 감동적인 것이라고 해도 그 주제는 대개 평범한 것이다. 그것이 만일 쉽게 설명투로 표현되었다면 별로 감동은 없을 것이다. 그러므로 표현의 방법이 주제의 무게와 가치를 결정한다. 그리고 그 표현 방법의 핵심은 대개 상상력을 유발시키는 이미지 성공 여부에 달려 있기 쉽다. 자연에 대한 사랑이 소중하다는 주제를 전하기 위해서 자연과 인간의 관계 등을 많은 지식을 통해서 설명하는 것으로 성공하기 어렵다. 다만 그 같은 사랑을 느낄 수 있도록 감동을 주는 장치를 만드는 것이 중요하다. 그 장치가 바로 상상화다. 주제단락의 상상화, 즉 문장을 통한 중심사상의 상상처리는 바로 그 주제의 효과적이고도 원활한 의미전달을 위해서다. 수필의 주제 전달은 정서의 구체화로서만 가능하기에 그 방법은 지적이기보다는 정적이어야 하고, 직접적이기보다는 간접적이어야 효과적이다. 다시 말하면, 그 내용이 설사 교훈적인 것, 비평적인 것, 지시적인 것이라 해도 그 전달은 어디까지나 독자로 하여금 깨닫게 하고, 느끼게 하고, 공감케 해야 한다는 것이다. 중심사상의 상상화는 미적 감동과 충격을 주기 위한 필수적 전략이다. 주제의 전달 방법은 어디까지나 상징, 암시, 생략 등 상상적일 수밖에 없다.

(e) 어떻든지 그믐달은 가장 정 있는 사람이 보는 중에 또한 가장 한 있는 사람이 보아주고, 또한 가장 무정한 사람이 보는 동시에 가장 무서운 사람들이 많이 보아준다. 내가 만일 여자로 태어날 수 있다면 그믐달 같은 여자로 태어나고 싶다.

(e)의 마지막 주제문, "그믐달 같은 여자로 태어나고 싶다."는 문장

은 '고독'이란 글의 주제의식을 상상화한 것이다.

## 마 주제의식의 구체화

　주제의식의 구체화란 선택된 소재에 대한 자기 해석의 한 방법으로써, 제재를 개인적인 경험으로 자기화하는 관점이다. 주제와 구성 그리고 상상은 문학의 3요소다. 특히 수필은 주제와 제재를 기본 요소로 하기 때문에 주제의 구체화는 매우 중요하다. 주제란 한마디로 글의 중심사상이다. 작가가 무엇을 말하려는가의 요지요, 주안점이다. 흔히 수필은 붓 가는 대로 쓴다느니, 무형식의 글이라고 하는데 아무리 붓 가는 대로 쓰고 형식이 없다고 해도 일관된 주제가 있어야 한다. 일관된 주제가 있으면 그 글은 붓 가는 대로 써지는 글이 아니다.

　주제는 이야기의 뼈대가 되는 동시에 이야기를 끌고 가는 힘이요, 맥락이 된다. 옆길로 나가다가도 주제를 바로 찾거나 세우면 그 글은 다시 바른 궤도로 돌아오기 마련이며 중간에서 막히지 않고 술술 풀려 나가게 된다. 그리하여 주제는 문장의 정점이요, 목적지며 일관성과 통일성을 생명으로 한다. 일관성과 통일성은 수미가 서로 맞아야 한다는 말이다. 머리와 꼬리가 맞지 않으면 그 글은 제대로 된 글이 아닌 것이다. 처음에 '검다'고 했으면 계속 '검다'는 줄거리를 잡아야 하고, '아니다'면 계속 '아니다'는 일관성과 통일성을 지녀야 한다.

　예를 들어 보겠다. 입춘이 지난 어느 햇볕 다사로운 날 공간이 넉넉한 카니발을 타고 문우 몇 사람과 따뜻한 남쪽 마을 남해에 가서 아름다운 바다를 바라보며 해변로를 따라 산책을 하고 바다가 바라보이는 횟집에서 싱싱한 회도 먹고, 유람선을 타며 즐거운 시간을 보냈다고 하자. 이를 소재로 한 편의 수필을 쓸 경우, 주제 설정을 어떻게 할 것인가가 문제가 된다. 그냥 출발에서부터 돌아올 때까지의 여정을 재미있게 리얼하게 쓴다면 그것은 보고서나 기행문은 될지언정 수필이란 문학작품은 되지 않는다.

남해 여행의 과정이 하나의 수필이 되려면, 여정과 여정마다에서 느낀 점을 추출하여 그 중 무엇을 중심(사상)으로 의미화하여 글을 전개할 것인가. 그 중심이 곧 주제가 된다. 남해 여행은 수필가에게 있어 소재며, 현실이며, 결과다. 먼저, 부산에서 남해까지 갔다오는 과정에서 두드러지게 뇌리에 잡히는 느낌이나 사건을 골라 본다.

1) 한양 프라자 앞에서 느낀 신록의 환희
2) 고속도로를 지나는 과정에서 본 함정 단속 경찰에 대한 불쾌감
3) 가게 일 때문에 못 가지만 마중 나온 문우와의 우정
4) 따뜻한 남쪽, 남해의 아름다운 바다와 서정
5) 회를 먹으면서 생각해 본 살생과 죄의식
6) 귀로의 차 안에서 느끼는 봄나들이의 즐거움
7) 몇 년 전에 가본 모습과 달라진 어촌의 쓸쓸한 풍경을 한일어업 협정과 결부시켜 본 일
8) 노량 대교에서 탄 유람선을 통해 비로소 느낀 청정바다의 절규

이상의 몇 가지 사실적 경험을 토대로 작품화함에 있어 주제를 설정한다면 '봄나들이'나 ' '남해 서정' 등 포괄적인 주제를 설정할 수도 있지만 그보다 좀더 인상적인 경이로움을 나타낸다면 열거된 몇 가지 주안점 중 한 가지에만 초점을 맞추어야 할 것이다. 그 낙점의 기준은 어디까지나 수필가의 주관, 인생관, 가치관에 따르겠지만, 그때 그때의 심경이나 기분에 좌우되기도 한다. 동일한 소재라도 그것을 추리고 얽어매는 시각과 각도에 따라 내용이나 주제가 달라질 수도 있다.

주제는 한 가지만 고집할 수 없고 때에 따라서는 복합적일 수 있지만 가능하면 한 가지로 압축하여 구체화를 이루는 게 글의 일관성과 통일성을 위해 좋다. 또 주제는 앞의 예와 같이 세분화할 수 있고, 포괄적일 수도 있다. 그러나 포괄적인 주제는 관념적, 추상적으로 흐를 수 있는 반면에 세부적 주제는 구체적, 실제적임으로 가능하면

세부적 주제를 택하는 게 좋다. 더 쉬운 예를 들면 '봄'이라는 제재로 수필을 쓸 때, 주제의식의 구체화가 이루어지지 않으면 '소생', '희망', '사향', '회고', '출발' '청춘' 등 유사한 사상이 인접 내통함으로써 주제가 분산된다는 것이다. 따라서 그 의식의 구체화는 '소생'이면 '소생', '희망'이면 '희망' 어디까지나 어느 하나로 집약되고 응축되어야 한다는 것이다.

66_ 글쓰기 기법 - 맥주 세병 만족 하나 ☺

## 눈맛은 예리하게

　수필의 '맛' 즉 '눈맛'은 주제 차원에서 발견되는 미의식이다. 데소와르는 미적 기본 형태를 미적 정취의 기본 형식으로 분류하여, 미와 추를 기본 축으로 하여 숭고미에서 비극미가 파생되고, 희극미에서 우아미가 파생된 것으로, 그리고 숭고미와 우아미는 양감정으로, 비극미와 희극미는 혼합감정으로 설명하고 있다. 주로 '눈맛'은 정신적 위대성을 내포하는 숭고미, 비극미, 희극미 등에서 나온다. 특히 희극적 미감은 골계의 하위 유형인 위트, 해학, 풍자, 반어 등에서 만들어진다는 측면에서 예리한 '맛'을 낸다. 추미 또한 정신적인 자유의 부정에 의한 왜곡(저속한 것, 염증 나는 것, 풍자적인 것)을 내용적으로 내포하고 있으므로 순수미와 대립되는 개념으로서 수필의 맛을 낸다고 하겠다.

　수필은 삶의 체험에서 우러난다. 지식과 체험과 사상이 용해되어 예술적인 문장으로 표현될 때, 한 편의 멋진 수필이 탄생된다. 아름다움은 현란한 빛깔과 진한 향기를 통해서만 구현되는 것이 아니다. 시대 현실과 가치관의 차이에 따라 위정자의 이념에 따라 달리 정의되고 평가되지만, 어떠한 현실 속에서도 진실이 배제된 아름다움은 존재할 수 없고, 존재되어서도 안 되는 것이 일반적 통론이다. 한 작가의 가치는 한 시대를 대변함으로써 그 폭을 확장할 수 있다. 현실이나 대상을 보는 예리한 눈맛이 수필의 맛이다. 수필의 맛을 문학 본질적 요소로 보면 〈인식〉에 해당한다. 수필의 〈맛〉은 대상을 어떻게 인식하느냐 하는 데서 나온다고 하겠다. 수필 창작에 있어서 중요한 사고 유형은 창의적인 사고와 비판적인 사고다. 두 사고 유형은 맛있는 글을 쓰는 데 바탕이 된다고 할 수 있다. 정재호는 『수필의 맛』에서 "설익은 설교나 어설픈 철학으로는 수필의 참맛이 나지 않는다"고 하면서 "수필의 맛은 담담하지만 무미건조해서는 안 되며 시적 향취도 있어야 하지만 시처럼 난해해서도 안 되고 소설 같은 재미도 있어야 하지만 속되어서도 안 되고 철학성이 있어야 하지만 현학성이 짙어서는 안 된다. 송엽차는 솔잎의 까칠한 지성과 물의 무기교의 맛과 쾌감을 주는 설탕이 녹아서 한 잔의 차로 승화된 것이다"고 하면서 맛있는 수필을 송엽차에 비유해서 설명하고 있다.

독창성과 비판성을 가져오면서 수필의 고고하면서도 담박한 맛을 주는 양념에는 다섯 가지가 있다. 그렇다고 모든 수필에 반드시 위트, 유머, 새타이어, 아이러니, 파라독스가 들어가야 한다는 것은 아니다. 장르의 특수성으로 보아 수필은 그런 점을 쉽게 수용할 수 있는 친화력을 가지고 있는 만큼 그것들이 수필문학의 맛을 낸다는 것이다. 수필의 오미라 불리는 이들은 글에 생동감을 주고, 재미나 흥미를 북돋아 주고, 웃음을 선사하며, 긴장감과 놀라움을 제공해 준다.

여기에는 관습적인 불문율이 있다. 처방에 있어서도 조제의 원리와 배합의 원리가 있듯이 그 친화성의 원리가 있다. 바꾸어 말해서 비상이 들어가야 할 약이 있고, 감초가 들어갈 약이 있다는 논리다. 풍자와 반어, 그리고 역설은 비상에 비유해 보고, 기지와 해학을 감초에 비유해 본다면, 중수필에는 비상이 들어가야 제격이고, 경수필에는 감초가 들어가야 그 맛과 효능이 배가된다.

가. 기지(독창성-참신성)

'기지'는 영어로 위트라 번역되는데, 우리말 사전의 뜻으로는 "그때 그때의 경우에 따라 재치있게 변통하는 슬기"라고 되어 있다. 그러나 문학적 용어로는 "짧고 교묘하여 놀라움을 일으키도록 계획적으로 고안된 일종의 언어적 표현"이라고 되어 있다. 그렇지만 꼭 언어적 표현에만 국한되지 않는다. 기발한 판단이나 어떤 사물에서 기발한 아이디어나 의미를 도출해 내는 능력도 기지의 소산이라고 볼 때, 판단이나 해석적 능력의 기지도 있을 수 있다.

똑 같은 새소리였지만 서구인들이 그것을 즐거운 노래소리로 들어 '새가 노래한다'고 표현한데 반하여 한국인들은 슬픈 울음으로 들었기에 '새가 운다'라고 표현했다는 발상, 그리고 물에 빠지거나 혹은 뜻하지 않은 조난을 당했을 때, 한국 사람은 '사람 살려'라고 하지만, 영국 사람들은 '헬프 미'라고 한다는 대비를 통해서 한국인의 의타성을 도출해 낸 해석력, 우리는 배고픈 민족이기에 미각어도 발달되었고, 그래서 더위도 '먹고', 나이도 '먹고', 욕도 '먹고', 심지어 사람의 성격을 평가할 때는 '싱거운 놈', '짠 놈', '매운 놈'이라 했다는 해석 등은 기지에서 나온 발상이고 해석이라 하겠다.

나. 해학(사회성-시대성)

생의 철학자 앙리 베르그송에 의하면 유머란 긴장의 돌연적인 해방, 신경의 휴양이라고 한다. 바로 여기에 유머의 진수가 있다. 울음이란 모든 동물의 공통 분모요, 웃음이란 유인원의 특징이라고 임어당은 그의 〈동서양의 해학〉에서 말한다. 그 점에서 보면 유머는 인간 정신의 개화다. 그러기에 최고의 유머란 사려 깊은 웃음으로 인간의 힘을 조장하는 청량제요, 수필의 맛을 한껏 우려내는 조미료다. 그것은 우주적인 연민의 정에 의해서 더욱 두드러지게 나타난다. 말하자면 모든 인생에 대한 슬픔과 동정에 찬 통찰 속에서 드러난다.

유머는 대개 우스갯말이나 우스운 외양이나 우스운 행동양식에서 나온다. 그러면 수필에서 유머를 어떻게 도입할 것이며 또 어떤 종류의 수필에서 수필가의 유머 감각이 필요한지를 살펴보자. 먼저 우스개 말일 경우는 수필 작품에 부분적으로 끼어 넣어 분위기를 우선 재미있게 만들 수 있을 것이다. 그리고 작품 전체의 분위기를 유머러스하게 꾸미려면 우스운 외양이나 행동에서 그 소재를 구하면 된다. 이런 것에 걸맞는 소재라면 인물스케치, 성격상의 결점, 신체상의 특징 내지 결점, 상대방이나 나의 특이한 버릇, 무지나 오만, 건망증에서 나온 어처구니없었던 실수담, 음이나 뜻으로 말미암아 이상한 해프닝이 일어난다는 성명수필 등을 들 수 있다.

장자는 어느 과부에 관한 이야기를 들려준다.

어느 날 장자가 산책을 나갔다가 아주 슬픈 얼굴로 돌아왔다. 제자가 그 까닭을 물은 즉 장자는 이렇게 대답했다. "길을 가다가 웬 상복을 입은 부인을 만났는데 땅에 꿇어앉아 축축한 무덤을 부채질하고 있지 않는가. 왜 그러느냐고 물었지. 그랬더니 그 여자 왈, '저는 사랑하는 남편에게 생존시 그의 무덤이 마르기 전에는 재혼을 하지 않겠다고 약속을 했지요. 그런데 이 고약한 날씨 좀 보세요.'라고 하지 않겠어."

위와 같은 유머가 없었다면, 중국에도 신경쇠약자가 많았을는지 모른다는 말이 있다. 중국의 병서인 〈삼략〉에는 부드러운 것으로서 억센 것을 제어한다는 "유능 제강"이라는 말이 있다. 이는 대자연의 진리를 꿰뚫는 말이다. 그러기에 최고의 유머란 사려 깊은 웃음으로 인간의 힘을 조장하는 청량제다. 그것은 우주적인 연민의 정에 의해서 더욱 두드러진다.

### 다. 풍자(비판성-저항성)

수필에서 풍자가 지니는 뜻의 비중은 크다. 풍자를 글자풀이대로 보면, 풍은 빗대서 바른 말을 한다는 뜻이고, 자는 찌른다는 뜻이다. 남의 결함이나 결점을 직선적으로 말하지 않고, 돌려서 말하거나 다른 말로 빗대서 말하는 것을 이른다. 따라서 풍자는 사회 죄악이나 사람들의 옳지 못한 것을 대상으로 한다.

  풍자는 재치가 있되, 융통성이 있어야 한다. 냉소, 조소, 자학, 야유, 독설, 희롱, 빈정거림, 비난, 비평, 비꼬는 따위의 개념이 담긴다. 수필이 아닌 다른 장르에 있어서는, 남을 헐고 찌르는 표현 방법에 별로 어려움이 따르지 않는다. 그러나 직간접으로 작자가 드러나는 수필에 있어서는, 남의 결점이나 결함을 다룬다는 것은 쉬운 일이 아니다. 수필은 작자의 품격이 바탕에 깔려 있는 까닭이다. 따라서 수필에서의 풍자는 그만큼 표현상의 기술이 따른다. 풍자는 솜방망이 속에 들어있는 송곳 같은 것이라고 한 말이 있다. 북송의 문장가 구양수가, 사회를 어지럽히고 해치는 간사한 무리들을 빗대서, '증창 승부[2]'라는 글을 쓴 것도 그런 것이다.

### 라. 역설(논리성-복합성)

  역설은 처음에 듣거나 읽을 때 정상적인 경험과 보편적인 지식에 어긋나는 것처럼 보이거나 거짓처럼 보이지만, 한참 따져보면 참을 뜻하는 표현이다. 파라독스는 사실과 모순되는 듯하기 때문에 독자를 당황하고 긴장하게 한다. 그리하여 주의를 끌고 의미를 강화하는 기능을 한다.

  다음은 이대규의 『수필의 해석』에서 인용한, 수필에 나타난 패러독스의 예다.

  (1) 성인의 가르침은 알기 쉽다. (2) 그런데 성인의 가르침을 연구하는 학자가 성인의 가르침을 어렵게 한다. (3) 학자는 성인의 가르

---

[2] '파리를 미워한다'는 뜻

침이 무엇인가를 연구하지 않고, 성인의 가르침을 나타낸 말을 복잡하게 따지기 때문이다.

위의 예문에서 (2)가 역설이다. 영구는 연구하지 않으면 알 수 없는 것을 알아내려는 활동이다. 알기 쉬운 것을 모르게 하는 활동은 연구의 원래 목적에 어긋난다. (2)와 같은 활동은 독자의 상식이나 기대에 어긋나기 때문에 (2)와 같은 말은 거짓으로 여겨질 수 있다. 그러나 (1)과 (3)의 문맥에 의하여, 거짓 같은 (2)의 말이 참이 되므로, (2)는 패러독스다.

### 마. 반어(철학성-사상성)

아이러니는 표현된 말과 그 뜻, 한 인물이 사실이라고 생각하는 것과 실제의 사실, 인물의 동기와 행동의 결과가 반대인 것을 뜻한다. 아이러니에는 언어적 아이러니, 극적 아이러니, 사건의 아이러니가 있다.

이대규는 『수필의 해석』에서 '언어적 아이러니는 반대되는 표현으로 의미를 전달하는 것, 즉 말하는 것과 의미하는 것이 반대되는 것'이라 하였다. 언어적 아이러니는 전달되는 의미를 강화하거나 상황의 심각성을 강조한다.

(1) 혜월 선사는 흉년에 굶는 사람들에게 버려진 몇 백 평의 땅을 개간하게 하여 논을 만들었다. (2) 그 논을 개간하는 데 든 비용은, 같은 논을 사는 데 드는 비용의 몇 곱이 더 들었다. (3) 선사는 참으로 어리석은 일을 한 것이었다. (4) 그러나 선사는 많은 사람이 굶주림을 면하고, 새 논이 생긴 것을 기뻐했다.

바로 위의 예문의 (3)은 아이러니다. (3)을 보통말로 바꾸면, '(3.1) 선사는 참으로 슬기로운 일을 한 것이었다'로 될 것이다. (3.1)과 같이 평범하게 표현하지 않고, (3)과 같이 아이러니로 나타나면, (3.1)의 의미가 강화된다.

극적 아이러니는 작품 속의 말하는 이나 어떤 인물이 아는 것을 또 다른 인물이 모르는 것이다. 이것은 한 어리석음과 다른 인물의 슬기로움이나 훌륭함을 강조한다.

1. 나는 기차 탈 시간을 기다리는 동안 늙은 방망이 장수에게 방망이를 깎아 달라고 부탁했다. 2. 노인은 오래도록 방망이 깎기를 계속했다. 3. 기차 탈 시간이 가까워 오자 나는 빨리 깎으라고 재촉했다. 4. 재촉하면 방망이를 팔지 않는다고 노인은 화를 냈다. 5. 나는 불쾌하고 화가 났다. 6. 노인은 일을 멈추고 담배를 피웠다. 7. 나는 불친절한 노인에게 증오심을 느꼈다. 8.한참 후 노인이 나에게 방망이를 주었다. 8. 집에 돌아와서 아내에게 방망이를 주었다. 9.집에 돌아와서 아내에게 방망이를 주었다. 10. 아내는 요즘 사기 어려운 좋은 방망이를 사왔다고 기뻐했다. 11. 나는 그 노인이 좋은 방망이를 만들려고 얼마나 심혈을 기울였는지 비로소 깨달았다. 12. 그리고 훌륭한 노인을 멸시한 나 자신이 부끄러웠다.

이 예문의 극적 아이러니는 3에서 7까지 지속된다. 이 아이러니는 11과 12에서 작가가 새롭게 깨달은 것은 강조한다.

사건의 아이러니는 동기 실현을 위한 행동의 결과가 동기와 반대가 되는 것이다. 사건의 아이러니는 비합리적이고 어리석은 동기와 비참한 결과를 강조한다. 박문하의 '잃어버린 동화'에 사건의 아이러니가 있다. 이 작품에서 작가는 공허한 마음에 위안을 얻으려고 '초가'를 찾는다. 그러나 그는 초가가 헐린 빈터를 보고 상실감에 젖는다. 그리하여 그는 초가를 찾기 전보다 더 큰 공허감을 맛본다. 이 아이러니는 작가의 공허감을 강조하는 효과를 낸다.

지금까지 필자는 수필 창작의 이론 모형 연구 차원에서 미의식의 유형과 작동 양상을 중심으로 해서 필법, 〈수필 유삼〉에 대하여 고찰해 보았다. 미의식에 대한 연구는 수필을 예술로 승화시키기 위한 전략에 속한다. 숙명 같은 수필의 잡문성을 나름대로 극복해 보고자 했으나 본고의 내용은 부족한 점이 많다. 좋은 수필의 요건에 세 가지가 전부일 수 없다. 한 편의 문학수필을 탄생시키기 위해서는 주제, 제재, 문장, 구성 등 구성적 요건뿐만 아니라 주제의 의미화, 문장의 개성화, 구성의 다변화 등 기능적 요건의 연구가 필요할 것이다. 필자는 수필문학의 발전을 위해서 부족한 분야에 대해서 차근차근 연구하고 또는 하나하나 보완해 나갈 것을 약속한다. 특히 수필의 〈향기〉 부분은 계속 연구 검토함으로써 이론 모형을 보다 구체화해야 할 것이다.

진정 좋은 수필[3]은 진통과 고뇌 속에서 태어난다고 했다. 그래서 수필을 창작함에 있어 필법에 대한 진통과 고뇌는 좋은 수필을 낳는 씨앗이요, 어머니다. 수필은 언어를 부리는 역량에 따라 작문이 되기도 하고, 잡문이 되고, 작품이 되기도 한다. 작문과 잡문의 수준에서 벗어나 작품의 수준에 든다는 평가를 받으려면, 〈수필 유삼〉의 필법을 수필 창작시 기법으로서 활용해야 할 것으로 보인다.

끝으로 롤랑 바르트의 육성을 들으며 본고를 마무리 짓고자 한다. 그는 '글쟁이'와 '작가'를 확연히 구별하라고 했다. 이 말은 '글쟁이는 정보를 전달하기 위해 언어를 이용하는 사람이고, 작가는 전달 차단적 언어를 재료로 쓰는 사람이다. 작가는 말이라는 재료를 가지고 어떤 언어적 물질을 만들어내는 거인이다'고 정의하고 있다. '수필 유삼'의 차원에서 곱씹어 보면, 더욱 의미심장한 말이다. 본고가 한국수필의 질적 수준을 한 단계 더 끌어올리는 데 기여했으면 한다.

---

[3] 글 구상에서 가장 중요한 것은 주제가 결정되면 그 글의 결말을 먼저 생각해야 한다. 이 마지막 결말 단락이 전체 글의 중량을 결정한다. 글의 내용에서 느끼는 감동도 있지만, 마지막 부분에서 오는 감동이 더 크다고 말할 수 있다. 수필의 진수는 결구에 있다. 그것은 화가가 새를 그리고 마지막에 찍는 눈과 같다. 눈이 살아 있어야 생명을 느낄 수 있다. 마지막 한 줄, 그것은 그 글의 총괄이며, 상징이고, 작가의 결론이다.

## 67_ 글쓰기 기법 - 맥주 세병 만족 하나 ☺

# 문학은 인형이다

　문학은 글과 말로 이루어진 예술이며 형상과 인식의 복합체라고 할 수 있다. 문학은 형상이라는 점에서는 일상생활에 쓰이는 실용적인 말과 구별되고, 인식이라는 점에서는 말장난과 구별된다. 무엇을 만들어서 내보이면 형상이다. 형상은 실제로 존재하는 대상 또는 현실에서 떠나는 즐거움을 갖게 한다. 인식은 모르고 있던 진실을 알아차리는 행위가 인식이다. 인형이란 말은 문학에서 가장 중요한 기본요소 두 가지, 즉 인식과 형상을 의미한다.
　인식은 실제로 존재하는 대상 또는 현실을 만나, 거기서 무엇을 발견하는 보람을 누리게 한다. 형상이면서 인식인 문학은 현실을 떠나면서 현실로 돌아오고, 떠나는 즐거움과 발견하는 보람을 함께 경험하게 하는 것을 그 구실로 삼는다 하겠다. 그러나 문학은 형상만으로 이루어져 있지 않고, 형상으로써 관심을 끄는 정도가 문학으로서의 가치를 평가하는 척도는 아니다. 형상이 중요하다는 데 머문다면, 수필을 놀이의 한 가지로 오해하고 말 염려가 있다. 형상이라고 해서 다 문학일 수 없듯이, 인식이면 문학이라는 등식이 성립되는 것도 아니다. 논리적이고 과학적인 인식만 전하는 글은 형상을 만들지 않아야 뜻하는 바를 온전하게 전달할 수 있어 문학과는 거리가 멀다.

일상에서 사실을 알리는 데 쓰이는 글도 형상을 필요로 하지 않으므로 문학은 아니다. 문학은 인식 내용을 제시하면서도 변동 불가능한 사실 이상의 것을 이해하고 상상하게 하며, 진실 발견의 체험이 새로운 방식으로 살아나게 해준다. 개인생활을 다룬 글이라 하더라도 이러한 조건을 갖추었으면 형상이면서 인식이니까, 문학이라고 해야 할 것이다. 전달 차단성으로써 문학성을 추구하고, 복합적 통일성이라는 예술성을 동시에 추구해야 한다. 예술로서의 문학은 반드시 미적 형상화 과정을 필요로 한다. 미적 형상화 과정에서 첫 번째로 요청되는 것이 상상력의 발휘다.

백철은 『문학개론』에서, 문학은 구체적으로 형상이라고 하였다. "문학은 구체적 형상이다. 작가가 인식을 하고 사고한다는 것은 과학자나 철학자에게서와 같은 개념 그것으로써 하는 것이 아니고, 형상으로써 한다는 사실이다. 그러므로 예술창작이란 본질적으로 형식의 창조에 있는 것이다. 그런데 무형식이라는 말이나 붓 가는 대로 쓴다는 말은 말이 안 되는 말이다. 그럼에도 불구하고 그런 말들이 횡횡하는 이유는 뭘까. 필자는 사람들이 기본이 안 되어 있기 때문이라고 생각한다. 이런 오류적 명제가 횡횡하는 데도 우리 문학계가 무비판적이었던 것은 기본 개념에 대한 이해가 부족한 데서 발생한 문제라 하겠다. 작필은 유법하다는 말을 상기하면, 형상이나 형식은 문학에서 필수적이라 하겠다.

우리가 초등학교 다닐 때, 어떤 사람으로부터 "저 선생님 무섭다"라는 소리를 들으면, 별 무섭다는 느낌을 갖지 못하지만, "저 선생님은 호랑이 같다."라거나, "저 선생님은 호랑이 선생님이다."라고 하면, 바짝 긴장하게 되는 것은 바로 비유의 힘이다. 즉 작문은 작가가 의도하는 의미를 간적적인 방법으로 전달해주는 것이 아니라 직접적인 방법으로 전달해 준다는 것이다. 그래서 문학이 아니다. 이 말은 곧 문학작품의 창작성은 본질적으로 '호랑이 선생님'처럼 '무섭다'의 의미를 간접적 전달방식(형식)의 창조에 있다는 뜻이 된다.

작문은 생각을 짓는 글이고, 수필은 마음을 그리는 문학이다. 생각은 직설적 진술을 통해서 그 의미를 전달이 가능하다. 그러나 마음은 장미꽃이나 스카프 같은 어떤 매체를 통해서 전달할 때 보다 완전하게 전달할 수 있는 것이다. 문학에서 장미꽃과 스카프는 무엇인가? 그것이 곧 비유적 표현 혹은 비유적 형상화다. 우리가 문학의 원리를 메타포라고 하는 이유도 모두 문학작품이 비유에 기대어 있다는 의미다. 그러므로 우리는 형상을 만들어야 한다. 곧 비유적 형상을 창작하는 것이 문학창작의 본령이라고 할 수 있다.

## 나가며

문장은 수필에서 생명적이다. 문인은 문학가 이전에 문장가가 되어야 한다. 좋은 문장을 쓰기 위해서는 '산문'을 많이 써야 한다. 산문이란 살면서 겪은 일에 대해 정확하게 풀어서 서술하는 양식이다. 글쓰기는 처음도 마지막도 예술이다. 글을 쓸 때는 표현의 욕구를 최대한 자제하고 반드시 필요할 때만 적절한 부분에 적절한 수식어를 첨가하도록 해야 한다. 정치법을 등한시하는 사람들이 흔히 범하기 쉬운 치기들이 도처에 숨어 있다. 바둑으로 비유하면 자충수에 해당하고, 축구로 비유하면 자살골에 해당한다.

기본에 충실하면 보다 안정된 느낌을 줄 수 있는 글을 쓸 수 있다. 67가지 기법을 활용해 바른 문장, 수준 높은 문학수필을 써 보자. 편한 마음으로 글을 쓰지만, 만약 글을 정말로 잘 쓰고 싶다면 윤문 작업을 거쳐야 한다. 퇴고가 필수다. 퇴고는 오탈자를 고치는 것이 아니라 문장을 다듬고, 문장의 흐름을 일관되게 정리하는 작업이다.

## 참고도서

권대근 『본격수필창작론』
권대근 『수필은 사기다』
권대근 『현대수필창작론』
김준오 『시론』
문덕수 『문장 강의』
백 철 『문학개론』
스티븐 킹 『유혹하는 글쓰기』
안정효 『글쓰기 만보』
엄민용 『건방진 우리말 달인』
윌리엄 케인 『거장처럼 써라』
윤재근 『말하는 에세이』
이관희 『창작문예수필이론서』
이외수 『글쓰기 공중부양』
정희모 『글쓰기 전략』
제임스 미치너 『작가는 왜 쓰는가』
한승원 『글쓰기 비법 108가지』

## 권대근 Kweon Dae-geun

신라대학교 사회교육원 문예창작 전임교수 역임. 국제문화대학원대학교 논술지도 전공 주임교수 역임. 전) 동의대학교 대학원 철학윤리문화학과 석박사 과정 출강. 현) 대신대학원대학교 문학언어치료학 전공 주임교수. 현) 대신대학원대학교 문학언어치료연구소 소장

경남 남해 출신. 수필가, 문학평론가. 영남대 영문학과, 영문학사 취득. (미) 트로이주립대 TESOL 과정 수료. TESOL 자격 취득. (미) 캘리포니아주립대 TEFL 과정 수료. 서울대학교 인문학 과정 수료. 신라대 여성학과, 문학석사 취득. 동아대 국문학과, 문학박사 학위 취득. 대신대학원대학교 명예철학박사 학위 취득. 사법통역사(영어) 자격 취득

88년 월간 ≪동양문학≫ 수필 등단. 월간 ≪문예사조≫ 문학평론 당선. 〈중앙일보〉 신춘문예 수필 당선. 〈경북신문〉 신춘문예 문학평론 당선

계간 에세이문예 편집인(현). 국제펜클럽 한국본부 언어보존위원회 위원(전). 한국문인협회 한국문학사편찬위원장(전). 부산문인협회 수필분과 이사(현). 한국수필문학가협회 이사(현). 한국문학비평가협회 회원(현). 부산북구문인협회 고문(현). 본격수필학회 회장(현). 부산수필문학협회 고문(현). 동백수필문학회 회장(전). 한국본격문학가협회 회장(현). 본격수필학연구소 소장. 에세이문예창작대학 운영. 사)국제PEN한국본부 부산지역위원회 회장. 한국문학세계화위원회 위원장. 국제PEN한국번역원 번역위원

제10회 동백문학상 우수상, 제5회 문예시대 작가상 본상, 제2회 한국바다문학상 본상, 제4회 부산수필문학상 본상, 제9회 설송문학상 우수상, 제1회 정과정문학상 대상, 제3회 부산펜문학상 본상 수상

수필집 『고운 별 하나 가슴에 묻고』(동백출판사), 『우리 사랑의 빛깔 같은 무지개를 그리며』(일광출판사). 평론집 『한국현대수필비평론』(교문사), 『한국현대여성수필론』(교문사), 『누가 수필을 함부로 말하는가』(일광출판사), 『한국현대문학의 비평적 성찰』(동아기획). 번역서 『부산시수필번역선』(일광출판사). 이론서 『현대수필창작론』(교문사), 『논술쓰기에는 왕도가 있고, 논술지도에는 황도가 있다』(동아기획). 학습서 『수수께끼로 배우는 영어』(학일출판사), 『어린이영어수수께끼』(학일출판사), 『American and Korean Language riddles』(한길출판사). 이론서 『본격수필론 - 수필은 사기다』(에세이문예사). 평론집 『여성수필 읽기의 행복』(유월의 나무). 이론서 『본격수필창작론』(에세이문예사). 『문장가로 가는 길』(에세이문예사), 번역서 『한국의 명수필』(에세이문예사), 『새들은 좌우 날개로 난다』(에세이문예사), 『영호남수필』(에세이문예사), 『동방의 등불』(에세이문예사), 『김종희 서화집 : 사랑도 기적처럼 올까』(예린원)

표어로 배우는 글쓰기 비법
# 문장가로 가는 길

초판 인쇄 · 2022년 11월 1일
초판 발행 · 2022년 11월 8일

**지은이** · 권대근
**펴낸이** · 정숙이
**펴낸곳** · 에세이문예
주　소 · (47514) 부산시 연제구 온천천공원길 4, 101동 1802호
　　　　 (거제동. 벽산E메타폴리스) Tel · 051)557-5085

등록번호 · 제332-2019-000008호

값 20,000원

ISBN 979-11-978480-2-5

※ 저자와의 협의에 의하여 인지를 생략합니다.
　 잘못 만들어진 책은 바꾸어 드립니다.

부산광역시 BUSAN METROPOLITAN CITY　부산문화재단 BUSAN CULTURAL FOUNDATION

\* 본 도서는 2022년 부산광역시, 부산문화재단 부산문화예술지원 사업으로 지원을 받았습니다.